Oliver Decker, Johannes Kiess, Elmar Brähler (Hg.)
Rechtsextremismus der Mitte und sekundärer Autoritarismus

Forschung Psychosozial

Oliver Decker, Johannes Kiess, Elmar Brähler (Hg.)

Rechtsextremismus der Mitte und sekundärer Autoritarismus

Mit Beiträgen von Johannes Baldauf, Elmar Brähler, Oliver Decker, Johannes Kiess, Nils C. Kumkar, Natalie Ofori, Britta Schellenberg und Malte Switkes vel Wittels

Psychosozial-Verlag

Bibliografische Information der Deutschen Nationalbibliothek
Die Deutsche Nationalbibliothek verzeichnet diese Publikation
in der Deutschen Nationalbibliografie; detaillierte bibliografische Daten
sind im Internet über http://dnb.d-nb.de abrufbar.

Originalausgabe

Walltorstr. 10, D-35390 Gießen
Fon: 0641-969978-18; Fax: 0641-969978-19
E-Mail: info@psychosozial-verlag.de
www.psychosozial-verlag.de

Lektorat: Barbara Handke, Leipzig, www.centralbuero.de
Satz: Barbara Brendel, Leipzig
Umschlagabbildung: Lyubov Popova: »Spacial Force Construction« (undatiert)
Umschlaggestaltung: Hanspeter Ludwig, Wetzlar
www.imaginary-world.de
Druck: CPI books GmbH, Leck
Printed in Germany

MIX
Papier aus verantwortungsvollen Quellen
FSC® C083411

ISBN 978-3-8379-2490-9

INHALT

Vorwort

Seit 2002 führt die Arbeitsgruppe um Elmar Brähler und Oliver Decker an der Universität Leipzig die »Mitte«-Studien durch. Alle zwei Jahre fanden seitdem Repräsentativerhebungen statt, die 2007/2008 durch eine Gruppendiskussionsstudie ergänzt wurden. Mit den »Mitte«-Studien steht eine in ihrer Art einmalige Langzeitdokumentation zur politischen Einstellung in Deutschland zur Verfügung, die insbesondere die antidemokratische, rechtsextreme Einstellung im Zeitverlauf abbildet.[1]

Mit der vorliegenden »Mitte«-Studie wird das rechtsextreme Einstellungspotenzial in Deutschland zum siebten Mal dokumentiert. In den vergangenen Jahren war es eine gute Tradition, unsere Studienergebnisse der Öffentlichkeit zeitnah zur Verfügung zu stellen, denn sie haben sich als wichtiger Bestandteil der zivilgesellschaftlichen Arbeit gegen die extreme Rechte erwiesen. Die zentralen Befunde unserer »Mitte«-Studie 2014, die wir vorab Open Access veröffentlicht haben,[2] bilden hier das Kapitel 1. Ergänzt und erweitert, enthält es nun auch eine Auswertung für die Bundesländer.

2014 fiel die Zustimmung zu rechtsextremen Aussagen insgesamt niedriger aus als in den vorherigen Erhebungswellen, doch war der Rückgang nicht kontinuierlich. Vielmehr kam es in den Jahren 2008 und 2010 zu einer Konsolidierung der rechtsextremen Einstellung und zu einem Anstieg in einigen ihrer Dimensionen. Es waren die Jahre der Finanzkrise

---

1 Zwischen 2006 und 2012 bestand eine Kooperation mit der Friedrich-Ebert-Stiftung.

2 Veröffentlicht als *Die stabilisierte Mitte* unter http://www.uni-leipzig.de/~kredo/Mitte_Leipzig_Internet.pdf.

(2008) und der daran anschließenden Wirtschaftskrise (2009), die große Auswirkungen auf die Ökonomie Deutschlands hatten und zu einem rückläufigen Wirtschaftswachstum führten – einer Ausnahmesituation in der Wirtschaftsgeschichte der Bundesrepublik Deutschland. In einer auf Wachstum verpflichteten Gesellschaft ist schon das Nullwachstum ein Problem, doch die Schrumpfung der Wirtschaft ist für sie eine Katastrophe. Sie blieb nicht ohne Konsequenzen für die politische Stimmung. Aus sozialpsychologischer Sicht haben wir schon als Ergebnis früherer Untersuchungen geschlussfolgert, dass Ressentiments oder die Akzeptanz des demokratischen Miteinanders mit der nationalen wirtschaftlichen Entwicklung aufs Engste zusammenhängen. Die Ökonomie wirkt wie eine »narzisstische Plombe«, das heißt, die nationale wirtschaftliche Stärke hat eine stabilisierende Wirkung auf das Selbstwerterleben der Deutschen. Die Befunde von 2014 bestätigen diese Annahme, denn wieder wirkte die ökonomische Insellage – diesmal insgesamt entspannend – auf das politische Klima. Wenn wir dennoch von einem sekundären Autoritarismus sprechen, ist nicht nur diese Plombenwirkung gemeint. Dass sich in unserer »Mitte«-Studie zwar ein Rückgang der Ausländerfeindlichkeit zeigte, aber auch eine deutliche Zunahme der Ressentiments gegenüber Sinti und Roma, gegen Muslime und gegen Asylbewerber, weist auf eine autoritäre Dynamik hin. Die Unterordnung unter das Primat der Wirtschaft schürt demnach auch dann Aggressionen, wenn sie gut funktioniert. Während Migrantinnen und Migranten als Bereicherung des »Wirtschaftsstandorts« wahrgenommen werden, ziehen einzelne Gruppen die Ressentiments verstärkt auf sich. Die autoritäre Aggression richtet sich entweder gegen jene, die als schwach oder als Bedrohung der eigenen (wirtschaftlichen) Größe phantasiert werden, oder gegen jene, die sich scheinbar nicht den Regeln der herrschenden Autorität unterwerfen.

Kapitel 2 ist einem Ausschnitt der politischen Kultur gewidmet: der Partei Alternative für Deutschland (AfD), die 2013 aus einer Wahlinitiative hervorgegangen ist. Bei der überregionalen Europawahl im selben Jahr und bei einer Reihe von Landtagswahlen 2014 gelang ihr innerhalb kürzester Zeit der Einzug in die Parlamente. Auf Grundlage unserer aktuellen Erhebung beschreiben wir die Wählerschaft der AfD. Dabei lassen sich Gemeinsamkeiten und Unterschiede zu den Wählern extrem rechter Parteien finden: Während sich die soziodemografische Zusammensetzung der beiden Wählergruppen stark voneinander unterscheidet, ähneln sie sich in ihrer politischen Einstellung. Zurzeit eint sie zudem ihre ablehnende Haltung gegenüber dem Projekt der europäischen Integration, weswegen wir im 2. Kapitel auch den Zusammenhang von sozialer Lage und Haltung zur EU thematisieren. *Nils C. Kumkar* schließt mit einer Analyse des Diskurses in der AfD an. Anhand einer Rede von Bernd Lucke und Äußerungen wichtiger Repräsentanten der AfD beschreibt Kumkar eine autoritäre Dynamik in der Wirkung dieser Partei.

Mit Kapitel 3 nehmen wir eine neue Rubrik in unsere »Mitte«-Studien auf, die wir in den nächsten Jahren weiterführen möchten. »Zum Stand der Zivilgesellschaft« vereint Beiträge mit Analysen und Erfahrungsberichten der Arbeit gegen die extreme Rechte. In der Stadt Mügeln kam es 2007 bei einem Volksfest zu rassistischen Ausschreitungen gegen eine Gruppe von Migranten. Diese Ereignisse, die ein breites Medienecho in der Bundesrepublik fanden, und ihre Auswirkungen in Sachsen zeichnet *Britta Schellenberg* nach. Auf der Basis von Ermittlungsakten dokumentiert sie die Ereignisse rund um die pogromartige Situation in Mügeln. Auch sie legt in ihrem Beitrag eine autoritäre Dynamik frei. Die zivilgesellschaftliche Arbeit gegen die extreme Rechte im Web 2.0 schildern *Johannes Baldauf* und *Malte Switkes vel Wittels*, indem sie ein Interventionsprojekt der Amadeu Antonio Stiftung gegen die Präsenz von Rechtsextremen und Neonazis in Sozialen Netzwerken vorstellen. Mit dem Projekt »Aktion Schutzschild« stellt *Natalie Ofori* eine weitere Initiative der Amadeu Antonio Stiftung vor. Sie zeigt die Schwierigkeiten, mit denen Initiativen konfrontiert sind, wenn sie sich für eine Willkommenskultur in den Städten und Gemeinden engagieren. Auch anti-rassistische Projekte sind auf eine kritische Begleitung ihrer Arbeit angewiesen; daher gibt Ofori Hinweise und Anregungen für lokale Projekte, die sich die Unterstützung von Flüchtlingen zum Ziel gesetzt haben.

Wir freuen uns, mit Unterstützung der Autorinnen und Autoren in diesem Buch wieder eine »Mitte«-Studie vorlegen zu können. Großer Dank gilt unserer Lektorin Frau Barbara Handke, die mit ihrer kritischen Lektüre zum Gelingen des Buches wesentlich beigetragen hat, Frau Gabriele Schmutzer für ihre kompetente Beratung und Durchführung statistischer Analysen und Frau Barbara Brendel für ihre Arbeit als höchst aufmerksame Setzerin unserer Texte.

Leipzig, im November 2014

Oliver Decker, Johannes Kiess und Elmar Brähler

Kapitel 1: Die »Mitte«-Studie der Universität Leipzig 2014

1 Die Ergebnisse der bisherigen Erhebungen (2002–2012)

Oliver Decker, Johannes Kiess & Elmar Brähler

Die Mitte und der Extremismus

Noch bis in die 1920er-Jahre wurde die Bedrohung der demokratischen Gesellschaft vor allem von rechts wahrgenommen. Das veränderte sich mit der Russischen Revolution, denn nun empfand man neben den restaurativen konservativ-monarchistischen Parteien auch die sozialistischen Bewegungen als Gefährdung – die Demokratie schien demnach von den beiden sich gegenüberliegenden politischen Rändern der Gesellschaft angegriffen zu werden. Das Aufkommen der faschistischen Bewegungen jedoch führte dazu, dass von den Angehörigen eines bis dahin als des Extremismus unverdächtig geltenden sozialen Milieus eine massive Gefahr für die Demokratie ausging. Der US-amerikanische Soziologe Seymour Lipset ergänzte daher die Unterscheidung zwischen Links- und Rechtsextremismus um einen Extremismus der »Mitte« (center, middle class): »Die klassischen faschistischen Bewegungen stellen den Extremismus der Mitte dar« (Lipset 1959, S. 451). Diese Vorstellung teilten auch andere Fachvertreter, wie zum Beispiel der deutsche Soziologe Theodor Geiger, der von einer »Panik im Mittelstand« sprach (Geiger 1930). Lipset allerdings führte als einer der ersten – neben den für die weitere Forschung so maßgeblichen *Studies in Prejudice* der Berkeley Group um Theodor W. Adorno – eine Untersuchung auf empirischer Grundlage durch. Seine Sekundärauswertung des Wahlverhaltens in Deutschland, Österreich, Frankreich, Italien, den USA und Argentinien führte zu einem bis heute bekannten Befund: Sowohl am rechten und linken Rand als auch in der Mitte des politischen Spektrums gibt es jeweils eine spezifische Art der Radikalisierung oder eben des Extremismus. Die extrem rechten (monarchistisch-konservativen) und die extrem linken (sozialistischen) Positionen waren schon länger bekannt, doch Lipset fand im Faschismus einen Extremismus der Mitte. Der deutsche Politologe Jürgen Falter bestätigte für Deutschland und die Wählerschaft der NSDAP diesen Befund (Falter 1981). Auch die Studien zum Autoritären Charakter kamen zu dem Schluss, dass die Bedrohung der demokratischen Gesellschaft von der Mitte der Bevölkerung ausgehe, denn faschistisches Gedankengut und autoritäre Einstellung ließen sich schon damals über die gesamte Breite der Gesellschaft nachweisen (Adorno et al. 1950). Der Befund provoziert bis heute, zeigt er doch, dass die Idee von der gesellschaftlichen Mitte als Garant der Demokratie und des sozialen Ausgleichs eine Fiktion ist.

Und so stellt sich die dringliche Frage, welches Potenzial diese Bedrohung der Demokratie aus der »Mitte« der Gesellschaft in der Gegenwart hat. Kann es zum Aufkommen einer neuen faschistischen Bewegung kommen? Würde sie Unterstützung bei der Bevölkerung finden? In ganz Europa ist seit einigen Jahren zu beobachten, dass sich Parteien etablieren, die gemeinhin als »rechtspopulistisch« bezeichnet werden. An diesem Begriff ist zumindest richtig, dass diese Parteien, wie schon die Parteien des europäischen Faschismus der Zwischenkriegszeit, Ideologieelemente des Rechtsextremismus aufgreifen. Das aber sollte nicht zu falschen Schlussfolgerungen führen, denn eine zum Rechtsextremismus klar abgrenzbare exklusive ideologische Position hat der »Extremismus der Mitte« nicht. Schon Lipset und Geiger kennzeichneten ihn weniger durch die besonderen ideologischen Inhalte der radikalisierten Mitte, sondern durch die gesellschaftliche Lage der Anhängerschaft faschistischer Parteien. Ersteres, die Ideologie, war schon immer durch eine radikalisierte Vorstellung der Ungleichwertigkeit von Menschen geprägt und gleicht damit dem, was wir als Bindeglied des Rechtsextremismus ausmachen. So paradox es klingen mag: Der Extremismus der gesellschaftlichen Mitte findet seinen Ausdruck in rechtsextremen Positionen.

Der europäische Integrationsprozess und die Modernisierungs- und Transformationsbrüche, die er mit sich bringt, wie die sogenannte Eurokrise, scheinen dabei in vielen Ländern Katalysatoren für rechtspopulistische Bewegungen in der Mitte zu sein. Das Spektrum reicht von eher »bürgerlich«-konservativ auftretenden Parteien wie der *United Kingdom Independent Party* im Vereinigten Königreich bis hin zu unverhohlen faschistisch auftretenden Parteien wie der *Goldenen Morgenröte* in Griechenland. Insofern ist die Frage, welche Resonanz die Ungleichwertigkeit propagierenden Positionen heute in der bundesdeutschen Bevölkerung haben, von ungebrochener Aktualität.

Einflussfaktoren

Die »Mitte«-Studien bieten neben dem Monitoring auch immer eine theoretische Analyse der Befunde. Das hat einen einfachen Grund: Um der Entstehung der rechtsextremen Einstellung politisch begegnen zu können, müssen die Einflussfaktoren verstanden werden. In der Vergangenheit wurden so bereits zahlreiche Erklärungen gewonnen. Beispielsweise hat sich die relative soziale und politische Deprivation als eine relevante Ursache erwiesen. So steht die Erwartung der von uns Befragten, keinen Einfluss auf relevante politische Entscheidungen zu haben, oftmals genauso hinter einer rechtsextremen Einstellung wie das Gefühl, im Leben auf sich selbst gestellt zu sein (Decker & Brähler 2006). Auch stellten wir fest, dass die Fähigkeit, mit belastenden Lebensereignissen umgehen zu können, ein Schutzfaktor gegen antidemokratische Einstellung ist. Die mangelnde Resilienz des Erwachsenen wird aber ebenso wie das politische und soziale Deprivationserleben durch die Erfahrung eines autoritären und antidemokratischen Erziehungsstils in der Kindheit wesentlich verantwortet (Decker et al. 2012).

Jene autoritäre Erziehung, welche für die *Studien zum Autoritären Charakter* namensgebend war (Adorno et al. 1950), ist noch heute anzutreffen. Über die Generationen lässt sich zwar eine deutliche Veränderung im Erziehungsstil feststellen – die körperliche Gewalt nimmt ab, die Vermittlung von Wärme und Nähe zu –, aber körperliche Gewalterfahrungen im Elternhaus gibt es noch immer. Bis in die jüngere Generation hinein ist der Effekt dieser Erfahrung auf die Gewaltbereitschaft und die antidemokratische Einstellung nachweisbar. Der Typus eines postautoritär-destruktiven Charakters (Decker et al. 2008) ist das Ergebnis willkürlich ausgeübter Gewalt durch Eltern, die schlagen, weil sie die Stärkeren sind. Die Erfahrung der legitimen Gewalt des Stärkeren, als Kind gemacht, bricht sich gegenüber Schwächeren und Randgruppen beim Erwachsenen Bahn. Für die destruktive Wirkung des autoritären Erziehungsstils sind zahlreiche Belege gefunden worden. Doch in einer Zeit, in der die Erfahrung von körperlich ausgeübter erzieherischer Gewalt zum Glück nicht mehr die Regel, sondern die Ausnahme ist, stoßen wir auf einen anderen verstörenden Befund: Gleichzeitig mit der Abnahme körperlicher Gewalt in der Kindheit, nimmt bei der Mehrzahl der Menschen das Gefühl der Überforderung zu (Decker et al. 2012). Zwar werden die Regeln der Gesellschaft nicht mehr mit repressiver Gewalt durchgesetzt, aber die Eltern scheinen ihre Kinder auch immer weniger gegenüber der permanenten Leistungsanforderung der Gesellschaft schützen zu können. Dieses Durchschlagen von gesellschaftlichen Forderungen in den privaten Raum der Familie scheint selbst eine neue Form der autoritären Vergesellschaftung zu sein – einer, die ohne jene Autorität auskommt, die in der patriarchalen Familienstruktur bis spät ins 20. Jahrhundert hinein vom Vater repräsentiert wurde (Horkheimer 1936).

Herbert Marcuse nahm diese Entwicklung in den 1960er-Jahren prognostisch vorweg (Marcuse 1963), und in Anlehnung an seine Analyse gaben wir unserem empirischen Befund die Bezeichnung »Veralten des Autoritären Charakters« (Decker 2010). Dass sich mit dem Ende der körperlichen Gewalt als Erziehungsmittel keinesfalls das Ende der Gewalt in der Gesellschaft realisiert hat, ist aus etlichen Befunden der Sozialpsychologie (Keupp et al. 2002) und Sozialphilosophie (Neckel 2005) ersichtlich. Veraltet ist der Autoritäre Charakter nämlich nicht in dem Sinne, dass er obsolet geworden wäre, sondern indem die gesellschaftliche Gewalt nun nicht mehr vom Vater vollzogen wird. Jedes Kind, das in diese Gesellschaft hineinwächst, und jeder Erwachsene, der in ihr lebt, muss lernen, auf seine Wünsche und Erwartungen zu verzichten oder sie mit den Anforderungen in Deckung zu bringen, die an Gesellschaftsmitglieder gestellt werden. Das Allgemeine – die Gesellschaft und ihre Anforderungen – setzt sich noch immer auf Kosten des Besonderen – des Individuums und seiner Bedürfnisse – durch. Auch wenn den meisten keine körperliche Züchtigung mehr droht, verzichten weder Kinder noch Erwachsene *freiwillig* auf ihre individuellen Wünsche und Erwartungen. Verzicht und Disziplin müssen weiterhin eingeübt werden, was sich beispielsweise im Schulalltag zeigt, wo die erste Stunde unabhängig von den unterschiedlichen Zeitrhythmen der Menschen schon am frühen Morgen beginnt.

An dieser Stelle geht es nicht um die Legitimität der Forderung nach Disziplin, sondern darum, sie als gewaltvoll anzuerkennen. Im Falle der

Abweichung von der gesellschaftlich gesetzten Norm stehen auch heute Instrumente zur Sanktion zur Verfügung. Selbst wenn man die Maßnahmen mit Blick auf das gesellschaftliche Funktionieren gutheißen will, ließe sich nicht leugnen, dass der »heimliche Lehrplan« (Jackson 1975) der Schulen oder die Sanktionsmöglichkeiten für Transferleistungsempfänger eine beständige Anerkennung der die Gesellschaft beherrschenden Rationalität verlangen.

Es versteht sich von selbst, dass der Gegenwartsgesellschaft nicht damit geholfen wäre, wenn Schüler, Schülerinnen und Erwachsene die Regeln nur unter Aufsicht einhielten. Eine Gesellschaft, in der bildlich gesprochen vor jeder Tür ein Polizist steht, wäre funktionsunfähig. Damit konnte man jene bürokratisch-autoritäre Gesellschaft in der Bundesrepublik der 1950er- und 1960er-Jahre oder eine Kommandowirtschaft wie in der DDR betreiben. Doch die Anforderungen an das Individuum in der Gegenwartsgesellschaft sind andere: Auf allen Ebenen muss es sich selbst disziplinieren. Und tatsächlich funktionieren die Menschen danach. Die Arbeitsmarktreformen der rot-grünen Bundesregierung unter Gerhard Schröder haben zum Erfolg des Projekts eines »unternehmerischen Selbst« maßgeblich beigetragen (Bröckling 2007). Die Außengeleitetheit und das enge Gehäuse des Leistungsdrucks werden von den wenigsten Menschen bewusst als solche erfahren – doch erfahren, oder besser: erlitten werden sie in der Breite. Die Zunahme der Krankentage infolge von Burnout und Depression gibt über die gestiegenen Leistungsanforderungen beredte Auskunft (Ehrenberg 1998; Rosa 2005; King 2011).

Für unser Jahrzehnt hat Wilhelm Heitmeyer im Rückblick auf die Bielefelder Studie »Deutsche Zustände« vom »entsicherten Jahrzehnt« gesprochen (Heitmeyer 2012). Damit hat er keinesfalls nur die Lage derjenigen beschreiben wollen, die durch das soziale Netz des Wohlfahrtsstaats fallen. Für den Einfluss auf die politische Einstellung ist auch nicht relevant, dass die soziale Deklassierung *individuell* erfahren wird. Es reicht in der Regel aus, die Instrumente zu sehen, um darauf zu achten, nicht näher mit ihnen in Kontakt zu kommen. Nicht umsonst sprechen die Sozialpsychologen von einer *relativen* Deprivation, wollen sie die prekäre Lage der Menschen beschreiben (Weißmann & Decker 2010).

Wenn nun aber die Vermittlung der gesellschaftlichen Gewalt ohne die Präsenz einer sichtbaren und konkreten Autorität auskommt, wie wird dann für die Unterwerfung entschädigt? Man muss sich an dieser Stelle in Erinnerung rufen, dass die Unterwerfung unter den Vater in der patriarchalen Gesellschaft nicht allein durch Gewalt funktionierte. Zumindest den Söhnen wurde die Teilhabe an der Macht und den Möglichkeiten des Vaters in Aussicht gestellt. Die Größe des Vaters war somit nicht nur Bedrohung, sondern auch Versprechen. An seiner Macht konnten die Söhne teilhaben – ihn beerbend in der Phantasie und vielleicht in der Realität. Das Fehlschlagen dieses Versprechens führte mit dem Untergang des Deutschen Kaiserreiches am Ende des Ersten Weltkrieges zur Stärke der faschistischen Bewegungen (Adorno et al. 1950). Dem nicht ganz unähnlich scheint die Situation einer Generation junger Männer in Ostdeutschland zu sein: Ihre Unterwerfung unter die Zwangsapparatur der DDR hat sich nicht gelohnt, und die Wut darüber führt zum Ressentiment und zur autoritären Aggression. Sind es im Westen die Männer der Geburtsjahrgänge vor 1940, die das größte rechtsextreme Einstellungspotenzial zeigen, finden wir es im Osten bei den jungen Männern der Geburtsjahrgänge nach 1970 (Decker et al. 2013).

Literatur

Adorno, T. W., Frenkel-Brunswik, E., Levinson, D. J. & Sanford, R. N. (Hrsg.) (1950). *The Authoritarian Personality.* New York: Harper.

Bröckling, U. (2007). *Das Unternehmerische Selbst. Soziologie einer Subjektivierungsform.* Frankfurt/M.: Suhrkamp.

Decker, O. (2010). Das Veralten des Autoritären Charakters. In: Decker, O., Weissmann, M., Kiess, J. & Brähler, E. (Hrsg.), *Die Mitte in der Krise – Rechtsextreme Einstellung in Deutschland 2010* (S. 29–41). Springe: zu Klampen (2012).

Decker, O. & Brähler, E. (2006). *Vom Rand zur Mitte. Rechtsextreme Einstellung und ihre Einflussfaktoren in Deutschland.* Berlin: FES.

Decker, O., Grave, T., Rothe, K., Weißmann, M., Kiess, J. & Brähler, E. (2012). Erziehungserfahrung, politische Einstellung und Autoritarismus – Ergebnisse der »Mitte«-Studien. *Jahrbuch für Pädagogik, 25,* 267–301.

Decker, O., Kiess, J. & Brähler, E. (2013). Traditionslinien der Moderne. In: Dies. (Hrsg.), *Rechtsextremismus der Mitte. Eine sozialpsychologische Gegenwartsdiagnose* (S. 97–126). Gießen: Psychosozial.

Decker, O., Rothe, K., Weissmann, M., Geissler, N. & Brähler, E. (2008). *Ein Blick in die Mitte. Zur Entstehung rechtsextremer und demokratischer Einstellungen.* Berlin: FES.

Ehrenberg, A. (1998). *Das erschöpfte Selbst. Depression und Gesellschaft in der Gegenwart.* Frankfurt/M.: Suhrkamp (2008).

Falter, J. W. (1981). Radicalization of the Middle Classes or Mobilization of the Unpolitical? The Theories of Seymour Martin Lipset and Reinhard Bendix on the Electoral Support of the NSDAP in the Light of Recent Research. *Social Science Information, 2,* 389–430.

Geiger, T. (1930). Panik im Mittelstand. *Die Arbeit. Zeitschrift für Gewerkschaftspolitik und Wirtschaftskunde, 7*, 637–654.

Heitmeyer, W. (Hrsg.) (2012). *Deutsche Zustände – Folge 10.* Frankfurt/M.: Suhrkamp.

Horkheimer, M. (1936). Autorität und Familie. In: Schmid Noerr, G. (Hrsg.), *Max Horkheimer – Gesammelte Schriften Bd. 3 – Schriften 1931 – 1936* (S. 336–417). Frankfurt/M.: Fischer.

Jackson, P. W. (1975). Einübung in eine bürokratische Gesellschaft: Zur Funktion der sozialen Verkehrsform im Klassenzimmer. In: Zinnecker, J. (Hrsg.), *Der heimliche Lehrplan* (S. 19–34). Weinheim: Beltz.

Keupp, H., Ahbe, T., Gmür, W., Höfer, R., Mitzscherlich, B., Kraus, W. & Straus, F. (2002). *Identitätskonstruktionen. Das Patchwork der Identitäten in der Spätmorderne.* Reinbek: Rowohlt.

King, V. (2011). Beschleunigte Lebensführung – ewiger Aufbruch. *Psyche – Zeitschrift für Psychoanalyse und ihre Anwendungen, 65*, 1061–1089.

Lipset, S. M. (1959). Der ›Faschismus‹, die Linke, die Rechte und die Mitte. In: Nolte, E. (Hrsg.), *Theorien über den Faschismus* (S. 449–491). Köln: Kiepenheuer & Witsch (1967).

Marcuse, H. (1963). Das Veralten der Psychoanalyse. In: Ders. (Hrsg.), *Schriften Bd. 8.* Springe: zu Klampen (2004).

Neckel, S. (2005). Die Verwilderung der Selbstbehauptung. Adornos Soziologie: Veralten der Theorie – Erneuerung der Zeitdiagnose. In: Honneth, A. (Hrsg.), *Dialektik der Freiheit. Frankfurter Adorno Konferenz 2003* (S. 188–204). Frankfurt/M.: Suhrkamp.

Rosa, H. (2005). *Beschleunigung. Die Veränderung der Zeitstrukturen in der Moderne.* Frankfurt/M.: Suhrkamp.

Weißmann, M. & Decker, O. (2010). Prekarisierung und Krise. In: Decker, O., Weißmann, M., Kiess, J. & Brähler, E. (Hrsg.), *Die Mitte in der Krise* (S. 58–67). Springe: zu Klampen (2012).

2 Narzisstische Plombe und sekundärer Autoritarismus

Oliver Decker

Max Horkheimer, bis Anfang der 1970er-Jahre Direktor des Frankfurter Instituts für Sozialforschung und damit an maßgeblicher Stelle am Zustandekommen der Studien des Instituts beteiligt, stellte fest, dass zweierlei für den Begriff »Autorität« gelte. Bereits in der Studie »Autorität und Familie« hieß es erstens: »›Autoritär‹ ist in diesem Band im Sinne von autoritäts-bejahend (…) gebraucht (…)« (Horkheimer 1936, S. 332). Zweitens sah Horkheimer die Autorität als Kennzeichen der gesamten menschlichen Geschichte an, der »Herrschaft des Menschen über den Menschen« (Horkheimer 1936, S. 357). Für Horkheimer war nicht nur klar, dass die Familie zu Anfang des 20. Jahrhunderts die Empfänglichkeit für die autoritäre Dynamik anlegte. Genauso klar war ihm auch, dass es nur eine Möglichkeit war, die Funktionsweise einer autoritären Gesellschaft durch die Eltern zu vermitteln – keinesfalls die einzige und schon gar nicht die erste in der Geschichte. Wenn Autorität mit »Herrschaft« gleichzusetzen ist, dann ist der autoritäre Vater bloß der historische Sonderfall. »Die ganze politische, religiöse und philosophische Literatur der Neuzeit ist vom Lobpreis der Autorität, des Gehorsams, des Opferwillens, der harten Pflichterfüllung durchsetzt« (Horkheimer 1936, S. 380).

Um die autoritäre Dynamik zu verstehen, hoffte Horkheimer auf Antworten der »modernen Tiefenpsychologie« und dachte an die damals noch junge Psychoanalyse Sigmund Freuds. Heute, da der Tiefenpsychologie weder ihres Alters noch ihrer gesellschaftlichen Anerkennung wegen das Attribut »modern« gegeben würde, ist es ein gewagtes Unterfangen, Horkheimers Hoffnung zu teilen. Doch ganz unbegründet ist sie nicht. Auch wenn die Geschwindigkeit der gesellschaftlichen Entwicklung manches, was eben noch innovativ war, bereits als restlos überholt erscheinen lässt, gilt für die Gesellschaft als Ganzes eher Bruno Latours Diktum »Wir sind nie modern gewesen« (Latour 1998). Dass die Moderne ein weit zurückreichendes Erbe verwaltet, haben auch wir im Rahmen der »Mitte«-Studien bereits zur Erklärung herangezogen: Spätestens das rassistische Ressentiment bezeugt, wie tief die Gegenwart in ihrer Vorzeit wurzelt (Decker & Kiess 2013). Wollen wir also die Integration in eine autoritäre Gesellschaft verstehen, wenn keine personelle Autorität auszumachen ist, können wir bei demselben Autor nach einer Antwort suchen, von dem schon Horkheimer Auskunft erhoffte.

Für Sigmund Freud, den Begründer der Psychoanalyse, zählte zu den zentralen Fragen, was Individuen an eine Gruppe oder in eine Masse bindet. Das Ergebnis einer solchen Massenbindung hatte er klar vor Augen, und seine Beschreibung liefert uns Hinweise auf die Autorität der Gegenwart, denn seine Kennzeichen der Masse sind uns aus den politischen Bewegungen eines organisierten Extremismus der Mitte nur allzu vertraut: Sie sei »intolerant und autoritätsgläubig«, »respektiert die Kraft« und verlange »Stärke« und »Gewalttätigkeit« (Freud 1921, S. 83). Auch wenn Freuds Titel »Massenpsychologie und Ich-Analyse« auf den ersten Blick den Eindruck vermittelt, es gäbe so etwas wie eine Massenpsyche, erteilt er dieser Idee eine klare Absage (Freud 1921). Das Bindeglied der Masse muss aus einem anderen Kitt bestehen, und Freud identifiziert ihn in gemeinsamen Idealen, mit welchen alle Mitglieder der Gruppe identifiziert sind und die sie als Gruppe konstituieren. Das »Ideal« darf man an dieser Stelle nicht als einen positiv bewerteten oder moralischen Inhalt verstehen, den alle Beteiligten für gut und richtig befinden. Das Ideal der Masse ist vielmehr ein Führer, der von allen Mitgliedern verehrt wird – und zwar so intensiv, dass ihn die Mitglieder zu einem wesentlichen Teil ihrer Identität machen. Die Ein- und Unterordnung in die Gruppe hat entlastende Funktion: »Im Gehorsam gegen die Autorität darf man sein früheres ›Gewissen‹ außer Tätigkeit setzen und dabei den Lockungen (…) nachgeben (…)« (Freud 1921, S. 92). Mehr noch: Auch die Mühsal der Realitätsprüfung kann gelockert werden, und je stärker die Bindung an die Autorität, desto schwächer jene an die Realität. Die Wirklichkeit kann dann den eigenen Wünschen, Bedürfnissen und Nöten entsprechend verzerrt wahrgenommen werden. Erich Fromm verstand die Autorität als »Prothesen-Sicherheit«, also als stabilisierende und selbstwertregulierende Funktion (Fromm 1936, S. 179). Georg Simmel wies nicht nur auf die Freiwilligkeit, sondern auch auf die Suche nach Unterwerfung unter eine Autorität hin (Simmel 1908). Diese Gratifikation funktioniert als Entlastung, als »narzißtische Ersatzbefriedigung« (Fromm 1936, S. 179), denn in der Masse können »die Wünsche nach Größe und Macht in der Realität befriedig(t)« werden (Fromm 1936, S. 179).

Freuds Massenpsychologie ist erkennbar in die Sozialpsychologie des Autoritären Charakters eingegangen. Ein Element jedoch blieb außen vor, denn die Gesellschaft, unter deren Eindruck die *Studien zum Autoritären Charakter* verfasst wurden, war bis in die kleinste ihrer Verzweigungen nach dem Führerprinzip organisiert. Eine weitere Differenzierung der Massenbildung tat daher keine Not. Uns aber beschäftigt genau diese scheinbare *Autoritätslosigkeit* bei gleichzeitiger autoritärer Dynamik. Zum Ende seiner Abhandlung zur Massenpsychologie kommt Freud auf eine Unterscheidung zu sprechen, die er sich für weitere Untersuchungen aufhob. Sie schien, so schreibt er 1921, an Bedeutung zu gewinnen. Die Rede ist von der Unterscheidung zwischen einer »primären Masse«, wie Freud sie durch einen Führer als Autorität gegeben sah, und einer »sekundären Masse«, die durch eine scheinbare Leerstelle auffällt: An die Stelle eines Führers ist eine unpersönliche Autorität getreten, eine Theorie oder ein abstraktes Ideal. Freud spricht von einem »gleichsam sekundären Führer« (Freud 1921, S. 110), und das Wörtchen »gleichsam« ist sicherlich mit Bedacht gesetzt. Bei diesen Massen ist kein Führer mehr vorhanden, und doch verhalten sich die Mitglieder gleichsam, als gäbe es ihn. Sie agieren wie eine autoritär organisierte Masse und zeigen im Kontakt mit anderen Gruppen jene Abwertungstendenzen, die auch die autoritär gebundene Masse kennzeichnet. Auch wenn sich der Begriff verändert hat – heute spricht man bei der Abwertung der anderen von *othering* –, ist der Vorgang noch immer derselbe.

Konstituieren sich Gruppen über eine sekundäre Autorität, bedürfen sie also keines primären Führers, sind sie in Freuds Sinne eine sekundäre Masse. Haben wir es also möglicherweise mit einem *sekundären Autoritarismus* zu tun? Mit einer autoritären Orientierung, die zunächst nicht ins Auge fällt, weil scheinbar fehlt, was doch ihr hervorstechendes Merkmal sein sollte: die personelle Autorität? Freud hatte diesen Verdacht und es gibt gute Gründe, ihm nachzugehen.

Der Zusammenhang von Deprivation und rechtsextremer Einstellung wird immer wieder beschrieben und ist in empirischen Untersuchungen wiederholt bestätigt worden. Die Zunahme rechtsextremer Einstellung in Deutschland, aber auch in den europäischen Nachbarländern (Heitmeyer 2010; Küpper & Zick 2010; Decker et al. 2010), wird dabei in einen Zusammenhang mit einem erfahrenen oder drohenden sozialen Abstieg gebracht. Damit wird gleichzeitig das Integrationspotenzial ökonomischer Teilhabe beschrieben bzw. umgekehrt der Legitimationsverlust der Gesellschaft, wenn diese Teilhabe ausbleibt (Heitmeyer & Endrikat 2008). Dass dieser Legitimationsverlust vor allem von ressentimentgeladenen Ideologien begleitet wird, ist auffällig, und ganz gleich, ob sie als Faschismus, Rechtsextremismus oder Autoritarismus gemessen werden (Feldman & Stenner 1997; Cohrs & Ibler 2009), hängt die Deprivationserfahrung stets mit dieser destruktiven Abwendung von den Grundlagen eines demokratischen Miteinanders und der Anerkennung des anderen zusammen. Der Zusammenhang gilt als gesichert und prägt die Forschung zum Rechtsextremismus insbesondere in Deutschland seit etlichen Jahren (Heitmeyer 1994; Endrikat et al. 2002; Schmidt et al. 2003). Es ist also kein Wunder, wenn die Deprivation als »key concept of social psychology« angesehen wird (Pettigrew 2001).

Ein großes Manko besteht aber in der theoretischen Diskussion: Mit dem Befund allein ist der empirische Zusammenhang von ökonomischer Krise und autoritärer Dynamik weder erklärt noch verstanden. Die Bevölkerung muss eine gesellschaftliche Entwicklung »als bestandskritisch erfahren und ihre soziale Identität bedroht fühlen, erst dann können wir von Krise sprechen« (Habermas 1973, S. 12). Alltagssprachlich ließe sich das so übersetzen: Wenn keiner es mitbekommt, gibt es keine Krise. Grund dafür ist, dass die gesellschaftliche Realität durch Subjekte vermittelt wird. Aber wie muss es um die soziale Identität dieser Subjekte bestellt sein, dass sie wirtschaftliche Krisen als Bedrohung wahrnehmen? Anders gefragt: Wie muss es um das Ideal bestellt sein, welches der Gruppe die Identität stiftet? Warum gibt es nicht nur eine Deprivation, die »individual« erfahren wird, sondern auch »fraternal«, also als Deprivation der Peer Group (Runciman 1966)?

Die *Studien zum Autoritären Charakter* haben einen Schritt in Richtung der Beantwortung dieser Fragen getan: Für die erfahrene eigene Unterwerfung will man mit harter Münze bezahlt werden, mit der Teilhabe an der gesellschaftlichen (und damit nicht zuletzt ökonomischen) Macht der Autorität. Bleibt diese Rechnung unbeglichen, richtet sich der destruktive Impuls unter anderem auf die Zeugnisse jener Kultur, welche die Unterwerfung einforderte.

Mit der paradigmatischen Verschiebung in der *scientific community* im Zuge des *cognitive turns* haben allerdings nicht nur die dem Autoritären Charakter zugrunde liegenden psychoanalytischen Annahmen zur gewaltvollen Vergesellschaftung, sondern auch die verstehende Sozialforschung scheinbar ihre Legimitationsgrundlage verloren. Zwar finden die empirischen Befunde der Studien bis heute Bestätigung, firmieren aber unter dem Namen Autoritarismus. Der »Autoritäre Charakter« scheint so veraltet wie die Psychoanalyse als Sozialisations- und Persönlichkeitstheorie.

Zum Verständnis von Gruppengeschehen, Vorurteilen und Intergruppenkonflikten wurde seit dem *cognitive turn* stärker auf Prozesse der Informationsverarbeitung gesetzt, das heißt, es wurde auf Modelle der Sozialkognition zu Gruppen und zum Gruppengeschehen zurückgegriffen (Mummendey 1985). Nachdem grundsätzliche Modifikationen des *Realistischen Gruppenkonflikts* nach Sherif und Sherif (1965) hin auf ein Verständnis von Gruppenprozessen als Ergebnis reiner Kategorisierung notwendig geworden waren (Tajfel & Turner 1979), kam es zu immer neuen Veränderungen der Theorie. Diese sind nicht einfach nur einem Zuwachs an Wissen geschuldet, sondern stellen empirische und theoretische Ergänzungen dar, die aus anderer theoretischer und methodischer Perspektive, aber mit Blick auf dasselbe Phänomen gewonnen wurden. So gingen bei Tajfel und Turner motivationale Annahmen in ihre *Soziale Identitätstheorie* ein, einschließlich der Idee eines Bedürfnisses nach positiver (Gruppen-) Identität. Demnach sind sowohl Fremdgruppenabwertung als auch Eigengruppenaufwertung Ergebnisse dieses Bedürfnisses, denn zur seiner Befriedigung bedarf es einer Relation. Nur um den Preis der Abwertung anderer kann die eigene Gruppe und damit ihre Mitglieder an (Selbst-) Wert gewinnen (Zick 1996). Die *Terror Management Theory* (TMT) erweiterte zuletzt die Annahme eines solchen Bedürfnisses unter Rückgriff auf die neo-psychoanalytische Vorstellung eines grundlegenden Bedürfnisses nach Selbstwert, wie von Karen Horney und Theodor Rank formuliert. Der TMT nach Greenberg et al. zufolge ist auffallend, dass die Erfahrung des positiven Selbstwertes umso intensiver gesucht wird, je mehr das Wissen um die eigene Sterblichkeit ins Bewusstsein tritt. In anderen Worten: Unter Mortalitätssalienz wird die Regulation des Selbstwertgefühls handlungsleitend (Greenberg et al. 1986). Diese und andere Forschungsergebnisse der Kognitionspsychologie zu Vorurteilen, kognitiver Rigidität, Self-Enhancement (Stangor & Thompson 2002), Ego-Involvement (Schultz et al. 1997) weisen eine interessante Parallele zur Massenpsyche Freuds, zum Autoritären Charakter und zum Zusammenhang von Deprivation und Rechtsextremismus auf. Wie Jonas und Fritsche experimentell zeigen konnten, ist die Währung, in ihrer Untersuchung konkret die Deutsche Mark, jenes Identifikationsmoment von Kultur, welches von Probanden unter Mortalitätssalienz aufgesucht und höher bewertet wird als von der Vergleichsgruppe ohne Konfrontation mit der eigenen Sterblichkeit (Jonas & Fritsche 2005). Auch hier geht es um eine Chiffre für Ökonomie und die Bewältigung von Selbstwertbedrohung. Allerdings beschäftigen sich die letztgenannten, sozialkognitiven Erklärungsansätze nicht damit, wie diese individuellen Reaktionen, wie Individualität überhaupt mit der Gesellschaftsformation zusammenhängt. Das war bei den *Studien zum Autoritären Charakter* noch anders: Als »critical typology« (Adorno 1950, S. 749) standen nicht die Individuen im Fokus, sondern eine Gesellschaft, die solche Individuen hervorbringt.

Zur Beschreibung der individuellen und Gruppenfunktion bei der Herausbildung rechtsextremer Einstellungen unter wirtschaftlich schlechten Bedingungen in Deutschland schlugen wir die Formulierung »Wohlstand als narzisstische Plombe« vor (Decker et al. 2013). Mit dieser Formulierung schlossen wir zum einen an die Zeitdiagnose von Alexander und Margarete Mitscherlich (1967) an, die in den 1960er-Jahren eine »Unfähigkeit zu trauern« diagnostiziert hatten, zum anderen an Fritz Morgenthalers Analyse der Funktion von fetischisierten Objekten (Morgenthaler 1974).

Der von Mitscherlich und Mitscherlich verwendete Begriff der Trauer verweist auf die psychoanalytische Theorie und beschreibt die Reaktion auf den Verlust einer Autorität oder des Selbstwerts. Für ein sozialpsychologisches Verständnis der Nachkriegsgesellschaft beschrieben sie eine gelungene Trauerreaktion, etwa die auf den Tod eines geliebten Menschen, in Anlehnung an Sigmund Freud als »(…) ein langsames Ablösen von verlorenen Objektbeziehungen« (Mitscherlich & Mitscherlich 1967, S. 39). Eine solche gelungene Trauerreaktion bedeute, »die definitive Veränderung der Realität durch den Verlust des Objekts zu akzeptieren«

(Mitscherlich & Mitscherlich 1967, S. 39). Von dieser psychoanalytischen Vorstellung über die Reaktion auf einen individuellen Objektverlust schlugen Mitscherlich und Mitscherlich die Brücke zur Gesellschaft. Denn was für den Verlust eines geliebten Menschen gilt, ist auch übertragbar auf den Verlust eines von vielen verehrten Objekts. Trauer in diesem psychoanalytischen Sinn wäre im Nachkriegsdeutschland auch für die Gesellschaft dringend geboten gewesen. Nach Auffassung von Mitscherlich und Mitscherlich ist das Objekt, das das »Kollektiv der Deutschen« verloren hat, sein Größen-Selbst, das von Hitler als »Führer« verkörpert worden war. »Als Anlass zur Trauer wirkt (…) vor allem das Erlöschen seiner Repräsentanz als kollektives Ideal. Er war ein Objekt, an das man sich anlehnte (…). Sein Tod und seine Entwertung durch die Sieger bedeutete auch den Verlust eines narzisstischen Selbst und damit eine Ich- oder Selbstverarmung und -entwertung« (Mitscherlich & Mitscherlich 1967, S. 34f.). Und weiter: »Dieser (Führer trat, Anm. des Autors) an die Stelle des Ich-Ideals jedes Einzelnen, jenes seelischen Selbstbildes, das von den kühnsten Phantasien über eigene Bedeutung, Vollkommenheit und Überlegenheit (…) gekennzeichnet wird. Indem ich dem Führer folge, verwirkliche ich ein Stück dieses phantasierten Ich-Ideals« (Mitscherlich & Mitscherlich 1967, S. 71f.).

Somit wiesen die Mitscherlichs auf den Zusammenhang zwischen der Abwehr der narzisstischen Kränkung und dem Wiederaufbau im Nachkriegsdeutschland hin. Der nun eigentlich anzuerkennende Verlust des idealen Größen-Selbsts sei durch den Wirtschaftsaufschwung nicht nur überdeckt, sondern auch ersetzt worden. Zudem hätten die Deutschen auch den Vernichtungskrieg und den von Deutschen organisierten Holocaust anerkennen müssen. Allerdings nennen Mitscherlich und Mitscherlich auch Mechanismen, die den Deutschen ihrer Ansicht nach dabei halfen, dieser Aufgabe zu entgehen, unter anderem den Abzug aller seelischen Energien, mit denen sie Hitler verehrt und ihre »Pflicht« erfüllt hatten, die Verleugnung der Verbrechen, die Derealisierung ihrer Erlebnisse, die Externalisierung der Schuld, zum Beispiel durch das Abschieben auf Hitler oder die Aufrechnung mit fremder Schuld, sowie die Identifizierung mit den Siegern. Man habe sich nur als bedauernswertes und zu Unrecht angeklagtes Opfer gefühlt (Mitscherlich & Mitscherlich 1967). Trifft die Zeitdiagnose von Alexander und Margarete Mitscherlich zu, dann trat an die Stelle des »kollektiven Narzißmus (…), der durch den Zusammenbruch des Hitlerregimes aufs schwerste geschädigt worden (ist), (…) der wirtschaftliche Aufschwung, das Bewußtsein, wie tüchtig wir sind (...)« (Adorno 1959, S. 563 f.). Die Demokratie wurde akzeptiert, »weil es einstweilen unter der Demokratie zu gut geht« (Adorno 1959, S. 559), aber sie wurde nicht gelebt und auch nicht vorgelebt.

Die Metapher von der narzisstischen Plombe reicht aber noch weiter. Die Autorität vermittelt eine »Prothesen-Sicherheit«, wie Erich Fromm bündig feststellte. Hat dann die Wirtschaft nicht nur die Position eines Sicherheit und Selbstwert vermittelnden Objekts eingenommen, sondern ist ein »gleichsam sekundärer Führer« (Sigmund Freud) geworden?

Das »Wirtschaftswunder« zur Stabilisierung des Selbstwertes – als »narzisstische Plombe« – und die starke Wirtschaft als »sekundären Führer« einzusetzen, das funktionierte wahrscheinlich deshalb so gut, weil diese Verbindung bereits existierte. Ein »Wirtschaftswunder«, darauf hat gerade der Historiker Ulrich Herbert in seiner monumentalen »Geschichte Deutschlands im 20. Jahrhundert« hingewiesen (Herbert 2013), ereignete sich nicht erst im Nachkriegsdeutschland. Vielmehr wurde der Begriff bereits 1936 durch den Ökonom Hans Priester verwendet, um die wirtschaftliche Entwicklung nach der Machtübernahme der NSDAP zu beschreiben (Priester 1936). Priester war kein Parteigänger der Nationalsozialisten, im Gegenteil, er emigrierte im selben Jahr, in dem sein Buch zwar auf Deutsch, aber in einem niederländischen Verlag erschien, nach London. In seiner Gesamtschau der deutschen Wirtschaft gebraucht er die Bezeichnung »deutsches Wirtschaftswunder« in polemischer Absicht, denn für ein Wunder hielt er die wirtschaftliche Entwicklung nicht: »Leitmotiv (der Wirtschaft, d. Aut.) war die Stärkung des potential de guerre« (Priester 1936, S. 243). Die Rüstungsindustrie stimulierte demnach das Wirtschaftswachstum viel mehr als alle Arbeitsbeschaffungsmaßnahmen in den ersten Jahren Nazi-Deutschlands es jemals vermocht hätten. Welche Integrationskraft dieser wirtschaftliche Aufschwung hatte, scheint für den Historiker Herbert heute ausgemacht: »Der Begriff des ›Wirtschaftswunders‹ kam auf und die wachsende Popularität des Regimes und insbesondere Hitlers war darauf zurückzuführen« (Herbert 2013, S. 339). Dass die politische Loyalität der Deutschen durch nichts so stark befestigt wurde, wie durch die wirtschaftliche Stabilität, wie Herbert (2013) meint, ist in Kenntnis der Bedeutung des Antisemitismus für die Deutschen dieser Jahre eine etwas überzogene Interpretation. Zustimmung bezog das

Regime sicherlich zu einem nicht geringen Teil aus der Ideologie etwa des »Herrenmenschentums«. Hier ist aber ein anderer Punkt relevant. Seit Priesters Analyse streiten sich Geschichtswissenschaftler, in welchem Umfang es Nazideutschland gelang, ein Wirtschaftswunder zu initiieren. Priester nämlich stellte fest, dass das Wirtschaftswachstum vor allem ein »Boom der Produktionsgüterindustrie« war (Priester 1936, S. 306). Anders als in den anderen europäischen Ländern, die sich sukzessive von der Wirtschaftskrise am Ende der 1920er-Jahre erholten, kam der materielle Ertrag des Wunders gerade bei der Bevölkerung nicht an: »Das Volk verarmt. Der Lebensstandard sinkt, weil die Konsumkraft schwindet« (Priester 1936, S. 321). Diese Entwicklung stellte im Nachhinein auch der Wirtschaftshistoriker Mark Spoerer fest, als er die Einkommensentwicklung im Nazi-Deutschland der 1930er-Jahre analysierte und zu dem Schluss kam, dass die Kaufkraft kontinuierlich nachließ (Spoerer 2005). Die Menschen konnten immer weniger konsumieren – und versagt blieb über die Jahre häufig schon das Grundlegende, von Luxusgütern ganz zu schweigen. Integriert habe dieses erste deutsche Wirtschaftswunder aber dennoch, nämlich anhand »immaterieller Kollektivgüter« (Spoerer 2005, S. 434): Gemeinschaftsgefühl und Nationalstolz. Es gab also einen Führer als ideales Selbstobjekt, restaurierte nationale Stärke – und eine starke Ökonomie. Bis auf die Identifikation damit hatte der Einzelne also wenig Gewinn, aber dafür die Möglichkeit, der autoritären Aggression in einem Vernichtungsfeldzug freien Lauf zu lassen.

Deshalb war es nach dem Krieg so einfach, einen Teil für die Sache selbst zu nehmen: Die Wirtschaft als »gleichsam sekundären Führer«. Das bedeutet aber auch, dass die Gegenwartsgesellschaft mit ihrem Primat des Ökonomischen einer autoritären Dynamik unterliegt. Und für einen *sekundären Autoritarismus* spricht einiges, zum Beispiel der Stellenwert, der der Wirtschaft bis heute eingeräumt wird. Die Deutschen identifizieren sich, das zeigen auch die Erhebungen des *International Social Survey Programms* seit Jahren, viel stärker als andere Nationen mit ihrer Wirtschaft (Haller & Ressler 2006; Davidov 2009).

Doch die starke Wirtschaft ist nicht nur ein ideales Selbstobjekt, sondern ihr Funktionieren fordert auch, das eigene Handeln an ihrem Primat auszurichten. Demnach geht heute die vermittelnde Gewalt vom Markt aus, wie zuvor von den Eltern, und auch wenn diese Autorität unpersönlich und ortlos ist, macht das die Gewalt nicht weniger wirkungsvoll. Auf dem Markt muss sich der Einzelne behaupten oder er wird verworfen. Wie schon bei der Anerkennung der Macht des patriarchalen Vaters entschädigt auch die Identifizierung mit der Stärke der Wirtschaft nicht restlos für die Unterwerfung. Die gewaltvolle Autorität produziert eine große Ambivalenz und vor allem Aggression. Das setzt die autoritäre Dynamik in Gang.

Denn auch gegen diese Autorität kann sich die Aggression nicht richten, dafür ist sie viel zu mächtig. Stattdessen richtet sie sich gegen »Andere«. Angeboten haben sich dafür schon immer Gruppen, die aus Sicht der Mehrheitsgesellschaft zwei Merkmale erfüllen: Sie müssen als schwach wahrgenommen werden und der Phantasie Nahrung geben, sich der gewaltvollen Autorität entzogen zu haben. Sie müssen also erscheinen, als ob sie sich weder in ihren Wünschen den Anforderungen der Autorität fügen, noch mit den Gruppen-Idealen identifizieren. Hierfür bieten sich »Ausländer« und »Fremde« an, das Innen entsteht nur durch ein Außen, das aktiv hergestellt werden muss (Erdheim 1985). Aber die Aggression richtet sich nicht gegen Migranten und Migrantinnen an sich. Wie die Gruppendiskussionen im Rahmen der »Mitte«-Studien zeigten, wird vielmehr zwischen den Ausländergruppen unterschieden (Decker et al. 2008): Die »guten Ausländer« sind einerseits jene, die mit der eigenen Gruppe identifiziert werden, andererseits jene, die einen Mehrwert erbringen, einen Beitrag leisten. Diejenigen jedoch, die als Bedrohung der Stärke des idealen Selbst-Objekts phantasiert werden, sind beständig von Abwertung bedroht. Das gilt für Migrantinnen und Migranten aus Kulturkreisen, die als fremd und »rückständig« wahrgenommen werden, und die den Sozialstaat »ausnutzen«. Ferner gilt das aber auch für die Menschen, die zur eigenen Gruppe gehören und doch aus ihr herausfallen: Arbeitslose und Obdachlose erfahren, das belegen die Bielefelder »Deutschen Zustände«, eine noch stärkere Abwertung als Migranten und Migrantinnen (Heitmeyer 2012).

Dem Faschismus – dem Extremismus der Mitte – der Jahre 1920 bis 1945 lag eine autoritäre Dynamik zugrunde, doch auch heute können wir eine solche Dynamik ausmachen, die wir deshalb den *sekundären Autoritarismus* nennen. Dieser bezieht seine Kraft nicht aus der Identifikation mit einem Führer, also einer personellen Autorität, sondern aus der Identifikation mit der Größe und Stärke der Wirtschaft und der Gewalt des Marktes.

Diese sekundäre Autorität kann wie vormals die primäre Autorität den Verzicht auf eigene Wünsche und individuelle Lebensentwürfe einfordern und stellt zur Entschädigung die Teilhabe an seiner Macht in Aussicht. Die Teilhabe kann (aber muss nicht) in konkreter Alimentierung bestehen. Nur schwach darf das Selbst-Objekt des Marktes nicht werden, sonst führt die Wut über die eigene Unterwerfung unter eine versagende Autorität zur Aggression gegen diejenigen, die depriviert sind und doch die Phantasie wachrufen, das schöne Leben ohne Unterwerfung zu haben. Dieser Befund bleibt nicht auf Deutschland beschränkt. Auch in anderen Ländern wird die Integration in die Gesellschaft durch die Anerkennung des Primats und die Autorität der Wirtschaft gefordert. Deutschland ist der »Idealfall«, nicht der Sonderfall der westlichen Industrienationen. Idealfall wird hier nicht als die beste aller Möglichkeiten verwendet, sondern im Sinne Max Webers, des Nestors der Soziologie. Der Idealfall ist jenes Phänomen, an dem eine allgemeine Funktionsweise am klarsten beobachtet werden kann. Die für Deutschland beschriebene Plombenfunktion der starken Wirtschaft und der sekundäre Autoritarismus lassen die Bedeutung und Wirkung auch in anderen Nationen verstehen, in denen der Markt die Institution par excellence ist, an der sich alle orientieren müssen und die alles und alle ihren Regeln unterwirft.

Literatur

Adorno, T. W. (1950). Types and Syndroms. In: Adorno, T. W., Frenkel-Brunswik, E., Levinson, D. J. & Sanford, R. N. (Hrsg.), *The Authoritarian Personality* (S. 744–783). New York: Harper.

Adorno, T. W. (1959). Was bedeutet: Aufarbeitung der Vergangenheit? In: Tiedemann, R. (Hrsg.), *Theodor W. Adorno – Gesammelte Schriften Bd. 10.2* (S. 555–572). Frankfurt/M.: Suhrkamp.

Cohrs, J. C. & Ibler, S. (2009). Authoritarianism, threat, and prejudice: An analysis of mediation and moderation. *Basic and Applied Social Psychology, 31*, 81–94.

Davidov, E. (2009). Measurement Equivalence of Nationalism and Constructive Patriotism in the ISSP: 34 Countries in a Comparative Perspective. *Political Analysis, 17*, 64–82.

Decker, O. & Kiess, J. (2013). Moderne Zeiten. In: Decker, O., Kiess, J. & Brähler, E. (Hrsg.), *Rechtsextremismus der Mitte. Eine sozialpsychologische Gegenwartsdiagnose* (S. 13–64). Gießen: Psychosozial.

Decker, O., Kiess, J. & Brähler, E. (2013). Wo ist der Ort der Demokratie heute? Öffentlichkeit und Partizipation 2012. In: Dies. (Hrsg.), *Rechtsextremismus der Mitte. Eine sozialpsychologische Gegenwartsdiagnose* (S. 174–185). Gießen: Psychosozial.

Decker, O., Kiess, J., Weißmann, M. & Brähler, E. (Hrsg.) (2010). *Die Mitte in der Krise.* Springe: zu Klampen (2012).

Decker, O., Rothe, K., Weissmann, M., Geissler, N. & Brähler, E. (2008). *Ein Blick in die Mitte. Zur Entstehung rechtsextremer und demokratischer Einstellungen.* Berlin: FES.

Endrikat, K., Schafer, D., Mansel, J. & Heitmeyer, W. (2002). Soziale Desintegration. Die riskanten Folgen negativer Anerkennungsbilanzen. In: Heitmeyer, W. (Hrsg.), *Deutsche Zustände* (S. 37–58). Frankfurt/M.: Suhrkamp.
Erdheim, M. (1985). Die Repräsentanz des Fremden. In: Ders. (Hrsg.), *Psychoanalyse und Unbewußtheit in der Kultur* (S. 237–251). Frankfurt/M.: Suhrkamp (1988).
Feldman, S. & Stenner, K. (1997). Perceived threat and authoritarianism. *Political Psychology, 4,* 741–770.
Freud, S. (1921). Massenpsychologie und Ich-Analyse. In: Freud, A. (Hrsg.), *Sigmund Freud – Gesammelte Werke Bd. XIII* (S. 71–161). Frankfurt/M.: Fischer.
Fromm, E. (1936). Studien über Autorität und Familie. Sozialpsychologischer Teil. In: Ders. (Hrsg.), *Gesamtausgabe Bd. 1* (S. 139–187). Stuttgart: Deutsche Verlagsanstalt.
Greenberg, J., Pyszczinski, T. & Solomon, S. (1986). The causes and consequences of the need for self-esteem: A terror management theory. In: Baumeister, R. F. (Hrsg.), *Public self and private self* (S. 189–212). New York: Springer.
Habermas, J. (1973). *Legitimationsprobleme im Spätkapitalismus.* Frankfurt/M.: Suhrkamp.
Haller, M. & Ressler, R. (2006). National and European Identity: A Study of Their Meanings and Interrelationships. *Revue francaise de sociologie, 47,* 817–850.
Heitmeyer, W. (Hrsg.) (1994). Was treibt die Gesellschaft auseinander? *Bundesrepublik Deutschland: Auf dem Weg von der Konsens- zur Konfliktgesellschaft.* Frankfurt/M.: Suhrkamp.
Heitmeyer, W. (2010). Krisen – Gesellschaftliche Auswirkungen, individuelle Verarbeitung und Folgen für die Gruppenbezogene Menschenfeindlichkeit. In: Ders. (Hrsg.), *Deutsche Zustände – Folge 8* (S. 13–48). Frankfurt/M.: Suhrkamp.
Heitmeyer, W. (Hrsg.) (2012). *Deutsche Zustände – Folge 10.* Frankfurt/M.: Suhrkamp.
Heitmeyer, W. & Endrikat, K. (2008). Die Ökonomisierung des Sozialen. Folgen für »Überflüssige« und »Nutzlose«. In: Heitmeyer, W. (Hrsg.), *Deutsche Zustände – Folge 7* (S. 55–72). Frankfurt/M.: Suhrkamp.
Herbert, U. (2013). *Geschichte Deutschlands im 20. Jahrhundert.* München: C. H. Beck.
Horkheimer, M. (1936). Autorität und Familie. In: Schmid Noerr, G. (Hrsg.), *Max Horkheimer – Gesammelte Schriften Bd. 3 – Schriften 1931 – 1936* (S. 336–417). Frankfurt/M.: Fischer.
Jonas, E. & Fritsche, I. (2005). Terror Management Theorie und deutsche Symbole. Diffenzielle Reaktionen Ost- und Westdeutscher. *Zeitschrift für Sozialpsychologie, 36,* 143–155.
Küpper, B. & Zick, A. (2010). Macht Armut menschenfeindlich? Zusammenhänge in acht europäischen Ländern. In: Heitmeyer, W. (Hrsg.), *Deutsche Zustände – Folge 9* (S. 84–105). Frankfurt/M.: Suhrkamp.
Latour, B. (1998). *Wir sind nie modern gewesen. Versuch einer symmetrischen Anthropologie.* Frankfurt/M.: Suhrkamp.
Mitscherlich, A. & Mitscherlich, M. (1967). *Die Unfähigkeit zu Trauern. Grundlagen kollektiven Verhaltens.* München: Pieper.
Morgenthaler, F. (1974). Die Stellung der Perversionen in Metapsychologie und Technik. *Psyche – Zeitschrift für Psychoanalyse und ihre Anwendungen, 28,* 1077–1088.
Mummendey, A. (1985). Verhalten zwischen sozialen Gruppen. Die Theorie der sozialen Identität. In: Frey, D. & Irle, M. (Hrsg.), *Theorien der Sozialpsychologie – Bd. II: Gruppen- und Lerntheorien* (S. 185–216). Bern: Huber.
Pettigrew, T. F. (2001). Summing up: Relative deprivation as a key social psychological concept. In: Walker, I. & Smith, H. J. (Hrsg.), *Relative Deprivation. Specification, Development, and Integration* (S. 351–374). Cambridge: Cambridge University Press.
Priester, H. E. (1936). *Das Deutsche Wirtschaftswunder.* Amsterdam: Querido Verlag.
Runciman, W. G. (1966). *Relative Deprivation and Social Justice.* London: Routledge.

Schmidt, M. G., Maes, J. & Gollwitzer, M. (2003). Längsschnittliche Effekte relativer Deprivation und relativer Privilegierung auf Fremdenfeindlichkeit im wiedervereinigten Deutschland. In: Witte, E. H. (Hrsg.), *Sozialpsychologie politischer Prozesse* (S. 58–84). Lengerich: Pabst.

Schultz, P. W., Stone, W. F. & Christie, R. (1997). Authoritarianism and Mental Rigidity: The Einstellung Problem Revisited. *Personality and Social Psychology Bulletin, 23,* 3–9.

Sherif, M. & Sherif, C. W. (1965). Research on intergroup relations. In: Klineberg, O. & Christie, R. (Hrsg.), *The social psychology of intergroup relations* (S. 153–177). New York: Holt, Rinehart & Winston.

Simmel, G. (1908). Exkurs über den Fremden. In: Ders. (Hrsg.), *Soziologie. Untersuchungen über die Formen der Vergesellschaftung* (S. 509–512). Berlin: Duncker & Humblot.

Spoerer, M. (2005). Demontage eines Mythos? Zu der Kontroverse über das nationalsozialistische »Wirtschaftswunder«. *Geschichte und Gesellschaft, 31,* 415–438.

Stangor, C. & Thompson, E. P. (2002). Needs for Cognitive Economy and Self-Enhancement as Unique Predictors of Intergroup Attitudes. *European Journal of Social Psychology, 32,* 563–575.

Tajfel, H. & Turner, J. C. (1979). An Integrative Theory of Intergroup Conflicts. In: Austin, G. W. & Worchel, S. (Hrsg.), *The Social Psychology of Intergroup Relations.* Monterey: Books/Cole.

Zick, A. (1996). Die Konflikttheorie der Theorie sozialer Identität. In: Bonacker, T. (Hrsg.), *Sozialwissenschaftliche Konflikttheorien. Eine Einführung* (S. 409–426). Wiesbaden: VS Verlag für Sozialwissenschaften.

3 Die Untersuchung 2014 – Starke Wirtschaft, gefestigte Mitte

Oliver Decker, Johannes Kiess & Elmar Brähler

In diesem Kapitel werden die Ergebnisse der Untersuchung zur rechtsextremen Einstellung in Deutschland 2014 dargestellt. Zu Beginn gehen wir kurz auf Methodik und Stichprobe der Erhebung ein, geben dann eine Übersicht über die Ergebnisse für den Fragebogen zur rechtsextremen Einstellung und bereiten die Zustimmung zu den einzelnen Aussagen (Items) grafisch auf. Außerdem differenzieren wir die Zustimmung in den einzelnen Dimensionen nach soziodemografischen Merkmalen (Ost-/Westdeutschland, Bildung, Geschlecht, Erwerbsstatus, Alter, Parteipräferenz und Kirchenzugehörigkeit) und vergleichen die Ergebnisse von 2014 mit den Daten, die wir in den Erhebungswellen 2002, 2004, 2006, 2008, 2010 und 2012 gewonnen haben, um Erkenntnisse über die rechtsextreme Einstellung im Zeitverlauf zu erhalten.

Eingesetzt wurde der Fragebogen zur rechtsextremen Einstellung in der Leipziger Form, der die rechtsextreme Einstellung in sechs Dimensionen erfasst: Befürwortung einer rechtsautoritären Diktatur, Chauvinismus, Ausländerfeindlichkeit, Antisemitismus, Sozialdarwinismus und Verharmlosung des Nationalsozialismus. Dabei wurden jeweils drei Aussagen rechtsextremen Inhalts je Dimension vorgelegt, die die Befragten auf einer fünfstufigen Skala von »lehne voll und ganz ab« bis »stimme voll und ganz zu« bewerteten (Decker et al. 2013 a). Zusätzlich gehen wir auf die ebenfalls eingesetzten Fragebögen der Bielefelder Studienreihe »Deutsche Zustände« zur Abwertung von Sinti und Roma, Flüchtlingen und Muslimen ein (Heitmeyer 2012). Abschließend stellen wir die Ergebnisse zusätzlicher Fragebögen zum Autoritarismus (Schmidt et al. 1995), zur Demokratie- und zur Europaverbundenheit vor.

Beschreibung der Methodik und der Stichprobe

Die den folgenden Ergebnissen und Berechnungen zugrunde liegende Erhebung ist im Frühjahr 2014 durch das Meinungsforschungsinstitut USUMA (Berlin) im Auftrag der Universität Leipzig durchgeführt worden. Um die Repräsentativität der Stichprobe zu gewährleisten, wurde die besiedelte Fläche der Bundesrepublik Deutschland zunächst in Stichprobenflächen (Sample-Points) aufgeteilt. Räumlich überschneidungsfrei definiert, wurden den Sample-Points Haushalte und Einwohner zugeordnet, wobei möglichst homogene und mengenmäßig gleich große Flächen gebildet wurden. Für dieses Vorgehen standen die Stichproben der Arbeitsgemeinschaft Deutscher Meinungsforschungsinstitute (ADM) zur Verfügung. Das weitere Verfahren ist dreistufig.

Bei der ersten Stufe (Sample-Point-Auswahl) wurden für die Befragung, die von USUMA bundesweit und face-to-face durchgeführt werden sollte, 258 Sample-Points gezogen, davon 210 in den alten und 48 in den neuen Bundesländern. Bei der zweiten Stufe (Random-Route-Verfahren zur Haushaltsauswahl) listeten die Interviewer und Interviewerinnen von einer Startadresse aus jeden dritten Haushalt auf, bis 18 gültige Adressen in Privathaushalten pro Sample-Point identifiziert waren. Bei 258 Sample-Points wurden in der Hauptwelle also insgesamt 4.386 Haushalte für die Befragung ausgewählt. Bei der dritten Stufe (Personenauswahl) ermittelten die Interviewer und Interviewerinnen im ausgewählten Haushalt alle Personen, die der Grundgesamtheit der Stichprobe entsprachen, und wählten per vorgegebenem Zufallsverfahren (Schwedenschlüssel) die Zielperson aus, mit der schließlich die Befragung durchzuführen war.

Da nicht nur die Flächenstichprobe, sondern auch die Auswahl der kontaktierten Privathaushalte innerhalb der Flächen und die der dortigen Zielpersonen im Zufallsverfahren getroffen wurde, sind die ADM-Stichproben als repräsentative Zufallsstichproben zu bewerten, die den in der mathematischen Statistik entwickelten Zufallsmodellen genügen. Im Feld wurden erfahrene und geschulte Interviewerinnen und Interviewer eingesetzt, denen für dieses Projekt eine schriftliche Interviewanweisung ausgehändigt wurde. Die Anweisung enthielt neben den Angaben zur Startadresse (Postleitzahl, Ort und Straßenname) auch Hinweise zur Vorgehensweise bei der Befragung.

In der ersten Kontaktphase überreichten die Interviewer den Befragten eine ausführliche Datenschutzerklärung und ein offizielles Anschreiben der Universität Leipzig, welches auf den wissenschaftlichen Charakter der Umfrage hinwies. Die Interviewer ermittelten gemeinsam mit den Befragten die soziodemografischen Angaben zur Zielperson und zum Haushalt nach den demografischen Standards des Statistischen Bundesamtes. Danach übergaben sie den Fragebogen. Dieser sollte aufgrund der teilweise sehr persönlichen Angaben eigenständig beantwortet werden, allerdings standen die Interviewer bei Schwierigkeiten beratend zur Verfügung. Zur Wahrung der Anonymität ihrer Angaben hatten die Befragten die Möglichkeit, den ausgefüllten Fragebogen in einem verschlossenen Umschlag an die Interviewenden zurückzugeben. Diese Umschläge wurden erst im Institut geöffnet.

Die Feldphase (10. Februar bis 6. April 2014) gliederte sich in eine Haupt- und in eine Nachfasswelle, wobei in der Hauptwelle alle Sample-Points der Stichprobe eingesetzt wurden. Die schließlich erreichte Ausschöpfungsquote betrug 54,8 %. Als Ausfälle zählten die Weigerung des Haushalts (13,9 %) und der Zielperson zur Auskunft (15,4 %), das viermalige Nichtantreffen von Personen im Haushalt (13,4 %) sowie etwaige Krankheiten, Urlaub oder Abwesenheit der Zielperson. Für die folgenden Berechnungen fanden nur Befragte mit deutscher Staatsbürgerschaft Eingang. Die Angaben zur Soziodemografie unserer Stichprobe sind Tabelle 1 zu entnehmen.

Tabelle 1: Soziodemografische Beschreibung der Stichprobe (nur deutsche Staatsangehörige, 14–91 Jahre)

		Gesamtgruppe (*N* = 2.432)	
Alter in Jahren	Mittelwert	48,82	
	Standardabweichung	17,9	
		absolut	**in %**
Altersgruppen	bis 24 Jahre	243	10
	25–34 Jahre	329	13,5
	35–44 Jahre	380	15,6
	45–54 Jahre	468	19,2
	55–64 Jahre	456	18,8
	65–74 Jahre	348	14,3
	ab 75 Jahre	208	8,6
Geschlecht	männlich	1.133	46,6
	weiblich	1.299	53,3
Familienstand	verheiratet/zusammenlebend	1.111	45,7
	verheiratet/getrennt lebend	53	2,2
	ledig	664	27,3
	geschieden	341	14
	verwitwet	261	10,7
Partnerschaft	ja (leben mit Partner)	1.381	57,8
	nein (leben ohne Partner)	1.008	42,2
Schulabschluss	ohne Abschluss	72	3
	Hauptschule/8. Klasse	850	35
	Mittlere Reife/Realschule	691	28,4
	POS/10. Klasse	221	9,1
	Fachschule	65	2,7
	Abitur/o. abgeschl. Studium	229	9,4
	abgeschl. Hochschul-/FHS-Studium	241	9,9

Fortsetzung Tabelle 1

		absolut	in %
Berufstätigkeit	Vollzeit mit > 35 h / Woche	965	39
	Teilzeit mit 15 – 35 h / Woche	286	11,8
	Teilzeit mit < 15 h / Woche	63	2,6
	Wehr- / Zivildienst oder Mutterschutz- / Erziehungsurlaub	19	0,8
	arbeitslos / 0-Kurzarbeit	144	5,9
	Rentner / Vorruhestand	695	28,7
	nicht berufstätig	93	3,8
	in Berufsausbildung	32	1,3
	in Schulausbildung	126	5,2
Haushaltseinkommen/Monat	weniger als 750 €	93	3,9
	750 bis < 1.250 €	353	14,9
	1.250 bis < 2.000 €	646	27,3
	2.000 bis < 3.500 €	761	40,6
	ab 3.500 €	322	17,2
Kirchenzugehörigkeit	nein	687	28,4
	ja	1.734	71,6
Ostdeutsche		503	20,7
Westdeutsche		1.929	79,3

Die stabilisierte Mitte – Rechtsextreme Einstellung in Deutschland 2014

In Tabelle 2 finden sich die Zustimmungswerte zu allen Items des Rechtsextremismusfragebogens in der Leipziger Form (Decker et al. 2013a). Durch die Entscheidung für eine fünfstufigen Likert-Skalierung kann die Skala als intervallskaliert gelten.

Tabelle 2: Der Fragebogen zur rechtsextremen Einstellung – Zustimmung auf Item-Ebene in %

	Rechtsextremismus	lehne völlig ab	lehne überwiegend ab	stimme teils zu, teils nicht zu	stimme überwiegend zu	stimme voll und ganz zu
01	Im nationalen Interesse ist unter bestimmten Umständen eine Diktatur die bessere Staatsform.	61,4	17,2	14,8	5,5	1,2
02	Ohne Judenvernichtung würde man Hitler heute als großen Staatsmann ansehen.	61,9	16,5	14,2	5,7	2,1
03	Was Deutschland jetzt braucht, ist eine einzige starke Partei, die die Volksgemeinschaft insgesamt verkörpert.	47,2	17,1	20,1	10,7	4,9
04	Wir sollten einen Führer haben, der Deutschland zum Wohle aller mit starker Hand regiert.	61,9	15,1	13,8	6,9	2,4
05	Wie in der Natur sollte sich in der Gesellschaft immer der Stärkere durchsetzen.	52,7	20,2	18,7	6,3	2,1
06	Die Ausländer kommen nur hierher, um unseren Sozialstaat auszunutzen.	23	18,3	31,5	16,1	11,1
07	Auch heute noch ist der Einfluss der Juden zu groß.	46,8	20,2	21,4	9	2,7
08	Wir sollten endlich wieder Mut zu einem starken Nationalgefühl haben.	26,3	15,6	28,3	19,6	10,3
09	Eigentlich sind die Deutschen anderen Völkern von Natur aus überlegen.	48,3	18,8	19,8	9,5	3,7
10	Wenn Arbeitsplätze knapp werden, sollte man die Ausländer wieder in ihre Heimat zurückschicken.	29,4	20,1	26,4	14,1	10
11	Die Verbrechen des Nationalsozialismus sind in der Geschichtsschreibung weit übertrieben worden.	58,9	18,9	15,3	5,3	1,7
12	Was unser Land heute braucht, ist ein hartes und energisches Durchsetzen deutscher Interessen gegenüber dem Ausland.	33,6	16,9	28,1	14,8	6,6
13	Die Juden arbeiten mehr als andere Menschen mit üblen Tricks, um das zu erreichen, was sie wollen.	52,3	18,7	18,8	8	2,3

Fortsetzung Tabelle 2

		lehne völlig ab	lehne überwiegend ab	stimme teils zu, teils nicht zu	stimme überwiegend zu	stimme voll und ganz zu
14	Das oberste Ziel der deutschen Politik sollte es sein, Deutschland die Macht und Geltung zu verschaffen, die ihm zusteht.	33	18,5	27,1	15,5	5,9
15	Es gibt wertvolles und unwertes Leben.	63,5	12,1	15,6	5,8	3
16	Die Bundesrepublik ist durch die vielen Ausländer in einem gefährlichen Maß überfremdet.	29,3	17,9	25,3	17,3	10,2
17	Die Juden haben einfach etwas Besonderes und Eigentümliches an sich und passen nicht so recht zu uns.	51,9	18,2	19,9	8	2
18	Der Nationalsozialismus hatte auch seine guten Seiten.	52,5	17,8	20,5	6,7	2,5

Im Folgenden bereiten wir die Ergebnisse grafisch auf und konzentrieren uns dabei auf die Zustimmung. Dazu werden je Aussage die Antwortmöglichkeiten »stimme überwiegend zu« und »stimme voll und ganz zu« zusammengefasst. Außerdem werden die Ergebnisse für Gesamtdeutschland sowie getrennt nach Ost und West dargestellt.

In Grafik 1 findet sich die Zustimmung zu den Aussagen der Dimension »Befürwortung einer rechtsautoritären Diktatur«: Die Aussage »Im nationalen Interesse ist unter Umständen eine Diktatur die bessere Staatsform« bejahten 11,6% der Befragten in Ostdeutschland und 5,4% der Befragten in Westdeutschland. Auch die beiden anderen Fragen erfahren im Osten eine höhere Zustimmung: Einen Führer »zum Wohle aller« wünschten sich 12,4% bzw. 8,4% und dass die »Volksgemeinschaft« von einer einzigen starken Partei vertreten werden sollte, befürworteten 17,2% bzw. 15,2% der Befragten.

Grafik 1: Befürwortung einer rechtsautoritären Diktatur 2014

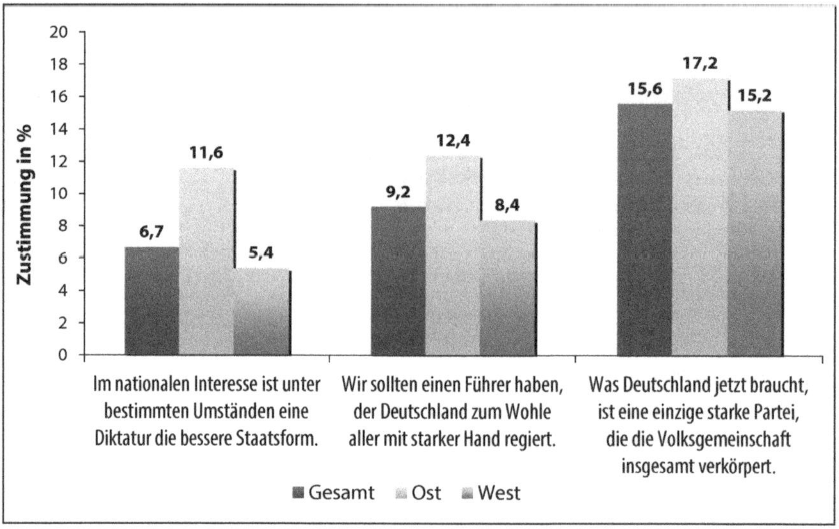

Mit der Dimension »Chauvinismus« wurde die Überhöhung der Eigengruppe, in diesem Falle der Nation, abgefragt (vgl. Grafik 2). Wie in den Vorjahren, sind chauvinistische Aussagen für große Teile der Bevölkerung zustimmungsfähig und werden jeweils nur von der Hälfte der Befragten explizit abgelehnt (»lehne überwiegend ab«, »lehne völlig ab«, vgl. Tabelle 2). Interessant ist, dass wir in dieser Dimension nur bei der letzten Aussage einen deutlichen Ost-West-Unterschied feststellen können. Die Idee, das höchste politische Ziel sollte es sein, »Deutschland die Macht und Geltung zu verschaffen, die ihm zusteht«, teilen 28,7 % der Ostdeutschen und 19,5 % der Westdeutschen.

Die Überhöhung der Eigengruppe geht häufig mit der Abwertung von *Outgroups* einher, also von Gruppen, die als »anders« konstruiert werden. Häufig sind es »die Ausländer«, die in rechtsextremen, aber auch in alltäglichen Diskussionen für Missstände verantwortlich gemacht werden (vgl. Grafik 3).

Grafik 2: Chauvinismus 2014

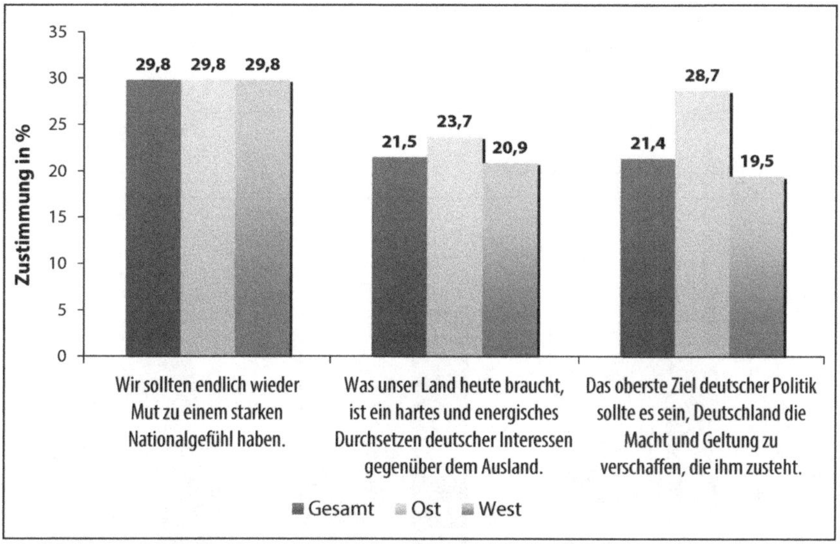

Grafik 3: Ausländerfeindlichkeit 2014

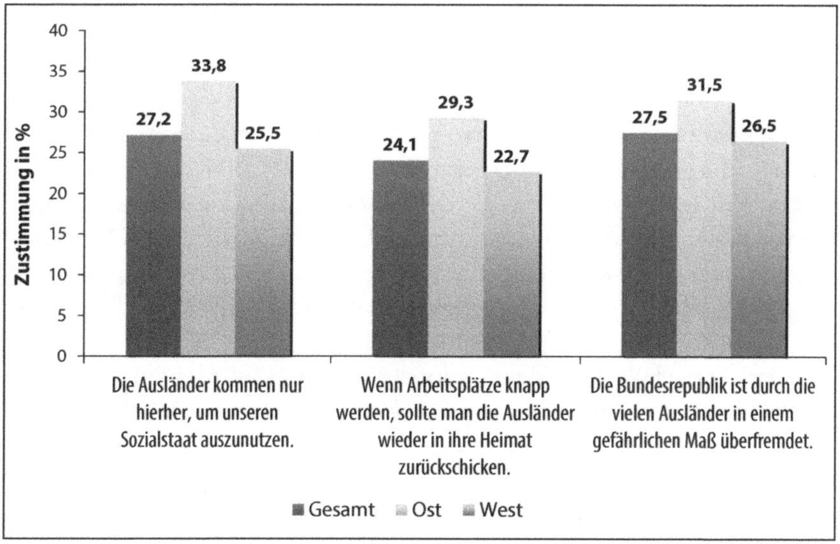

Insbesondere vor dem Hintergrund des Massenmordes an den europäischen Juden durch Deutsche und der zentralen Rolle, die der Antisemitismus für rechte Ideologien spielt, bleibt der Antisemitismus eine entscheidende Dimension. Den Aussagen stimmte jeweils etwa jeder Zehnte zu, wobei sich die Zustimmungswerte in Ost und West angenähert haben.

Grafik 4: Antisemitismus 2014

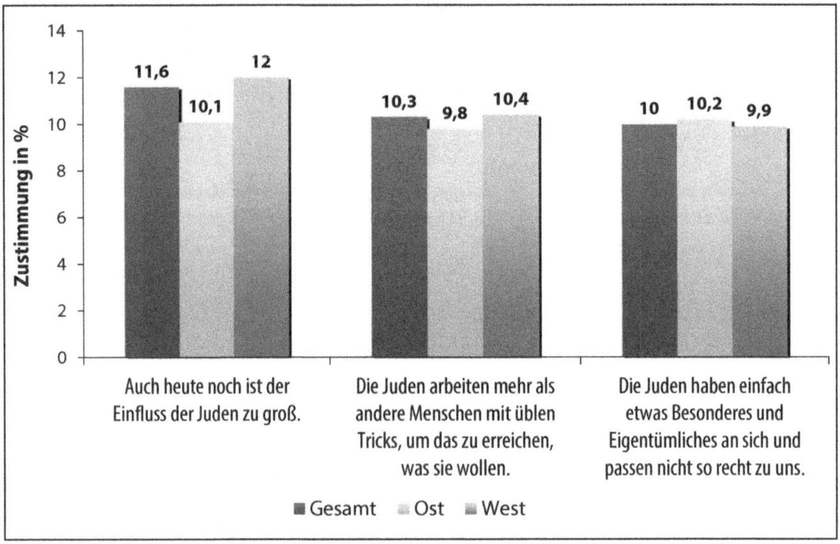

Die Dimension »Sozialdarwinismus« erfasst – insbesondere mit der letzten Aussage »Es gibt wertvolles und unwertes Leben« – den Kern der rechtsextremen Einstellung: die Ideologie der Ungleichwertigkeit, welche über alle Dimensionen zum Ausdruck kommt (vgl. Grafik 5). In diese Dimension gehören auch die Versatzstücke eines biologistischen Rassismus, der auf »Natur« als Ursprung von Ungleichwertigkeit (nicht Ungleichheit!) verweist.

Mit der Verharmlosung des Nationalsozialismus werden insbesondere geschichtsrevisionistische Fragmente der rechtsextremen Ideologie abgedeckt. Zwar sind die Zustimmungswerte hier – auch im Vergleich zu den bisher vorgestellten Dimensionen – relativ niedrig (vgl. Grafik 6), aber jeder Zehnte glaubt noch immer, dass der Nationalsozialismus auch »seine guten Seiten« gehabt habe.

Grafik 5: Sozialdarwinismus 2014

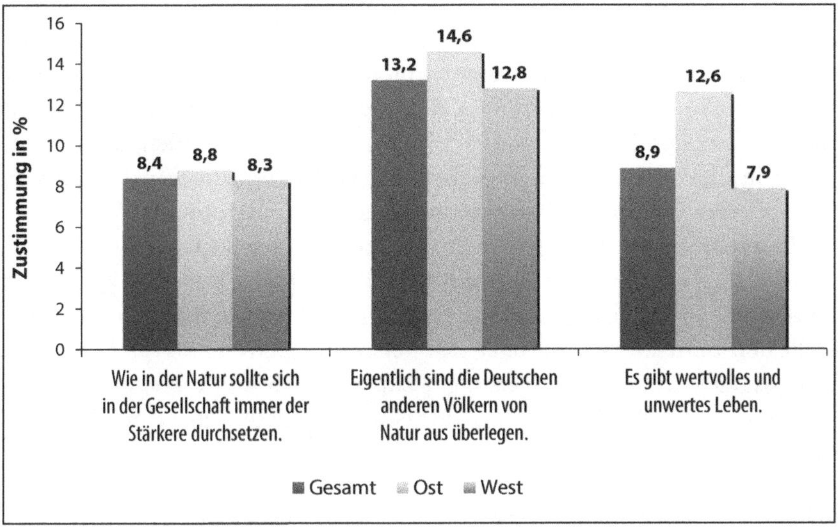

Grafik 6: Verharmlosung des Nationalsozialismus 2014

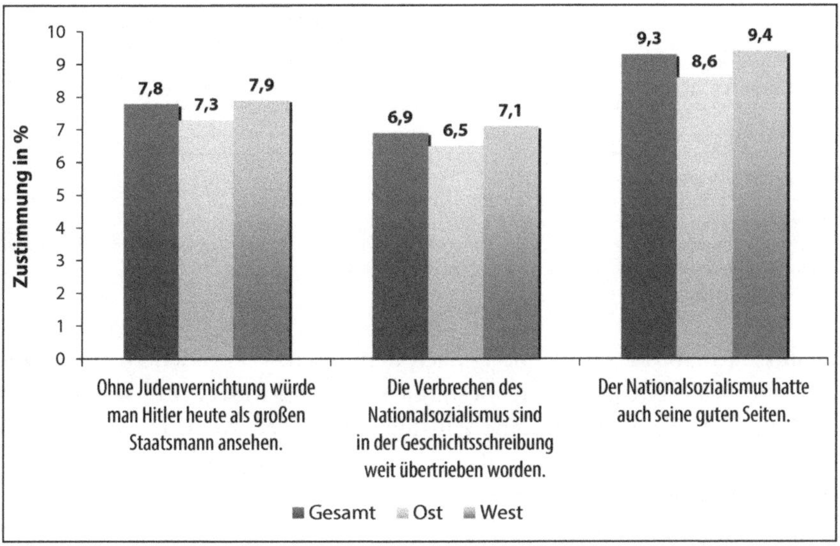

Für die folgenden Auswertungen haben wir die Zustimmung zu den einzelnen Aussagen pro Dimension zusammengefasst. Die Tabellen geben jeweils den Prozentsatz der Befragten an, die im Durchschnitt allen drei Aussagen einer Dimension zustimmten. Die Antwortmöglichkeiten 1 (»lehne völlig ab«) bis 5 (»stimme voll und ganz zu«) wurden also pro Dimension addiert (Maximalwert = 15). Werte über 12 wurden als Zustimmung interpretiert. In diesen Fällen liegt eine manifeste Einstellung vor, die über die Zustimmung zu einer Einzelaussage hinausgeht.

Betrachtet man die Werte in den Dimension nach Ost und West (vgl. Tabelle 3), so ergibt sich folgendes Bild: Die ostdeutschen Befragten sind häufiger chauvinistisch, ausländerfeindlich und sozialdarwinistisch eingestellt und befürworten häufiger eine rechtsautoritäre Diktatur. Westdeutsche dagegen äußerten sich häufiger antisemitisch und erreichten auch in der Dimension »Verharmlosung des Nationalsozialismus« einen höheren Wert.

Tabelle 3: Rechtsextreme Einstellung in West- und Ostdeutschland (in %)

	Gesamt	Ost (N = 503)	West (N = 1.929)
Befürwortung Diktatur **	3,6	5,6	3,1
Chauvinismus **	13,6	15,8	13
Ausländerfeindlichkeit **	18,1	22,4	17
Antisemitismus	5,1	4,5	5,2
Sozialdarwinismus *	2,9	4,6	2,5
Verharmlosung Nationalsozialismus	2,2	1,2	2,5

Signifikante Unterschiede nach Pearson: * $p < .05$; ** $p < .01$

Schlüsselt man die Zustimmung nach dem höchsten erreichten Bildungsabschluss der Befragten auf, bestätigt sich der große Einfluss niedriger Bildung auf die rechtsextreme Einstellung. Bei Nicht-Abiturienten sind die Zustimmungswerte mehr als dreimal so hoch wie bei denen, die mindestens das Abitur erreicht haben.

Tabelle 4: Rechtsextreme Einstellung in Abhängigkeit von der Bildung (in %)

	Abitur (*N* = 470)	**ohne Abitur** (*N* = 1.962)
Befürwortung Diktatur *	1,9	4,1
Chauvinismus **	4,9	15,7
Ausländerfeindlichkeit **	6,8	20,8
Antisemitismus **	0,9	6,1
Sozialdarwinismus **	1,1	3,4
Verharmlosung Nationalsozialismus **	0,4	2,7

Signifikante Unterschiede nach Pearson: * $p < .05$; ** $p < .01$

Tabelle 5, die die Ergebnisse nach dem Geschlecht der Befragten differenziert, gibt ein weiteres erwartbares Ergebnis wieder. In den ersten vier Dimensionen und besonders deutlich beim Chauvinismus erreichen Männer weit höhere Zustimmungswerte als Frauen. Beim Sozialdarwinismus und bei der Verharmlosung des Nationalsozialismus liegen allerdings die Werte bei den Frauen etwas höher als bei den Männern. Rechtsextremismus ist kein »männliches« Problem – das ist in der Forschung in den vergangenen Jahren immer wieder betont worden. Auch für die rechtsextreme Terrorzelle »Nationalsozialistischer Untergrund« scheint das zu gelten, denn mit Beate Zschäpe sitzt eine mutmaßliche Mittäterin auf der Anklagebank.

Tabelle 5: Rechtsextreme Einstellung in Abhängigkeit vom Geschlecht (in %)

	Männer (*N* = 1.133)	**Frauen** (*N* = 1.299)
Befürwortung Diktatur	4,1	3,2
Chauvinismus**	16	11,5
Ausländerfeindlichkeit	19,6	16,7
Antisemitismus	5,8	4,4
Sozialdarwinismus	2,8	3
Verharmlosung Nationalsozialismus	2,2	2,3

Signifikante Unterschiede nach Pearson: * $p < .05$; ** $p < .01$

Wertet man die Ergebnisse bezogen auf das Alter der Befragten aus, überraschen die Befunde. Während Chauvinismus, Ausländerfeindlichkeit und Antisemitismus bei den Befragten über 60 Jahren am stärksten ausgeprägt sind, sind die Befürwortung einer rechtsautoritären Diktatur, der Sozialdarwinismus und die Verharmlosung des Nationalsozialismus Sache der Jüngeren und bei der Gruppe der 14- bis 30-Jährigen am stärksten ausgeprägt.

Tabelle 6: Rechtsextreme Einstellung in Abhängigkeit vom Alter (in %)

	14–30 (*N* = 442)	**31–60** (*N* = 1.259)	**älter 60** (*N* = 731)
Befürwortung Diktatur	4,6	3,1	4
Chauvinismus	12,8	13,1	14,8
Ausländerfeindlichkeit	14,8	18	20,2
Antisemitismus	4,4	4,8	5,9
Sozialdarwinismus	3,7	2,9	2,6
Verharmlosung Nationalsozialismus	2,5	2,3	2,1

Unterschiede nach Pearson nicht signifikant.

Tabelle 7 zeigt, wie sich die Zustimmung zu den sechs Dimensionen nach dem Erwerbsstatus der Befragten unterscheidet. Befragte in Schul-/Berufsausbildung warteten mit den niedrigsten Zustimmungswerten auf, Ruheständler mit den zweithöchsten. Im Mittelfeld bewegten sich die Erwerbstätigen und Nicht-Berufstätigen, während arbeitslose Befragte von allen Erwerbsgruppen am häufigsten zustimmten – allerdings mit einem nur geringen Abstand zu den Ruheständlern. Interaktionen zwischen Alter, Berufstätigkeit und Bildung sind anzunehmen.

Tabelle 7: Rechtsextreme Einstellung in Abhängigkeit vom Erwerbsstatus (in %)

	Schul-/ Berufsausbildung (*N* = 177)	Erwerbstätige (*N* = 1.314)	Arbeitslose (*N* = 144)	Hausfrau/ Hausmann (*N* = 93)	Ruhestand (*N* = 695)
Befürwortung Diktatur	2,9	3,4	5,6	–	4,3
Chauvinismus	10,9	12,8	16,1	11	15,3
Ausländerfeindlichkeit **	9,7	17,6	23,1	13,2	20,6
Antisemitismus *	3,5	4	9,1	8,9	5,9
Sozialdarwinismus	1,7	3,2	2,8	2,2	2,9
Verharmlosung Nationalsozialismus	0,6	2,4	3,5	1,1	2,2

Signifikante Unterschiede nach Pearson: * $p < .05$; ** $p < .01$

Die Befragten wurden gebeten anzugeben, welche Partei sie wählen würden, wenn am nächsten Sonntag Bundestagswahl wäre (Sonntagsfrage). Tabelle 8 gibt Auskunft über die rechtsextreme Einstellung der Parteianhänger. Zunächst ist der Blick auf die beiden Volksparteien aufschlussreich: Personen, die angaben, die CDU oder die SPD wählen zu wollen, waren in etwa so rechtsextrem eingestellt wie der Gesamtdurchschnitt (vgl. Tab. 3). Interessant ist auch ein Blick auf die Anhänger der Grünen und der Linken. Mit 15,2% liegt der Chauvinismus unter den Grünen-Anhängern etwas über dem Durchschnitt, bei den Anhängern der Linken liegen Chauvinismus, Ausländerfeindlichkeit und Antisemitismus leicht unter dem Durchschnittswert. Weniger überraschend sind die überdurchschnittlichen Werte bei den Nichtwählern. Insbesondere die Einstellung der Wähler der Alternative für Deutschland (AfD) ist interessant, weil diese Partei zum ersten Mal in die Erhebung eingegangen ist. Fast jeder dritte AfD-Wähler ist chauvinistisch und jeder zweite ausländerfeindlich. Auch Antisemiten finden sich nur noch bei den Wählern rechtsextremer Parteien häufiger.

Tabelle 8: Anteil von Personen mit rechtsextremem Einstellungspotenzial unter den Parteiwählern (in %)

	CDU/CSU (*N* = 530)	SPD (*N* = 501)	FDP (*N* = 36)	Grüne (*N* = 168)	Die Linke (*N* = 155)	NPD; Republikaner (*N* = 23)	Nichtwähler (*N* = 362)	Piratenpartei (*N* = 29)	AfD (*N* = 52)	Unentschlossene (*N* = 298)
Befürwortung Diktatur	2,1	2,8	2,8	–	2,9	26,1	5,3	3,5	7,7	5,7
Chauvinismus	12,5	14,5	13,9	6	12,3	47,8	15,7	6,9	28,9	13,1
Ausländerfeindlichkeit	17,1	17,9	8,3	6	16,9	69,6	23,3	10,3	50	16,4
Antisemitismus	5,3	5,2	–	2,6	3,9	22,7	6,5	–	13,5	4
Sozialdarwinismus	4	3,2	–	–	0,7	17,4	3,6	–	1,9	1,7
Verharmlosung Nationalsozialismus	1,7	3	2,8	–	1,3	21,7	1,4	–	11,5	1,7

Um den Anteil an manifest rechtsextrem eingestellten Probanden bestimmen zu können, haben wir einen Grenzwert festgelegt. Wenn Probanden einen Wert größer 63 erreichen, also durchschnittlich einen Wert von 3,5 je Aussage des Fragebogens, gehen wir von einem geschlossenen rechtsextremen Weltbild aus (Decker et al. 2013a). Bundesweit trifft dieser Befund auf 5,7% (*N* = 138) der Befragten zu. Wer ein geschlossenes rechtsextremes Weltbild hat, neigt häufiger den beiden großen Volksparteien zu.

Tabelle 9: Was wählen Rechtsextreme? (Gesamtdeutschland, in %)

	CDU/CSU	SPD	FDP	Grüne	Die Linke	NPD; Republikaner	Nichtwähler	Piratenpartei	AfD	Unentschlossene
Grenzwert > 63 (*N* = 138)	21,4	24,6	–	–	7,1	6,3	23	–	6,3	8,7

Tabelle 10 schließlich stellt die rechtsextreme Einstellung nach Zugehörigkeit zu den beiden großen christlichen Konfessionen bzw. bei Konfessionslosigkeit dar. Die katholischen Befragten stimmen in allen Dimensionen mit Ausnahme des Sozialdarwinismus am häufigsten zu, während die Konfessionslosen beim Sozialdarwinismus am häufigsten und beim Antisemitismus am seltensten rechtsextreme Positionen teilten.

Tabelle 10: Rechtsextreme Einstellung in Abhängigkeit von der Kirchenzugehörigkeit (in %)

	evangelisch (*N* = 905)	katholisch (*N* = 773)	keine Konfession (*N* = 687)
Befürwortung Diktatur	3,1	4,2	3,7
Chauvinismus	12,9	15,5	12,8
Ausländerfeindlichkeit *	17,9	21,5	15,7
Antisemitismus	5,4	5,7	3,9
Sozialdarwinismus	2,2	3,1	3,7
Verharmlosung Nationalsozialismus*	1,5	3,4	1,9

Signifikante Unterschiede nach Pearson: * $p < .05$; ** $p < .01$

Die Ergebnisse der Erhebungen von 2002 bis 2014 im Zeitverlauf

Die »Mitte«-Studien der Universität Leipzig erfassen seit zwölf Jahren die rechtsextreme Einstellung in Deutschland und sind daher geeignet, Langzeittrends abzubilden. Im Folgenden soll die Entwicklung der sechs Dimensionen dargestellt werden, beginnend mit Grafik 7, welche die Zustimmungswerte bei der Befürwortung einer rechtsautoritären Diktatur zeigt. Insgesamt verläuft der Trend klar absteigend, wobei die Werte in Westdeutschland kontinuierlich geringer ausfallen als im Osten Deutschlands.

Grafik 7: Die Dimension »Befürwortung einer rechtsautoritären Diktatur« im Zeitverlauf 2002–2014 (in %)

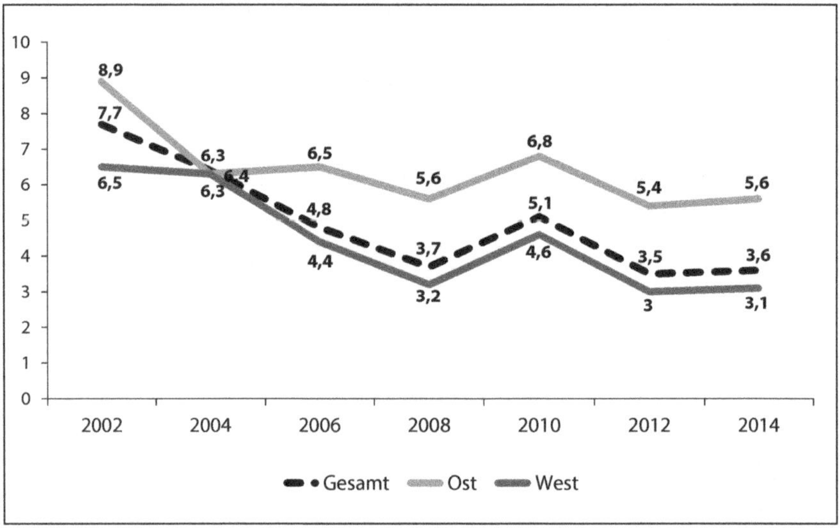

Der Chauvinismus war in Ostdeutschland von 2002 bis 2012 auf 23,5 % angestiegen – jeder Vierte hatte sich demnach manifest chauvinistisch gezeigt. 2014 ist dieser Wert erstmals wieder zurückgegangen, und zwar bis auf das Niveau von 2002 (vgl. Grafik 8). In Westdeutschland war in den zurückliegenden zwölf Jahren eine Auf- und Abbewegung zu verzeichnen, die 2014 in den niedrigsten Wert (13%) seit Beginn der Erhebungen mündete.

Wie 2012 ist auch 2014 die parallele Entwicklung von Chauvinismus und Ausländerfeindlichkeit auffällig. So ist die Ausländerfeindlichkeit in Ostdeutschland nach dem Hoch 2012 (38,7 % – über alle drei Aussagen) stark zurückgegangen, während der Rückgang in Westdeutschland gering ausfällt (vgl. Grafik 9).

Grafik 8: Die Dimension »Chauvinismus« im Zeitverlauf 2002–2014 (in %)

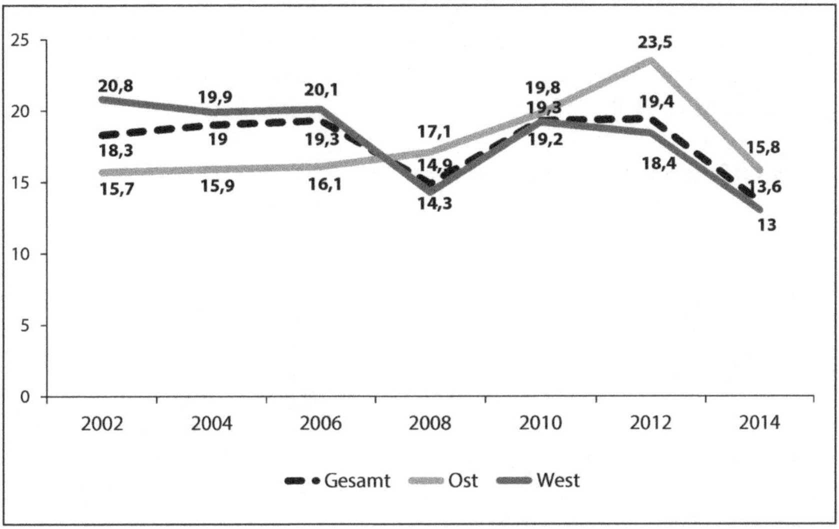

Grafik 9: Die Dimension »Ausländerfeindlichkeit« im Zeitverlauf 2002–2014 (in %)

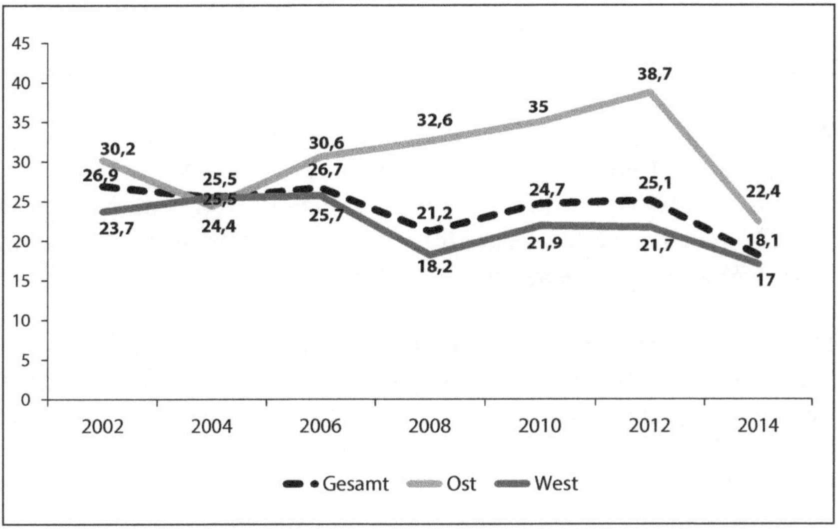

Auch die Dimension Antisemitismus verzeichnete in der aktuellen Erhebungswelle einen deutlichen Rückgang, besonders in Ostdeutschland (vgl. Grafik 10). Insgesamt hat sich die Ost-West-Annäherung in dieser Dimension, die zu Beginn unserer Zeitreihe eine höhere Prävalenz des Antisemitismus in Westdeutschland aufwies, stabilisiert.

Grafik 10: Die Dimension »Antisemitismus« im Zeitverlauf 2002–2014 (in %)

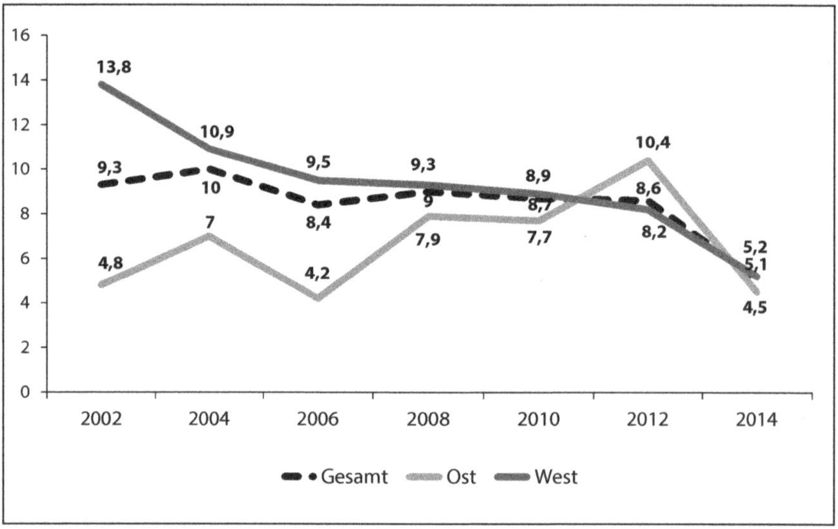

Weniger eindeutig ist das Bild beim Sozialdarwinismus (vgl. Grafik 11). In Westdeutschland zeigt sich von 2004 bis 2014 eine leicht abfallende Tendenz. In Ostdeutschland dagegen schwankt der Wert beträchtlich und liegt 2014 mit 4,6 % etwa in der Mitte zwischen der höchsten Ausprägung 2004 (9,3 %) und der niedrigsten 2008 (1,6 %).

Dieses Bild wiederholt sich bei der Dimension »Verharmlosung des Nationalsozialismus« (vgl. Grafik 12). Dem relativ stetigen, leicht abnehmenden Verlauf in Westdeutschland stehen starke Schwankungen in Ostdeutschland gegenüber. 2014 ist der Gesamtwert so niedrig wie nie zuvor in den »Mitte«-Studien.

Grafik 11: Die Dimension »Sozialdarwinismus« im Zeitverlauf 2002–2014 (in %)

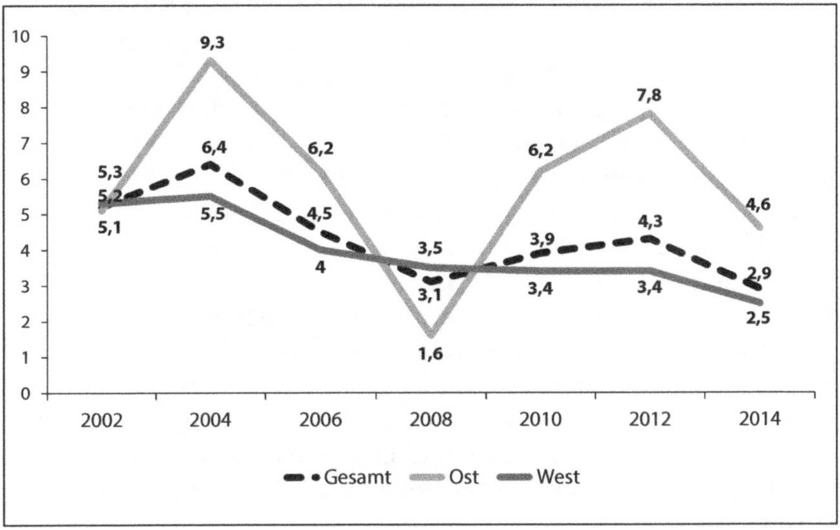

Grafik 12: Die Dimension »Verharmlosung des Nationalsozialismus« im Zeitverlauf 2002–2014 (in %)

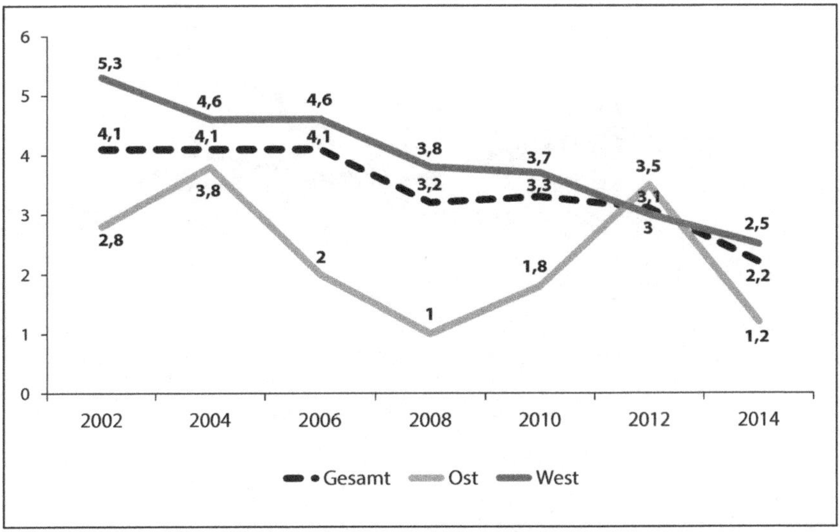

In Grafik 13 ist der Zeitverlauf für die rechtsextreme Einstellung als Gesamtkonstrukt dargestellt. Hierfür wurde ein Durchschnittswert gebildet, so dass jeweils der Prozentsatz derjenigen Befragten angegeben ist, die im Durchschnitt allen 18 Aussagen des Fragebogens zustimmten. Dafür wurden die Antwortmöglichkeiten 1 (»lehne völlig ab«) bis 5 (»stimme voll und ganz zu«) addiert (Maximalwert = 90). Ab einem Wert größer 63 sprechen wir von einem manifest rechtsextremen Weltbild.

Entsprechend dem Verlauf in den einzelnen Dimensionen zeigte sich auch hier über die Jahre bis 2012 ein massiver Anstieg bei den Befragten in Ostdeutschland, insbesondere zwischen den Jahren 2010 und 2012. War die rechtsextreme Einstellung als manifestes Weltbild 2004 bis 2006 noch stärker in Westdeutschland anzutreffen, so wendete sich in den Folgejahren das Blatt. Mit 15,8 % erreichten die Ostdeutschen 2012 den höchsten Wert – 2014 jedoch den geringsten Wert seit Beginn der Erhebungen. Die Häufigkeit, mit der ein geschlossen rechtsextremes Weltbild bei Ost- und Westdeutschen vorkommt, unterscheidet sich 2014 nicht signifikant voneinander.

Grafik 13: Die manifest rechtsextreme Einstellung im Zeitverlauf 2002–2014 (in %)

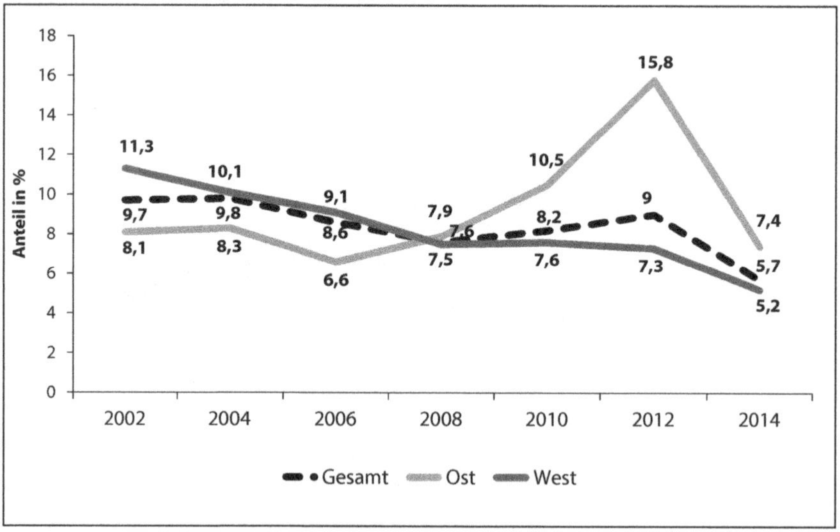

Die Abwertung von Muslimen und Musliminnen, Sinti, Roma und Flüchtlingen und die autoritäre Orientierung

In die diesjährige Befragung sind zusätzliche Items eingeflossen, darunter je zwei zur Islamfeindschaft und zur Abwertung von Asylbewerbern sowie drei für den Antiziganismus. Diese sieben Items wurden zuvor schon von der Bielefelder Forschungsgruppe um Wilhelm Heitmeyer eingesetzt, so dass wir unsere Ergebnisse mit deren Daten von 2011, für die Islamfeindschaft sogar mit den Daten von 2009 bis 2011, vergleichen können (vgl. Tabelle 12).

In der »Mitte«-Studie von 2012 haben wir uns ausführlich mit der Islamfeindschaft beschäftigt (Decker et al. 2012). Damals konnten wir herausarbeiten, dass es eine klare Grenze zwischen Religionskritik und Islamfeindschaft, die auf Ressentiments beruht, gibt. Außerdem wurde deutlich, dass die Islamfeindschaft das neue Gewand des Rassismus ist: Nun wird (vordergründig) nicht mehr biologistisch argumentiert, sondern die vermeintliche Rückständigkeit der islamischen Kultur thematisiert. Damit bricht der kulturalistische Rassismus wichtige Tabus, wie schon von der Kommunikationslatenz des primären Antisemitismus bekannt. Auch deshalb überrascht es nicht, dass sich im Zeitvergleich ein deutlicher Anstieg in der Islamfeindschaft zeigt: Jeder dritte Deutsche findet, Muslimen und Musliminnen sollte die Zuwanderung nach Deutschland untersagt werden, und 42,7 % der Befragten fühlen sich »wie ein Fremder im eigenen Land«. Die Datensätze der Bielefelder Studie sind durch telefongestützte Interviews, die »Mitte«-Studien der Universität Leipzig durch fragebogengestützte Face-to-face-Befragungen in den Haushalten der Befragten zustande gekommen. Aufgrund dieser unterschiedlichen Erhebungsmethoden sind sie nur eingeschränkt vergleichbar, doch ist der Anstieg so ausgeprägt, dass er nicht allein auf methodische Differenzen zurückzuführen ist.

Ähnlich deutlich stieg auch der Antiziganismus zwischen 2011 und 2014. Die öffentliche Debatte der letzten Monate zur Aufhebung der Übergangsfristen bei der Arbeitnehmerfreizügigkeit für bulgarische und rumänische Staatsangehörige und zur »Armutszuwanderung« erklärt (neben langfristigen Entwicklungslinien, vgl. Bogdal 2011; End, Herold & Robel 2009), warum sich die abwertenden Aggressionen gerade auf die Gruppe der Sinti und Roma konzentrieren: Anlass und Gegebenheiten vorausgesetzt, erscheint das Ziel der Abwertung austauschbar, während die dahinterstehende Ideologie der Ungleichheit und ihre Ursachen unverändert fortbestehen.

Zuletzt sind in Tabelle 11 zwei Items zu Abwertung von Asylbewerbern aufgelistet. Hier ist zu beachten, dass das erste Item negativ codiert wurde: Dargestellt ist der Prozentsatz der Ablehnung zur Aussage »Bei der Prüfung von Asylanträgen sollte der Staat großzügig sein«. Drei von vier Befragten lehnten dies ab. Der extreme Anstieg von 25,8 % auf 75,4 % korreliert mit der in den vergangenen Jahren gestiegenen Zahl von Asylanträgen, etwa angesichts des syrischen Bürgerkriegs. Dennoch vermuten mehr als die Hälfte der Befragten, dass die meisten Asylbewerber in ihrer Heimat nicht wirklich verfolgt werden. Auch hier ist der Anstieg seit 2011 evident, wenn auch moderater.

Tabelle 11: Abwertung von Muslimen, Sinti, Roma und Asylbewerbern; Prozentsatz derjenigen, die den Aussagen »eher« oder »voll und ganz« zugestimmt haben

Islamfeindschaft	**2009 ***	**2010***	**2011***	**2014**
Muslimen sollte die Zuwanderung nach Deutschland untersagt werden.	21,4	26,1	22,6	36,6
Durch die vielen Muslime hier fühle ich mich manchmal wie ein Fremder im eigenen Land.	32,2	38,9	30,2	43
Antiziganismus				
Ich hätte Probleme damit, wenn sich Sinti und Roma in meiner Gegend aufhalten.	–	–	40,1	55,4
Sinti und Roma sollten aus den Innenstädten verbannt werden.	–	–	27,7	47,1
Sinti und Roma neigen zur Kriminalität.	–	–	44,2	55,9
Abwertung von Asylbewerbern				
Bei der Prüfung von Asylanträgen sollte der Staat großzügig sein. (hier: Prozentsatz der Ablehnung)	–	–	25,8	76
Die meisten Asylbewerber befürchten nicht wirklich, in ihrem Heimatland verfolgt zu werden.	–	–	46,7	55,3

* Daten für die Jahre 2009–2011 aus Heitmeyer (2012, S. 38–40).

Vom Rückgang des rechtsextremen Einstellungspotenzials in Deutschland, wie wir ihn weiter oben feststellen konnten, scheinen einige Gruppen nicht zu profitieren. Im Gegenteil, die Abwertung bündelt sich bei Muslimen und Musliminnen, Sinti und Roma sowie Asylsuchenden. Bei der Islamfeindschaft zeigt sich beim zweiten Item (»Durch die vielen Muslime hier fühle ich mich manchmal wie ein Fremder im eigenen Land«) ein deutlicher Unterschied zwischen den Befragten aus den alten und den neuen Bundesländern (ohne Abbildung): 45,4 % der Befragten aus dem Westen, aber nur 33,9 % derer aus dem Osten stimmten dieser Aussage zu. Da in Ostdeutschland bekanntermaßen nur wenige Menschen muslimischen Glaubens leben, ist die Überfremdungsangst diffuser als in Westdeutschland. Besondere Aufmerksamkeit verdient die Abwertung von Asylbewerbern: Gleich 84,7 % der Befragten in Ostdeutschland finden es nicht wünschenswert, dass der Staat bei der Prüfung von Asylanträgen großzügig sei.

Zudem wurde 2014 wieder der Autoritarismusfragebogen in der Kurzform von Schmidt et al. (1995) verwendet. Daher lassen sich die Ergebnisse der aktuellen Erhebungswelle mit denen der Jahre 2012 und 2006 vergleichen und Trends abschätzen (Tabelle 12). Dabei wird deutlich, dass die personenbezogene autoritäre Orientierung (autoritäre Unterwürfigkeit) in Deutschland über die Jahre zurückgeht. Das gilt jedoch nicht für die autoritäre Aggression, die noch immer bei über der Hälfte der Befragten Zustimmung erfährt.

Tabelle 12: Autoritäre Orientierung im Zeitverlauf 2006–2014 (in %)

Autoritäre Unterwürfigkeit	**2006**	**2012**	**2014**
Wichtigste Eigenschaft: unbedingter Gehorsam gegenüber der Autorität	27,8	24,1	21
Dankbarkeit für führende Köpfe	23,7	24	19,5
Gehorsam gegenüber den Eltern dem Kind dienlich	20,5	24,4	18,6
Autoritäre Aggression			
Kriminalität und sexuelle Unmoral lassen es unumgänglich erscheinen, mit gewissen Leuten härter zu verfahren	58,8	65,1	52,1
Zustimmung zu allen Aussagen des Fragebogens	17	17,5	15,3

Befürwortung der Demokratie

Die rechtsextreme Einstellung ist eine demokratiefeindliche Einstellung da sie die grundlegende Voraussetzung einer pluralen Gesellschaft, die Gleichwertigkeit aller Menschen, ablehnt. Daher ist die demokratische Einstellung wohl das beste Mittel gegen die rechtsextreme Ideologie. Wie schon in den Erhebungswellen 2006, 2010 und 2012 haben wir auch 2014 nach der Befürwortung der Demokratie gefragt (vgl. Grafik 14). Im Ergebnis zeigt sich, dass die Demokratie als Idee im Osten stabil wachsenden Zuspruch findet, im Westen allerdings etwas an Akzeptanz verloren hat. Insgesamt bleibt der Begriff der Demokratie positiv besetzt und die Zustimmung auf hohem Niveau (90 % in der vierten Erhebung, 2014).

Grafik 14: Zustimmung zu »Demokratie als Idee« im Zeitverlauf (in %)

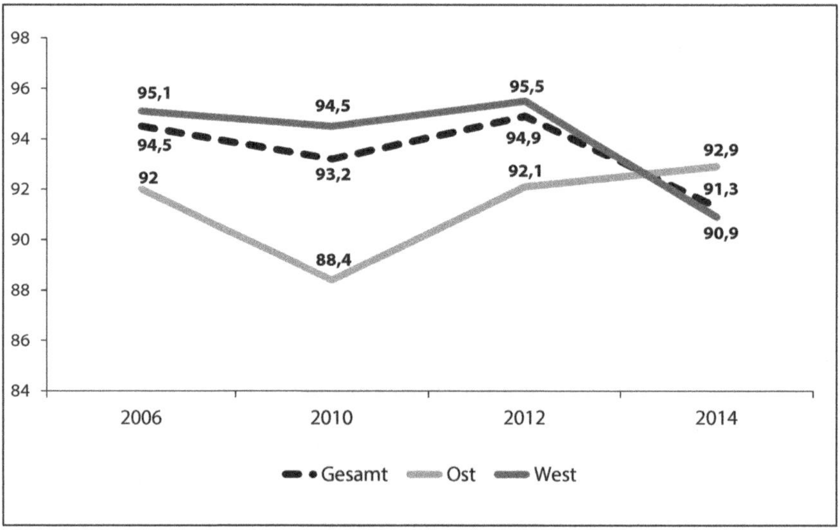

Ein fast ebenso positives Bild zeigt sich in Grafik 15: Die verfassungsmäßige Demokratie findet nach einem Anstieg, den wir 2012 besonders im Osten verzeichnen konnten, bundesweit hohe und stabile Akzeptanz (in der vierten Erhebungswelle liegt der Prozentsatz der Zustimmung bei 75,5 %).

Grafik 15: Zustimmung zu »Demokratie, wie in Verfassung festgelegt« im Zeitverlauf (in %)

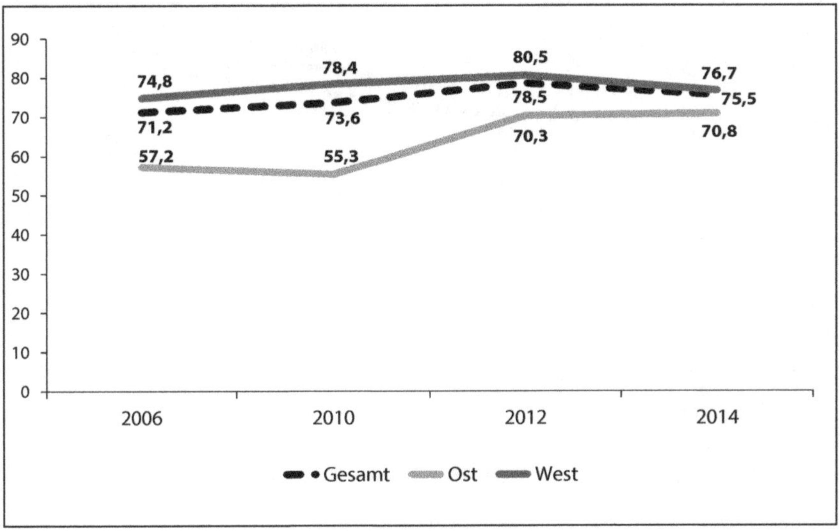

Die dritte Frage erfasste die Einstellung der Probanden zur »Demokratie in der Bundesrepublik Deutschland, wie sie tatsächlich funktioniert«. Obwohl dieses Item schon in den vorherigen Erhebungen eine schwächere Zustimmung erfuhr als die beiden anderen Fragen, zeichnet sich doch ein kontinuierlicher Anstieg ab, der insbesondere im Osten mit einer Entwicklung von 27,3 % auf 46,6 % eindrucksvoll ist.

Grafik 16: Zustimmung zu »Demokratie, wie sie in der BRD funktioniert« im Zeitverlauf (in %)

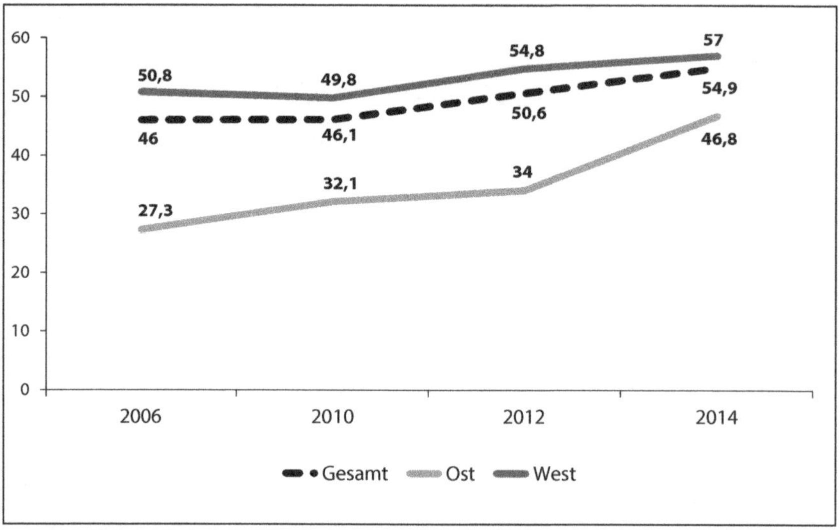

Akzeptanz der Europäischen Union

Schließlich wurde in der aktuellen Untersuchung die Einstellung der Befragten zur Europäischen Union (EU) erhoben (vgl. Tabelle 13). Nicht ganz die Hälfte von ihnen fand, dass die Mitgliedschaft Deutschlands in der EU »eine gute Sache« sei, während ihr etwa jeder Zehnte bescheinigt, sie sei »eine schlechte Sache«. Interessant ist, dass die Ostdeutschen weniger als die Westdeutschen davon überzeugt sind, dass die EU Deutschland Vorteile bringe (42,8 % Zustimmung im Westen bei 36 % Zustimmung im Osten). Bei der Frage nach dem Bild, das die EU bei den Probanden hervorruft, fällt auf, dass weniger als 20 % angaben, ein »ziemlich negatives« oder »sehr negatives« Bild von der EU zu haben. Etwa ein Drittel der Befragten hat allerdings weder ein positives noch ein negatives Bild von der EU. Insgesamt lässt sich also keine große Leidenschaft für die EU konstatieren, doch von grassierender Europamüdigkeit kann ebenso wenig die Rede sein.

Tabelle 13: Einstellungen zur Europäischen Union in Ost- und Westdeutschland (in %)

		Gesamt	Ost (*N* = 503)	West (*N* = 1.929)
Ist die Mitgliedschaft Deutschlands in der Europäischen Union Ihrer Meinung nach	eine gute Sache	44,9	43,5	45,2
	weder gut noch schlecht	30,9	32,6	30,5
	eine schlechte Sache	12,1	11,5	12,3
	weiß nicht	11,7	12,3	11,6
Hat Ihrer Meinung nach Deutschland insgesamt gesehen durch die Mitgliedschaft in der Europäischen Union Vorteile oder ist das nicht der Fall?	Vorteile	42,8	36	44,6
	ist nicht der Fall	30,8	37,2	29,2
	weiß nicht	25,9	26,8	25,6
Ganz allgemein gesprochen, ruft die EU bei Ihnen ein sehr positives, ziemlich positives, weder positives noch negatives, ziemlich negatives oder sehr negatives Bild hervor?	sehr positiv	8,1	4,8	9
	ziemlich positiv	31,5	31,2	31,6
	weder positiv noch negativ	31,6	31,4	31,6
	ziemlich negativ	12,1	15,9	11,1
	sehr negativ	5,2	4,4	5,4
	weiß nicht	10,9	12,1	10,5

Für alle drei Fragen zur EU haben wir den statistischen Zusammenhang zur rechtsextremen Einstellung bestimmt: Die EU-Skepsis ist generell mit erhöhten Werten im Rechtsextremismusfragebogen verbunden (Tabelle 14). Für die Items zu Islamfeindschaft, Abwertung von Sinti und Roma sowie Abwertung von Asylbewerbern zeigen sich durchgehend signifikante Zusammenhänge (ohne Abbildung). 64,1 % der Befragten, die die EU für eine gute Sache halten, fühlen sich durch die Anwesenheit von Muslimen und Musliminnen auch nicht als Fremde im Land. Diejenigen, welche die EU für eine schlechte Sache halten, lehnen dieselbe Aussage nur zu 33,3 % ab.

Tabelle 14: Einfaktorielle Varianzanalyse – Gesamtskala Rechtsextremismus und EU-Skepsis (Mittelwerte, Minimum = 18, Maximum = 90)

Ist die Mitgliedschaft Deutschlands in der Europäischen Union Ihrer Meinung nach ...				
eine gute Sache?	weder eine gute noch schlechte Sache?			keine gute Sache?
32,4 *	39,8 *			49,5 *
Hat Ihrer Meinung nach Deutschland insgesamt gesehen durch die Mitgliedschaft in der Europäischen Union Vorteile oder ist das nicht der Fall?				
Vorteile	weiß nicht			ist nicht der Fall
32 *	39,6 *			44 *
Ganz allgemein gesprochen, ruft die EU bei Ihnen ein … Bild hervor?				
sehr positives	ziemlich positives	weder positives noch negatives	ziemlich negatives	sehr negatives
26,9 *	32,9 *	38,9 *	45,4 *	51,7 *

* Signifikant nach Scheffé-Test $p < .05$

Die von uns verwendeten Fragen beruhen auf den Eurobarometer-Befragungen der Europäischen Kommission.[1] Diese Umfragen werden seit 1973 mehrmals im Jahr durchgeführt. Verglichen mit den Daten des Eurobarometers der Jahre 1991, 2001 und 2011 (bzw. 2003 und 2011, jeweils mit Monat der Erhebung; vgl. Tab. 15) und mit den Werten für den EU-Durchschnitt zeigt sich, dass die von uns Befragten 2014 eher weniger Vorteile durch die EU sehen und die Mitgliedschaft negativer bewerten. Die Zustimmung zur letzten Aussage ist dafür etwas höher (ohne Abb.).

1 http://ec.europa.eu/public_opinion/cf/index_en.cfm?&lang=de

Tabelle 15: Einstellungen zur Europäischen Union im Vergleich (in %, Vergleichswerte nach Eurobarometer Interactive Search System)

	03/1991*	01/2001*	05/2011*	2014**
Ist die Mitgliedschaft Deutschlands in der Europäischen Union Ihrer Meinung nach eine gute Sache?	71	48	54	44,9
Hat Ihrer Meinung nach Deutschland insgesamt gesehen durch die Mitgliedschaft in der Europäischen Union Vorteile oder ist das nicht der Fall? (Vorteile)	55	39	48	42,8
Ganz allgemein gesprochen, ruft die EU bei Ihnen ein sehr positives oder ziemlich positives Bild hervor?	erste Erhebung 11/2003: 33,6		31	39,6

Daten aus: * Eurobarometer; ** Mitte-Studien

Diskussion – Sekundärer Autoritarismus, autoritäre Aggression und starke Wirtschaft

In der Sozialforschung ist bekannt, dass die rechtsextreme Einstellung in Zeiten der wirtschaftlichen Krise zunimmt. 2014 sehen wir den umgekehrten Fall: Die Bundesrepublik Deutschland befindet sich bildlich gesprochen in einer Insellage. Die wirtschaftliche Gesamtentwicklung ist mit Wirtschaftswachstum und Exportsteigerung so gut wie seit Jahren nicht mehr. Dass die wirtschaftliche Situation damit auch noch in einem deutlichen Kontrast zu allen anderen Ländern in Europa steht (vgl. etwa *FAZ* vom 16. 5. 2014, Nr. 113, S. 17), akzentuiert die Entwicklung und stabilisiert die Mitte der Gesellschaft.

Daher gibt es 2014 eine gute Nachricht: Wie die Ausländerfeindlichkeit so nimmt auch die Zustimmung zu rechtsextremen Aussagen insgesamt ab. Aber es gibt auch eine schlechte Nachricht: Bestimmte Gruppen von Migrantinnen und Migranten werden umso deutlicher diskriminiert. Dieser Befund bedeutet zunächst, dass die Empfänglichkeit für die Ideologie der Ungleichwertigkeit weiterhin vorhanden ist, auch wenn sie im Rechtsextremismus-Fragebogen weniger stark sichtbar ist als in den Vorjahren. Um diese Ergebnisse zu interpretieren, greifen wir auf die theoretischen Annahmen zurück, die wir einleitend erörtert haben (vgl. Kap. 1.1 und 1.2). Das bundesdeutsche Wirtschaftswunder der Nachkriegsjahre legitimierte die junge Demokratie durch eine starke Ökonomie und schuf gleichzeitig – als narzisstische Plombe – Ersatz für verlorene Größe (Decker et al. 2013 c). Nun wird sichtbar, dass die Ökonomie mehr als eine Plombenfunktion hat. Die Identifikation mit dieser Autorität gestattet dem Einzelnen die Teilhabe an ihrer Größe und Stärke. Die Abnahme der rechtextremen Einstellung bei gleichzeitiger Zunahme der Abwertung bestimmter Gruppen ist nicht nur eine Verschiebung auf ein anderes Objekt. Im Ressentiment gegen bestimmte Gruppen selbst unter besten Bedingungen zeigt sich eine autoritäre Dynamik, wird ein *sekundärer Autoritarismus* erkennbar. Was landläufig als »Ökonomisierung« kritisiert wird, ist faktisch die Durchsetzung des Primats einer sekundären Autorität. Die Unterwerfung unter eine Autorität – ob personell oder sekundär – hat stets eine psychische Wirkung. Auch die sekundäre Autorität setzt sich auf Kosten individueller Lebensentwürfe und Wünsche durch, was nicht ohne Aggressionen bei denen, die sich dieser Rationalität unterwerfen, abläuft. Zur autoritären Dynamik gehört, dass sich die Aggressionen nicht gegen die Autorität selbst richten, sondern gegen andere Objekte. 2014 sind das konkret Asylsuchende, Muslime und Musliminnen, Sinti und Roma.

Zu bedenken ist, dass grundsätzlich alle Menschen von Abwertung bedroht sind. Jeder Mensch kann als Angehöriger einer von der Mehrheitsbevölkerung unterscheidbaren Gruppe Stigmatisierung erfahren, wie die Bielefelder Studien »Deutsche Zustände« gezeigt haben. Jahr um Jahr wurde der Fragebogen dieser Längsschnittuntersuchung erweitert, bis zum Ende der Studienreihe elf Gruppen ausgemacht waren, die aus Sicht der Mehrheitsgesellschaft Stigmaträger waren. Sie reichten von Langzeitarbeitslosen über Obdachlose bis zu Muslimen (Heitmeyer 2012, S. 17). Auch die Gruppendiskussionen unserer »Mitte«-Studien haben zu entsprechenden Ergebnissen geführt: Die Erfahrung, eines besonderen Merkmals wegen diskriminiert zu werden, wurde von fast allen Teilnehmenden berichtet. Ob Arbeitslose, Frauen, Zugezogene in kleinen Gemeinden, alternative Jugendliche oder Migranten und Migrantinnen – alle haben autoritäre Aggressionen auf sich gezogen (Decker et al. 2013 d).

Alle Gruppen, die von der Mehrheitsgesellschaft in irgendeinem Punkt abweichen, laufen demnach Gefahr, mit Ressentiments belegt und mit Aggressionen verfolgt zu werden. Doch welche spezifischen Merkmale die Stigmatisierung letztlich auslösen, ist nicht ganz beliebig, sondern das steht in engem Zusammenhang damit, was die Mehrheitsgesellschaft als Gruppe konstituiert, mit welchem gemeinsamen Ideal sie sich identifiziert. Deshalb lässt sich über das Objekt der autoritären Aggression vieles über die Mehrheitsgesellschaft erfahren. »Das Fremde«, schreibt Anthony Giddens, »repräsentiert das Unbekannte« (Giddens 1994, S. 152). Mit diesem »Fremden« kann man unterschiedlich umgehen, beispielsweise indem man es in den Horizont des Eigenen holt, also den eigenen Zwecken unterwirft. Insgesamt manifestiert sich in der abnehmenden Zustimmung zur Ausländerfeindlichkeit auf der einen und der deutlichen Zunahme der Abwertung bestimmter Gruppen auf der anderen Seite eine Tendenz, die wir bereits 2008 festgestellt haben: Die Wahrnehmung von Migrantinnen und Migranten wird dadurch bestimmt, ob sie Deutschland einen Ertrag bringen oder kulturell nahe stehen. Ein britischer Bürger oder eine polnische Ärztin sind der Diskriminierung deutlich weniger ausgesetzt als Armutsflüchtlinge (Decker et al. 2008), denn sie bringen Deutschland einen Ertrag und unterliegen demselben ökonomischen Primat wie die hiesige Mehrheitsgesellschaft.

Sieht Giddens in der Konfrontation mit dem Unbekannten die Schwierigkeit des Kontakts mit dem »Fremden«, können wir für die autoritäre Aggression erweiternd feststellen: Das Unbekannte ist oftmals das allzu Vertraute. Sinti und Roma werden als jene wahrgenommen, die sich den Regeln der Autorität nicht unterwerfen (»kriminell«), sie erscheinen frei von der zurichtenden Gewalt, die die Autorität an jeder Stelle der Gesellschaft ausübt. Sie scheinen sich nicht in das eherne Gehäuse der Hörigkeit zu zwängen und versuchen nicht, diesen Umstand durch beständige Selbstoptimierung vor sich selbst zu verschleiern. Deswegen liegt nahe, dass Sinti und Roma gerade deshalb zum Objekt der Wut werden, weil sie die Phantasie auf sich ziehen, sich der zurichtenden Gewalt der Autorität zu entziehen.

Bei der Islamfeindschaft wird eine Minderheit diskriminiert, die als *religiös* identifiziert wird. Das hat die Islamfeindschaft mit dem Antisemitismus gemeinsam. Die Abwertung von Muslimen und Musliminnen haben wir bereits vor dem Hintergrund einer nur schlecht vollzogenen Säkularisierung erklärt (Decker & Kiess 2013). Schon Max Weber wusste, dass die Zwangsstruktur der kapitalistischen Gesellschaft in direktem Zusammenhang mit einer religiösen Sehnsucht steht (Weber 1920). Es ist Eigenes, nicht Fremdes, worüber die Islamfeindschaft Auskunft gibt: über Heilserwartungen, von denen auch die modernen Gesellschaften durchdrungen sind (Decker & Kiess 2013).

Wir konnten nachweisen, dass die starke Wirtschaft mehrere psychologische Funktionen erfüllt: Erstens wirkt sie als narzisstische Plombe, zweitens ist sie an die Stelle der personellen Autorität getreten, die zuvor die autoritäre Masse konstituiert hatte. In der Gegenwartsgesellschaft herrscht ein sekundärer Autoritarismus, der die ökonomische Rationalität alternativlos macht und autoritäre Aggressionen freisetzt.

Unsere Ergebnisse bestätigen, dass die starke Ökonomie eine integrierende Funktion hat. Stärker noch als auf die materielle Output-Legitimation heben wir aber auf den ideellen Ertrag ab, der die Gesellschaftsmitglieder in die bestehende Ordnung integriert. Für viele Menschen bezieht die Herrschaftsform ihre Legitimation nicht vorrangig aus der demokratischen Verfasstheit der Institutionen oder den Möglichkeiten der demokratischen Partizipation. Stellt man den dringenden Entwicklungsbedarf in Rechnung, verwundert das kaum, denn nur wenige Institutionen der Gesellschaft sind wirklich demokratisch verfasst: Von Schulen, Universitäten und Betrieben kann das ebenso wenig behauptet werden wie von Behörden und der Verwaltung. Viele Deutsche meiden zudem die Agora sowohl als Ort der Teilhabe als auch der Teilnahme (Decker et al. 2013 b).

Die wirtschaftliche Stärke bezieht ihre legitimierende Funktion nicht allein aus den Möglichkeiten des persönlichen Konsums. Das war weder in der Nazi- noch in der Nachkriegszeit der Fall und auch heute beobachten wir die große Bedeutung des ideellen Gewinns, den die Deutschen aus ihrer Wirtschaftsmacht ziehen. Das Bedürfnis nach Identifikation mit Stärke und Macht kann befriedigt werden, und der Kontrast mit den europäischen Nachbarländern, die noch mit den Folgen der Wirtschaftskrise zu kämpfen haben, verstärkt diese stabilisierende Wirkung. Diese Form des sekundären Autoritarismus gestattet die selektive Rücknahme der Abwertung von Migrantinnen und Migranten – verhindert aber keinesfalls die Stigmatisierung und Abwertung von Menschen. Im Gegenteil, die autoritäre Aggression besteht fort, während ihr Ziel wechselt. Derzeit werden jene Gruppen zum Objekt der Aggression, von denen eine Schwächung der »starken Wirtschaft« erwartet wird. So werden Asylsuchende als Bedrohung des Wirtschaftsstandorts wahrgenommen. Bei Sinti und Roma, Musliminnen und Muslimen kommen dagegen Projektionen ins Spiel: Sie sind Spiegel der eigenen abgewehrten Wünsche. So ist auch erklärbar, dass die Forderung nach Unterwerfung unter eine personelle Autorität im Fragebogen zum Autoritarismus in unserer Untersuchung abnimmt, während die autoritäre Aggression auf hohem Niveau verharrt.

Literatur

Bogdal, K. M. (2011). *Europa erfindet die Zigeuner.* Bonn: Bundeszentrale für politische Bildung.

Decker, O., Grave, T., Rothe, K., Weißmann, M., Kiess, J. & Brähler, E. (2012 a). Erziehungserfahrung, politische Einstellung und Autoritarismus – Ergebnisse der »Mitte«-Studien. *Jahrbuch für Pädagogik, 25,* 267–301.

Decker, O. & Kiess, J. (2013). Moderne Zeiten. In: Decker, O., Kiess, J. & Brähler, E. (Hrsg.), *Rechtsextremismus der Mitte. Eine sozialpsychologische Gegenwartsdiagnose* (S. 13–64). Gießen: Psychosozial.

Decker, O., Kiess, J. & Brähler, E. (2012). *Die Mitte im Umbruch. Rechtsextreme Einstellung in Deutschland 2012.* Bonn: Dietz.

Decker, O., Kiess, J. & Brähler, E. (2013 b). Wo ist der Ort der Demokratie heute? Öffentlichkeit und Partizipation 2012. In: Dies. (Hrsg.), *Rechtsextremismus der Mitte. Eine sozialpsychologische Gegenwartsdiagnose* (S. 174–185). Gießen: Psychosozial.

Decker, O., Kiess, J., Weißmann, M. & Brähler, E. (Hrsg.) (2010). *Die Mitte in der Krise.* Springe: zu Klampen (2012).

Decker, O., Rothe, K., Weissmann, M., Geissler, N. & Brähler, E. (2008). *Ein Blick in die Mitte. Zur Entstehung rechtsextremer und demokratischer Einstellungen.* Berlin: FES.

Decker, O., Rothe, K., Weißmann, M., Kiess, J. & Brähler, E. (2013 c). Economic Prosperity as »Narcissistic Filling«: A Missing Link Between Political Attitudes and Right-wing Authoritarianism. *Journal of Conflict and Violence, 7,* 135–149.

Decker, O., Weißmann, M. & Rothe, K. (2013 d). Sozialraum: Psychische Exklusion und soziale Inklusion. Befunde aus Gruppendiskussionen. *Psychotherapie & Sozialwissenschaft, 15,* 57–86.

End, M., Herold, K. & Robel, Y. (Hrsg.) (2009). *Antiziganistische Zustände. Zur Kritik eines allgegenwärtigen Ressentiments.* Münster: Unrast.

Giddens, A. (1994). Leben in einer posttraditionalen Gesellschaft. In: Beck, U., Giddens, A. & Lash, S. (Hrsg.), *Reflexive Modernisierung. Eine Kontroverse.* Frankfurt/M.: Suhrkamp (1996).

Heitmeyer, W. (Hrsg.) (2012). *Deutsche Zustände – Folge 10.* Frankfurt/M.: Suhrkamp.

Schmidt, P., Stephan, K. & Herrmann, A. (1995). Entwicklung einer Kurzskala zur Messung von Autoritarismus. In: Lederer, G. S. & Schmidt, P. (Hrsg.), *Autoritarismus und Gesellschaft. Trendanalysen und vergleichende Jugenduntersuchungen 1945–1993* (S. 221–227). Opladen: Leske + Buderich.

Weber, M. (1920). Die protestantische Ethik und der Geist des Kapitalismus. In: Ders. (Hrsg.), *Gesammelte Aufsätze zur Religionssoziologie I.* Tübingen: Mohr.

4 Rechtsextreme Einstellung in den Bundesländern

Oliver Decker, Johannes Kiess & Elmar Brähler

In diesem Kapitel werden die Ergebnisse der Untersuchung zur rechtsextremen Einstellung in ausgewählten Bundesländern im langjährigen Mittelwert dargestellt. Wir knüpfen damit an eine vergleichbare Auswertung aus dem Jahr 2008 an (Decker & Brähler 2008). Für die Erfassung der politischen Einstellung der Deutschen führt die Arbeitsgruppe der »Mitte«-Studien an der Universität Leipzig seit 2002 Befragungen durch. Alle zwei Jahre werden dazu bevölkerungsrepräsentative Zufallsstichproben von jeweils 2.000 bis 5.000 Probanden gezogen. Kernstück der Erhebungen ist stets der Leipziger Fragebogen zur rechtsextremen Einstellung (Decker et al. 2013). Um den langjährigen Mittelwert der Zustimmung zu rechtsextremen Aussagen zu bilden, haben wir nun alle bisherigen Erhebungen zu einer sogenannten *kumulativen Stichprobe* zusammengefasst. Der langjährige Mittelwert der politischen Einstellung bezieht sich demnach auf die insgesamt mehr als 19.000 Deutschen, die im Rahmen der »Mitte«-Studien zwischen 2002 und 2014 befragt worden sind.

Die rechtsextreme Einstellung in den Bundesländern – Index der langjährigen Zustimmung

Die hohe Fallzahl der kumulativen Stichprobe ermöglicht es, einen Index der politischen Einstellung für die einzelnen Bundesländer zu erstellen. Allerdings sind die Erhebungen der »Mitte«-Studien für das Bundesgebiet bevölkerungsrepräsentativ, das heißt, dass der Anteil der Befragten je Bundesland in Proportion zum Anteil der Bevölkerung im Bundesgebiet steht. Deswegen sind manche Bundesländer auch bei der kumulierten Stichprobe nur mit einer kleinen Fallzahl vertreten. Tabelle 1 gibt den Anteil der Befragten mit deutscher Staatsbürgerschaft je Bundesland in der kumulierten Stichprobe wider. Die Teilstichproben sind in den bisherigen Veröffentlichungen ausführlich beschrieben worden (Decker et al. 2003, 2010, 2012, 2014; Decker & Brähler 2005, 2006, 2008).

Tabelle 1: Anteil der Befragten je Bundesland (2002–2014)

Bundesland	**absolute Anzahl** (*N* = 19.080)	**Anteil an der Gesamtstichprobe (in %)**
Baden-Württemberg	2.121	11,1
Bayern	2.652	13,9
Berlin	927	4,9
Brandenburg	720	3,8
Bremen	132	0,7
Hamburg	404	2,1
Hessen	1.236	6,5
Mecklenburg-Vorpommern	523	2,7
Niedersachsen	1.830	9,6
Nordrhein-Westfalen	3.925	20,6
Rheinland-Pfalz	874	4,6
Saarland	218	1,1
Sachsen	1.336	7
Sachsen-Anhalt	798	4,2
Schleswig-Holstein	663	3,5
Thüringen	712	3,7

Zwar ist die verzerrungsfreie Zufallsstichprobe eine Stärke der Erhebung (vgl. die Beschreibung des Vorgehens in Kap. 1.3), da aufgrund des Ziehungsverfahrens alle Merkmale, nach denen die Bevölkerung beschrieben werden kann, die gleiche Chance haben, in der Stichprobe repräsentiert zu sein. Aber für manche Bundesländer fällt die Anzahl der Probanden sehr klein aus, wie etwa für Bremen ($N = 132$) oder das Saarland ($N = 218$). Um die Fehleranfälligkeit zu reduzieren, gehen in die folgende Darstellung deshalb diese Bundesländer nicht mit ein, ebenso wird Hamburg ausgeschlossen, da die Heterogenität der Grundgesamtheit bei einer Stichprobengröße von unter $N = 500$ Personen die Repräsentanz aller relevanten soziodemografischen Merkmale im Stadtstaat unwahrscheinlich erscheinen lässt.

Ergebnisse

Die folgende Ergebnisdarstellung bezieht sich auf die sechs Dimensionen des Leipziger Fragebogens zur rechtsextremen Einstellung: Befürwortung einer Diktatur, Chauvinismus, Ausländerfeindlichkeit, Antisemitismus, Sozialdarwinismus und Verharmlosung des Nationalsozialismus. Dabei wird jeweils der prozentuale Anteil derjenigen wiedergegeben, die in der jeweiligen Dimension auf alle drei Aussagen rechtsextremen Inhalts durchschnittlich zustimmend geantwortet haben (vgl. Kap. 1.3).

Grafik 1: Langjähriges Mittel der Zustimmung der Dimension »Befürwortung einer Diktatur« (in %)

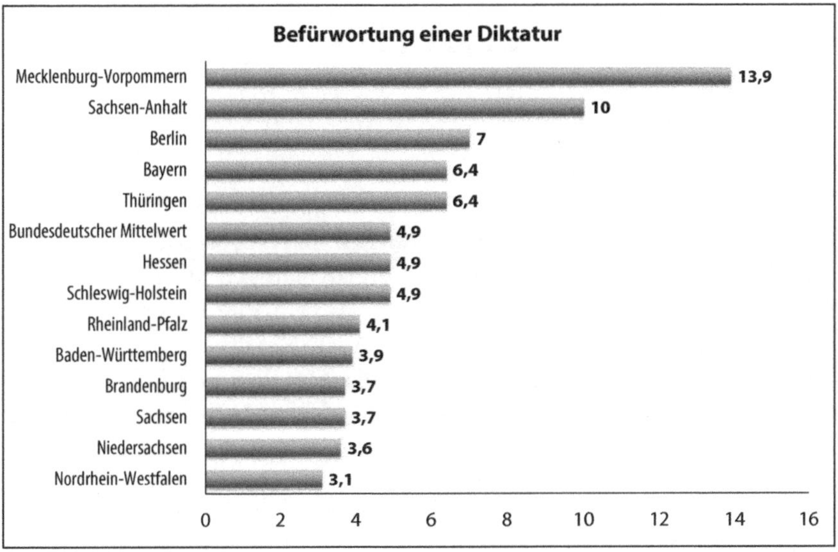

Grafik 1 zeigt, dass die Forderung nach einer diktatorischen Regierungsform vor allem in Mecklenburg-Vorpommern mit fast 14% und Sachsen-Anhalt mit 10% Zustimmung stark ausgeprägt ist. Im langjährigen Mittel liegen aber auch Berlin, Bayern und Thüringen an vorderer Stelle: 6,4% bzw. 7% der Befragten – das entspricht etwa jedem Fünfzehnten – wünschen sich in diesen Bundesländern einen »Führer« und eine »einzige starke Partei«.

Grafik 2: Langjähriges Mittel der Zustimmung der Dimension »Chauvinsimus« (in %)

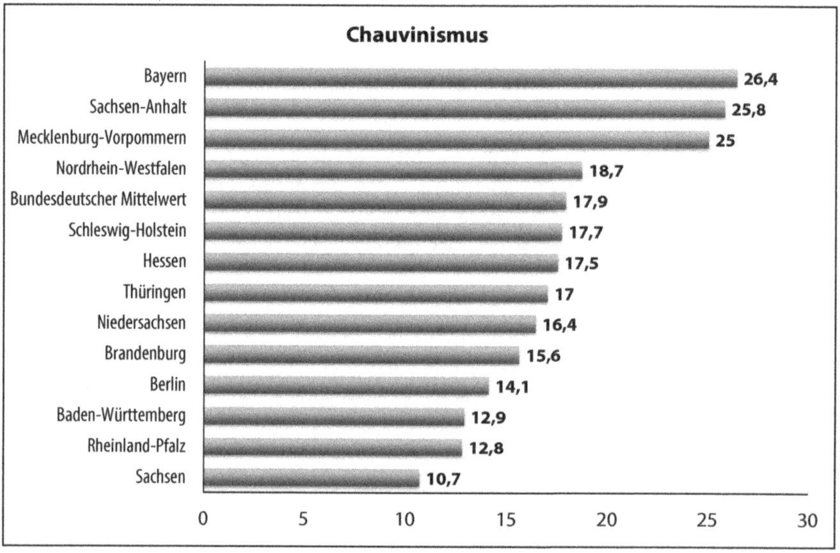

Der Chauvinismus (Grafik 2) ist besonders in Bayern, Sachsen-Anhalt und Mecklenburg-Vorpommern verbreitet. Im langjährigen Mittel stimmten in diesen Bundesländern mindestens 25% – also ein Viertel der Befragten – den drei chauvinistischen Aussagen zu. Auch Nordrhein-Westfalen liegt mit 18,7% oberhalb des bundesdeutschen Mittels von 17,9%. Am wenigsten Zustimmung finden chauvinistische Aussagen in Sachsen, wo sich lediglich 10,7% der Befragten bereitfanden, alle Aussagen zu bejahen.

Grafik 3: Langjähriges Mittel der Zustimmung der Dimension »Ausländerfeindlichkeit« (in %)

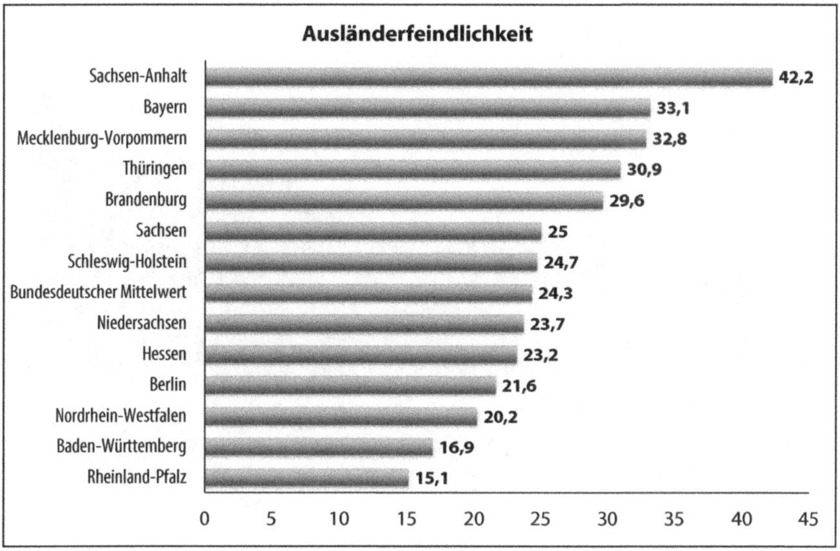

In den einzelnen Erhebungswellen hatte sich gezeigt, dass die Ausländerfeindlichkeit (Grafik 3) jeweils die am stärksten ausgeprägte Dimension des Leipziger Fragebogens zur rechtsextremen Einstellung ist. Die Betrachtung des langjährigen Mittels bestätigt diesen Befund. Sachsen-Anhalt liegt mit 42,2% Zustimmung zu ausländerfeindlichen Aussagen an der Spitze – gefolgt von Bayern und den anderen ostdeutschen Bundesländern. Auch Schleswig-Holstein ist mit 24,7% oberhalb der mittleren Zustimmung in Deutschland vertreten. Aber auch in Niedersachsen, Hessen und Berlin hält mindestens jeder fünfte Befragte die ausländerfeindlichen Aussagen für zustimmungsfähig.

Grafik 4: Anteil der in den Bundesländern lebenden Ausländer/innen 2013 und Anteil der dort lebenden Menschen mit ausländerfeindlicher Einstellung (langjähriges Mittel; Angaben in %)

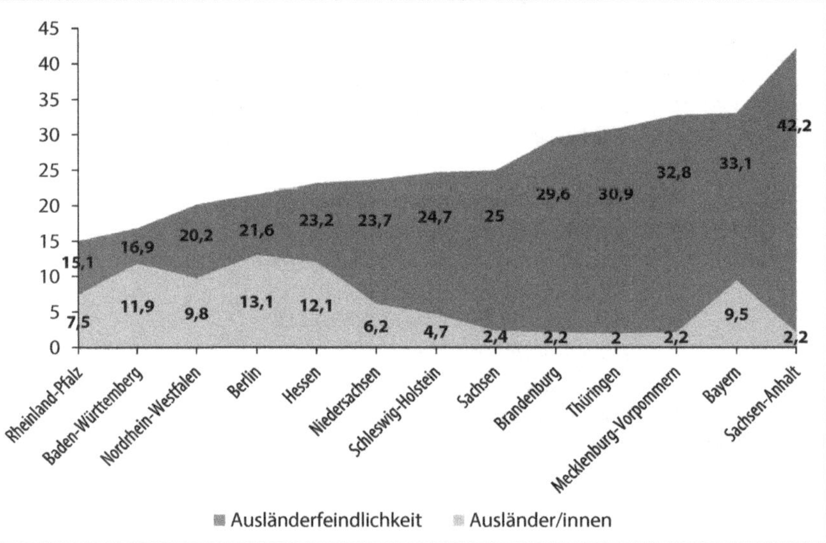

Grafik 4 zeigt einerseits den Anteil von Migrantinnen und Migranten ohne deutsche Staatsbürgerschaft in den jeweiligen Bundesländern. Datengrundlage ist die Auswertung des Ausländerzentralregisters des Statistischen Bundesamtes für das Jahr 2013 (Statistisches Bundesamt 2014). Die relative Stabilität des Anteils an nicht-deutscher Bevölkerung in den jeweiligen Bundesländern (vgl. Statistisches Bundesamt 2014, S. 28f.) rechtfertigt es, nur die Zahlen des Jahres 2013 heranzuziehen. Andererseits wird die Ausprägung der Vorurteile gegenüber Migrantinnen und Migranten im langjährigen Mittel dargestellt (Dimension »Ausländerfeindlichkeit« des Leipziger Fragebogens zur rechtsextremen Einstellung). Setzt man beide zueinander ins Verhältnis, wird eine Tendenz augenscheinlich: Je weniger Migranten in einem Bundesland leben, desto mehr Ressentiments werden ihnen von der einheimischen Bevölkerung entgegengebracht. So findet sich die stärkste Ausprägung von Vorurteilen Migranten gegenüber in den ostdeuschen Bundesländern (langjähriges Mittel), wo ihr Anteil an der Gesamtbevölkerung besonders gering ausfällt. Einzige Ausnahme ist hierbei Bayern.

Grafik 5: Langjähriges Mittel der Zustimmung der Dimension »Antisemitismus« (in %)

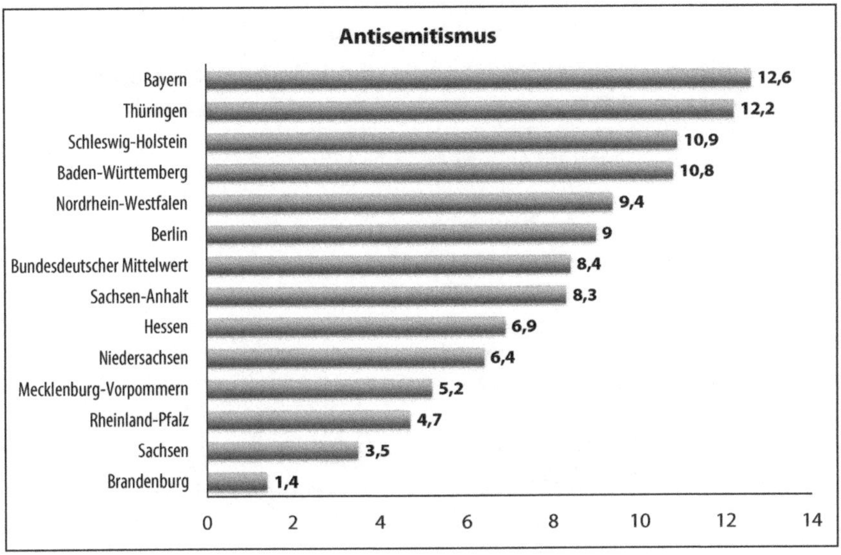

Bei der Auswertung der bisher sieben Erhebungswellen zeigt sich, dass der Antisemitismus (Grafik 5) in Bayern am weitesten verbreitet ist. Mit 12,6% stimmte etwa jeder zehnte Befragte aus dem Freistaat den drei antisemitischen Aussagen zu, nahm an Juden und Jüdinnen etwas wahr, »was nicht zu uns passt« und bemängelte »zu viel Einfluss«. Diese Einstellung ist in Westdeutschland insgesamt häufiger zu finden als in den ostdeutschen Bundesländern, die bis auf die Ausnahme von Thüringen Zustimmungswerte aufweisen, die weit unter dem bundesdeutschen Mittelwert liegen. Schleswig-Holstein, Baden-Württemberg, Nordrhein-Westfalen und Berlin schlagen dagegen mit Werten um die 10% zu Buche – der Kommunikationslatenz und dem Umstand zum Trotz, dass ausschließlich der primäre Antisemitismus abgefragt wurde (Ullrich et al. 2012).

Grafik 6: Langjähriges Mittel der Zustimmung der Dimension »Sozialdarwinismus« (in %)

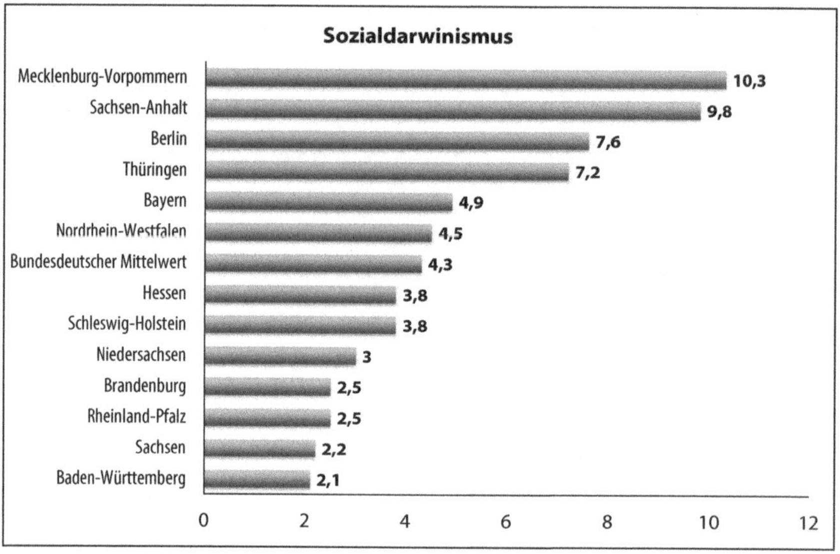

Der Sozialdarwinismus (Grafik 6) ist als Element der rechtsextremen Einstellung bei etwa 10% der Befragten aus Mecklenburg-Vorpommern und Sachsen-Anhalt anzutreffen. In Berlin und Thüringen liegt die Zustimmung mit über 7% deutlich, in Bayern und Nordrhein-Westfalen mit 4,9% und 4,5% leicht über dem bundesdeutschen Mittel. 4,3% der Befragten aus dem gesamten Bundesgebiet, also etwa jeder Zwanzigste, teilen die sozialdarwinistischen Aussagen in ihrer Breite.

War Baden-Württenmberg beim Sozialdarwinismus noch mit 2,1% Zustimmung kaum in Erscheinung getreten, ist das südwestliche Bundesland bei der Verharmlosung des Nationalsozialismus (Grafik 7) mit 6% ganz vorn. Insgesamt betrachtet, erfährt jedoch die Verharmlosung des Nationalsozialismus die geringste Zustimmung unter den sechs Dimensionen: Im bundesdeutschen Mittel finden die drei relativierenden Aussagen zur NS-Zeit mit 3,5% Zustimmung nur wenig Akzeptanz.

Grafik 7: Langjähriges Mittel der Zustimmung der Dimension »Verharmlosung des Nationalsozialismus« (in %)

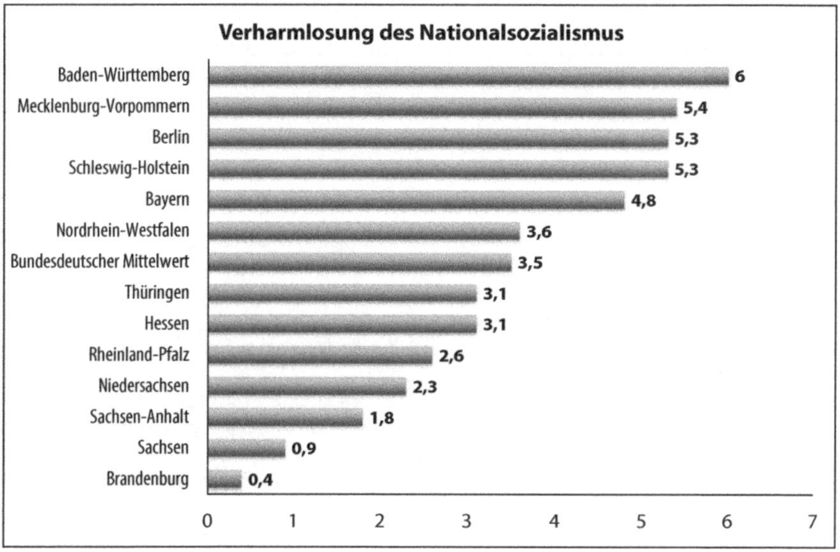

Diskussion

Bisher sind die sozialräumlichen Besonderheiten der rechtsextremen Einstellung nicht repräsentativ untersucht worden. Durch die hier vorgelegten Ergebnisse wird diese Forschungslücke noch einmal deutlich: Die Verteilung der Zustimmungswerte über die Bundesländer zeigt große Differenzen, die jedoch mit den bislang erhobenen Daten nicht hinlänglich erklärt werden können. Daher ist die Untersuchung der Bedingungsfaktoren für die rechtsextreme Einstellung in den einzelnen Bundeländern dringend geboten. Das Monitoring der politischen Einstellung in den Bundesländern ist die Ausnahme.

Mit der kumulierten Stichprobe aus den »Mitte«-Studien ist es immerhin möglich, mithilfe des langjährigen Mittelwertes der rechtsextremen Einstellung eine Orientierung über ihre räumliche Verteilung zu erhalten. So wird zum Beispiel sichtbar, dass die ausländerfeindliche Einstellung zwar bundesweit Zustimmung findet und in den ostdeutschen Bundesländern am deutlichsten ausgeprägt ist, aber auch in westdeutschen Ländern eine ähnlich hohe Zustimmung erreichen kann. Im Gegensatz dazu ist der Antisemitismus in den westdeutschen Bundesländern, besonders im Südwesten, stärker verbreitet. Manche Dimensionen, wie etwa die Verharmlosung des Nationalsozialismus, die Befürwortung einer Diktatur oder der Chauvinismus, werden bundesweit geteilt, unabhängig von der Ost-West-Unterscheidung.

Literatur

Decker, O. & Brähler, E. (2005). Rechtsextreme Einstellungen in Deutschland. *Aus Politik und Zeitgeschehen 42*, 8–17.

Decker, O. & Brähler, E. (2006). *Vom Rand zur Mitte. Rechtsextreme Einstellung und ihre Einflussfaktoren in Deutschland.* Berlin: FES.

Decker, O. & Brähler, E. (2008). *Bewegung in der Mitte. Rechtsextreme Einstellung in Deutschland 2008.* Berlin: FES.

Decker, O., Hinz, A., Geißler, N. & Brähler, E. (2013). Fragebogen zur rechtsextremen Einstellung – Leipziger Form (FR-LF). In: Decker, O., Kiess, J. & Brähler, E. (Hrsg.), *Rechtsextremismus der Mitte. Eine sozialpsychologische Gegenwartsdiagnose* (S. 197–212). Gießen: Psychosozial.

Decker, O., Kiess, J. & Brähler, E. (2012). *Die Mitte im Umbruch. Rechtsextreme Einstellung in Deutschland 2012.* Bonn: Dietz.

Decker, O., Kiess, J. & Brähler, E. (2014). *Die stabilisierte Mitte. Rechtsextreme Einstellung in Deutschland 2014.* Universität Leipzig, http://www.uni-leipzig.de/%7Ekredo/Mitte_Leipzig_Internet.pdf (Stand: 29.11.2014).

Decker, O., Kiess, J., Weißmann, M. & Brähler, E. (Hrsg.) (2010). *Die Mitte in der Krise.* Springe: zu Klampen (2012).

Decker, O., Niedermayer, O. & Brähler, E. (2003). Rechtsextreme Einstellungen in Deutschland. Ergebnisse einer repräsentativen Erhebung. *Zeitschrift für Psychotraumatologie und Psychologische Medizin, 1*, 6–77.

Statistisches Bundesamt (Hrsg.) (2014). *Fachserie 1 Reihe 2: Bevölkerung und Erwerbstätigkeit. Ausländische Bevölkerung. Ergebnisse des Ausländerzentralregisters 2013.* https://www.destatis.de/DE/Publikationen/Thematisch/Bevoelkerung/MigrationIntegration/AuslaendBevoelkerung2010200137004.pdf;jsessionid=3A225AC93FCF9CDC1734E7535E5FE523.cae4?__blob=publicationFile (Stand: 29.11.2014).

Ullrich, P., Decker, O., Kiess, J. & Brähler, E. (2012). Judenfeindschaft – Alte Vorurteile und moderner Antisemitismus. In: Decker, O., Kiess, J. & Brähler, E. (Hrsg.), *Die Mitte im Umbruch – Rechtsextreme Einstellung in Deutschland 2012* (S. 68–65). Bonn: Dietz.

Kapitel 2: Rechtspopulismus, Autoritarismus und Europa

1 Die Wählerinnen und Wähler von AfD und NPD – Gemeinsamkeiten und Unterschiede

Johannes Kiess, Oliver Decker & Elmar Brähler

Einleitung

Seit der Bundestagswahl 2013 hat die Alternative für Deutschland erhebliche Wahlerfolge erzielt. Heute ist die AfD nicht nur im Europäischen Parlament, sondern auch in den Landtagen Brandenburgs, Sachsens und Thüringens vertreten. Schnell wurde die Frage diskutiert, welches Wählerpotenzial diese neue Partei mobilisieren kann. Spricht sie Nichtwähler und Nichtwählerinnen oder die Klientel bestimmter Parteien besonders an? Sind es enttäuschte CDU- oder SPD-Wähler und -Wählerinnen, die nun aus Protest AfD wählen? Oder sind es – in Sachsen – vielleicht ehemalige NPD-Wählerinnen und -Wähler, die von der bisher dominanten Rechtspartei enttäuscht sind?

Für die Bundestagswahl 2013 konstatierte der Politikwissenschaftler Frank Decker, dass die AfD sowohl von der SPD und der Linken (ca. 520.000) als auch von der FDP und der CDU (ca. 720.000) Wähler und Wählerinnen abziehen konnte. Nur bei den Grünen tat sich die neue Partei schwerer, hier gab es eine Wanderung von etwa 90.000 Wählerinnen und Wählern (Decker 2013, S. 334).

Damit verknüpft stellt sich die Frage der (Selbst-)Einordnung dieser Partei im politischen Spektrum. Für eine genaue Einordnung ist es, so die breit geteilte Meinung der Parteienforscher und -forscherinnen, noch zu früh (z.B. Häusler 2013; Niedermeier 2015). Gleichwohl sind hinter dem wichtigsten Mobilisierungsthema der AfD – der Kritik an der Euro-Zone – deutliche marktliberale, anti-mulitikulturelle, einwanderungskritische und national-konservative Positionen erkennbar. Entsprechend berichtete Rüdiger Schmitt-Beck von zwei wichtigen ideologischen Lagern der AfD bei der letzten Bundestagswahl: vom eurokritischen Lager, das die Basis für den (Beinahe-)Erfolg legte, und vom einwanderungskritischen, das sich erst sehr spät für die AfD entschied (Schmitt-Beck 2014, S. 111f.). Damit ist allerdings noch wenig Konkretes über die Wähler und Wählerinnen der AfD gesagt.

In diesem Kapitel werden daher die Wählerinnen und Wähler der Parteien beschrieben. Ein besonderes Augenmerk bei der Darstellung und Interpretation gilt dem Vergleich von NPD- und AfD-Wählerinnen und -Wählern. In der Erhebungswelle 2014 wurde auch die Sonntagsfrage gestellt, das heißt, die Teilnehmenden der Studie wurden gebeten anzugeben, ob und gegebenenfalls wen sie wählen würden, wenn am nächsten Sonntag Bundestagswahl wäre. 247 Personen machten hierzu keine Angabe und fallen deshalb für diese Auswertung aus. Nicht weiter berücksichtigt wurden die Wähler und Wählerinnen »anderer Parteien« ($N = 22$) und Personen, die angaben, ungültig wählen zu wollen ($N = 9$). Die den folgenden Grafiken zugrunde liegende Fallzahl liegt damit bei 2.154. Insgesamt gaben davon 362 Personen (16,6%) an, nicht wählen gehen zu wollen.

Die Wähler und Wählerinnen der Parteien nach soziodemografischen Merkmalen

Zunächst ist der Blick auf die Einkommensverhältnisse aufschlussreich. Einerseits wird die AfD von politischen Beobachtern und den etablierten Parteien häufig als Konkurrenz zur NPD angesehen und als neue Protestpartei klassifiziert, andererseits ist ihre politische Programmatik und das Auftreten ihres Personals elitistisch geprägt (vgl. Kap. 2.3). Bei den Wählerinnen und Wählern der NPD und den Nichtwählern und -wählerinnen findet sich die größte Gruppe der Geringverdienenden: Etwa ein Fünftel (20,8%) der Nichtwählerinnen und Nichtwähler und etwa ein Sechstel (17,4%) der NPD-Wählerinnen und -Wähler verfügen über ein monatliches Einkommen von weniger als 1.000 Euro (Tabelle 1). Darauf folgen die Wählerinnen und Wähler der Linken mit 14,3% und die Unentschlossenen mit 12,1%. Demgegenüber finden sich bei der AfD lediglich 3,9% Geringverdienende – nur der FDP würde ein noch geringerer Anteil der

Wählerinnen und Wähler mit geringem Einkommen ihre Stimme geben. Umgekehrt verfügen nur 26,1% der Wählerinnen und Wähler der NPD über ein monatliches Haushaltseinkommen von mehr als 2.500 Euro. Bei der AfD sind es mit 35,3% etwas mehr. Der Anteil der Gutverdienenden bei den Anhängerinnen und Anhängern der CDU/CSU, der FDP, der Grünen, der Piratenpartei und der SPD ist jedoch jeweils höher (zwischen 38,4% bei der CDU/CSU und 55,6% bei der FDP).

Tabelle 1: Parteipräferenz und monatliches Haushaltseinkommen unter 1.000 Euro und ab 2.500 Euro (in %)

	AfD	NPD	Nicht-wähler	Unent-schlossene	FDP	CDU/CSU	SPD	Grüne	Linke	Piraten-partei
unter 1.000 €	3,9	17,4	20,8	12,1	2,8	5	6,6	5,5	14,3	10,3
über 2.500 €	35,3	26,1	23,9	31	55,6	38,4	40,2	47,3	34,7	48,3

Auch was die Bildung betrifft, sind die Unterschiede im Parteienspektrum groß. Grafik 1 zeigt die Parteipräferenz der Personen, die Abitur haben. Unter den Wählern und Wählerinnen der Grünen finden sich mit 43,5% die meisten mit Hochschulreife. Auch viele Anhänger der Piratenpartei (37,9%), der FDP (36,1%) und der Linken (35,5%) haben Abitur, doch nur 8,8% der Nichtwähler und 13% der Wähler der NPD haben diesen höchsten in Deutschland möglichen Schulabschluss erworben. Bei der AfD sind es mit 21,2% deutlich mehr – der Wert liegt knapp über dem Durchschnitt der Gesamtbevölkerung.

Auch beim Alter (Mittelwert) ihrer Wähler liegt die AfD im Mittelfeld (Grafik 2). Hier ist die Standardabweichung relativ niedrig ($SD = 14{,}3$), das heißt, der AfD-Anhänger ist in der Altersgruppe um 50 Jahre zu verorten, ohne dass dieser Wert weit streut. Die NPD spricht dagegen ein deutlich jüngeres Milieu an ($SD = 18{,}2$): Ihre Wähler sind im Durchschnitt nur etwa 40 Jahre alt, während die CDU/CSU mit knapp 57 Jahren eine ältere Wählerschaft hat ($SD = 16{,}2$).

Grafik 1: Parteipräferenz und Abitur (in %)

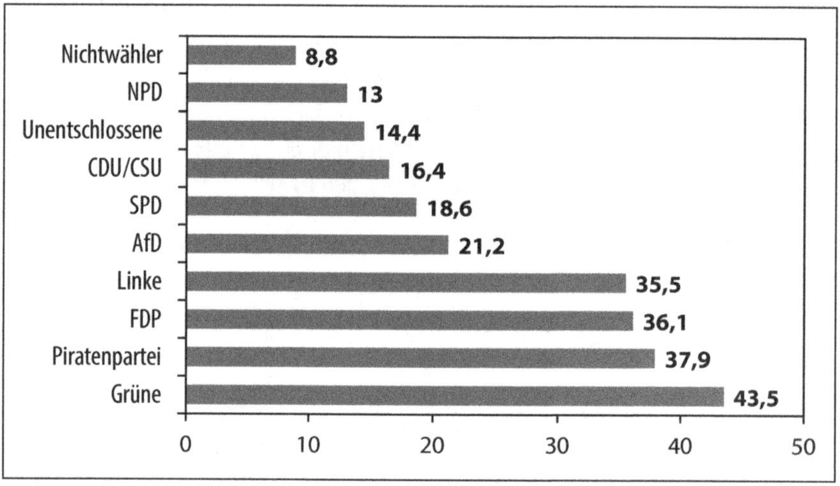

Grafik 2: Parteipräferenz und Alter (in %)

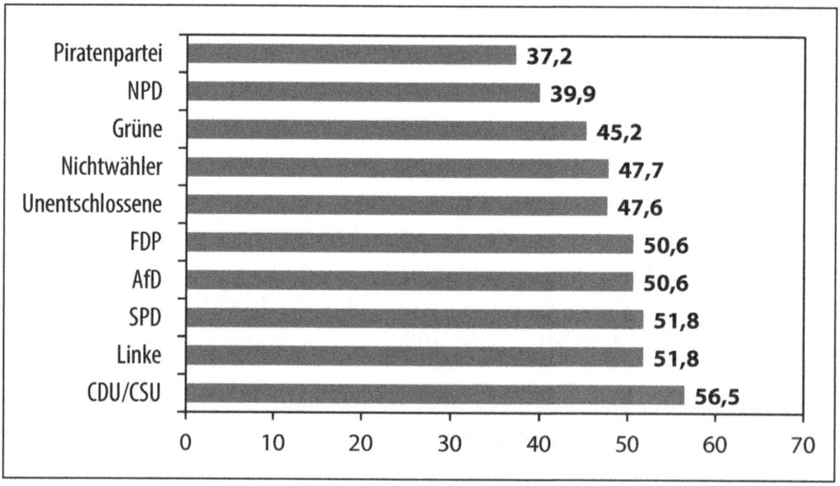

Ähnlicher sind sich AfD und NPD beim Geschlecht ihrer Wählerinnen und Wähler (Grafik 3). Mehr als drei Viertel (78,3%) der NPD-Anhänger sind männlich, und auch bei der AfD dominieren die Männer in der Anhängerschaft deutlich mit 65,4%. Bei den Grünen ist das Verhältnis umgekehrt: 61,9% der Personen, die bei der nächsten Bundestagswahl dieser Partei ihre Stimme geben würden, sind weiblich und nur 38,1% männlich. Auch bei den Personen, die sich nicht entscheiden können, welche Partei sie wählen würden, dominieren die Frauen deutlich mit 64,4%.

Grafik 3: Parteipräferenz und Geschlecht (in %)

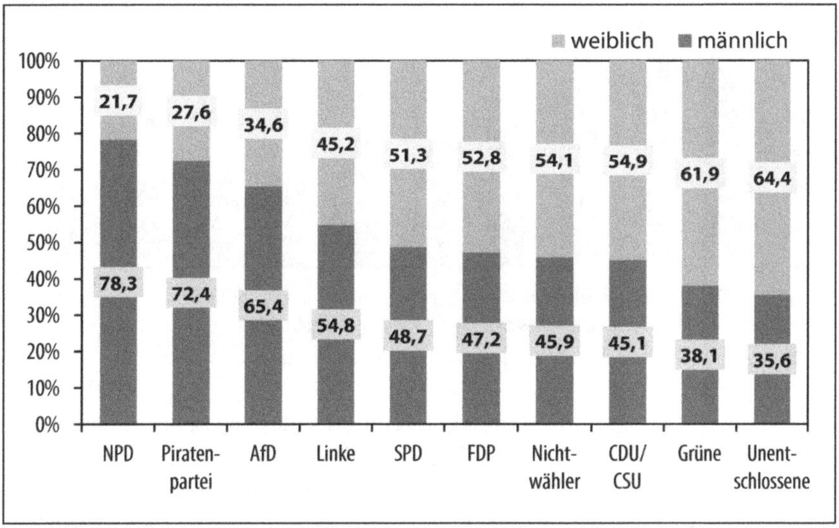

Grafik 4 zeigt die Wahlpräferenzen der Angehörigen verschiedener Konfessionen und von Konfessionslosen. Wenig überraschend ist, dass die CDU/CSU von vielen Katholiken und Protestanten gewählt wird, aber nur von wenigen Konfessionslosen. Umgekehrt ist der große Anteil der Konfessionslosen bei den Wählerinnen und Wählern der NPD und der Linken auffällig. Katholiken sind unter den Anhängerinnen und Anhängern der NPD, der Linken, der Piratenpartei und der AfD unterrepräsentiert. Protestanten sind unter den Anhängerinnen und Anhängern von SPD, Grünen, Piraten und AfD überrepräsentiert. Wieder ist der Unterschied zwischen dem angesprochenen Milieu von AfD und NPD offensichtlich. Andere Glaubensbekenntnisse wurden in der Erhebung ebenfalls abgefragt, aber aufgrund des sehr geringen Anteils der Antworten in diesen Kategorien (wie muslimisch oder jüdisch) nicht dargestellt. Die Differenz zu 100% je Säule entfällt auf diese.

Grafik 4: Parteipräferenz und Konfessionszugehörigkeit (in %)

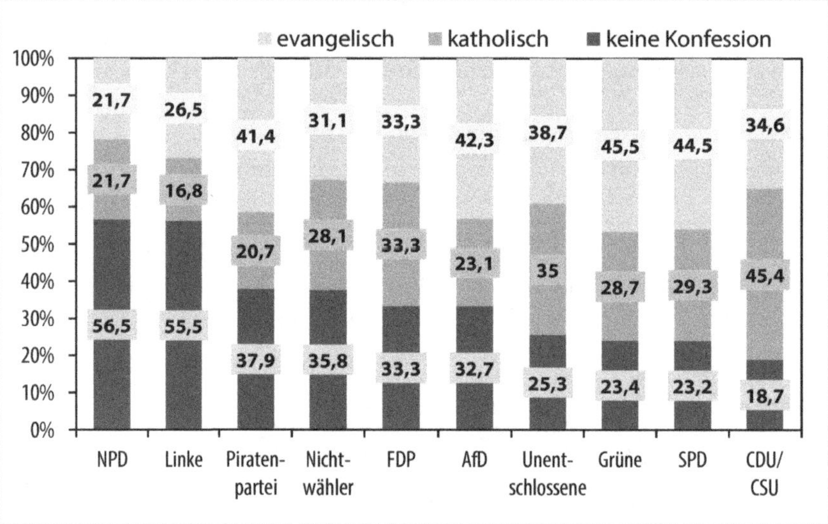

Grafik 5 und 6 zeigen die Parteipräferenz und die Ängstlichkeit bzw. Depressivität der Wählerinnen und Wähler. Die Merkmale Ängstlichkeit und Depressivität wurden mit einer normalerweise im Bereich der medizinischen Versorgung eingesetzten Kurzskala gemessen, um das persönliche Befinden der Befragten zu erheben (Kroenke et al. 2009). Bei beiden Merkmalen sticht die Spitzenposition der Anhängerinnen und Anhänger der NPD heraus, jeweils gefolgt von der Gruppe der Nichtwählerinnen und Nichtwähler und der Anhängerinnen und Anhänger der Piratenpartei. Dagegen zeigen sich die Anhängerinnen und Anhänger der FDP, der Grünen, der Linken, der AfD und der CDU/CSU weniger durch Ängstlichkeit und Depressivität beeinträchtigt.

Insgesamt zeigt sich, das sich die Klientel von AfD und NPD sozioökonomisch und auch in der berichteten persönlichen Befindlichkeit stark voneinander unterscheidet. Während die NPD eher bildungsferne Jüngere mit geringem Einkommen aber hohen Werten bei Depressivität und Ängstlichkeit anspricht, punktet die AfD bei den Wählern mit mittlerem Einkommen, mittleren Alters und durchschnittlicher Bildung, die kaum unter Ängsten und Depressivität leiden. Die Anhängerschaft der AfD hat sozioökonomisch offenbar mehr mit den etablierten Parteien gemeinsam als mit der der NPD. Lediglich beim Geschlecht ähneln sich die Parteien, die beide vor allem Männer ansprechen.

Grafik 5: Parteipräferenz und Ängstlichkeit (in %)

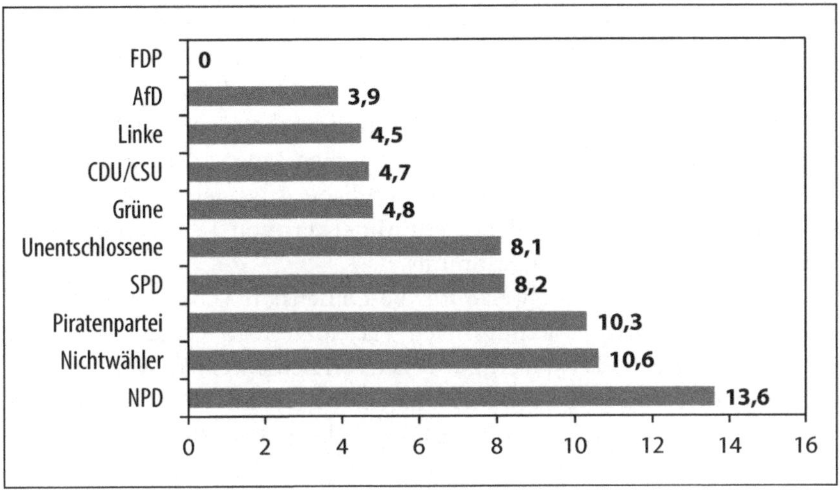

Grafik 6: Parteipräferenz und Depressivität (in %)

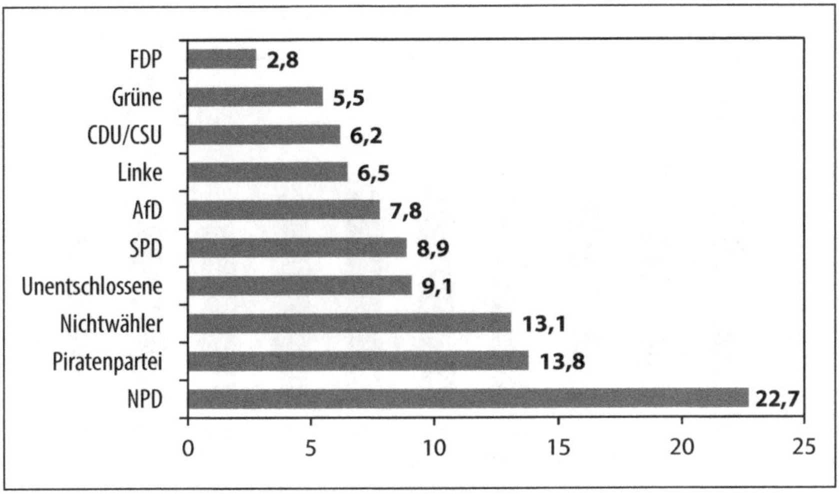

Die Wähler und Wählerinnen der Parteien und ihre politischen Einstellungen

Im nächsten Schritt blicken wir auf den Zusammenhang von politischer Einstellung und Parteianhängerschaft. Kern der Leipziger »Mitte«-Studien ist ein Fragebogen zur rechtsextremen Einstellung, der diese als Ungleichwertigkeitsideologie definiert und als multidimensionales Weltbild misst. Die Grafiken 7 bis 12 zeigen die Mittelwerte (nicht Prozent) der Parteianhänger für die sechs Dimensionen rechtsextremer Einstellung (vgl. Kap. 1.3). Je Dimension können Werte zwischen 3 und 15 erreicht werden: Bei einem Mittelwert von 3 werden sämtliche Aussagen der Dimension »voll und ganz abgelehnt«, bei einem Mittelwert von 15 wird sämtlichen Aussagen »voll und ganz zugestimmt«.

Grafik 7 gibt die Mittelwerte für die Dimension »Zustimmung zu einer rechtsautoritären Diktatur« nach Parteipräferenz wieder. Personen, die angaben, die NPD wählen zu wollen, erreichten einen Wert von 9,4, stimmten den drei vorgelegten Aussagen also im Durchschnitt eher zu. Bei der AfD ist der Wert mit 7,1 niedriger, liegt aber noch deutlich über den Werten bei den anderen Parteien, deren Anhängerinnen und Anhänger die Aussagen stärker ablehnten.

Grafik 7: Befürwortung einer rechtsautoritären Diktatur nach Parteipräferenz 2014 (Mittelwert)

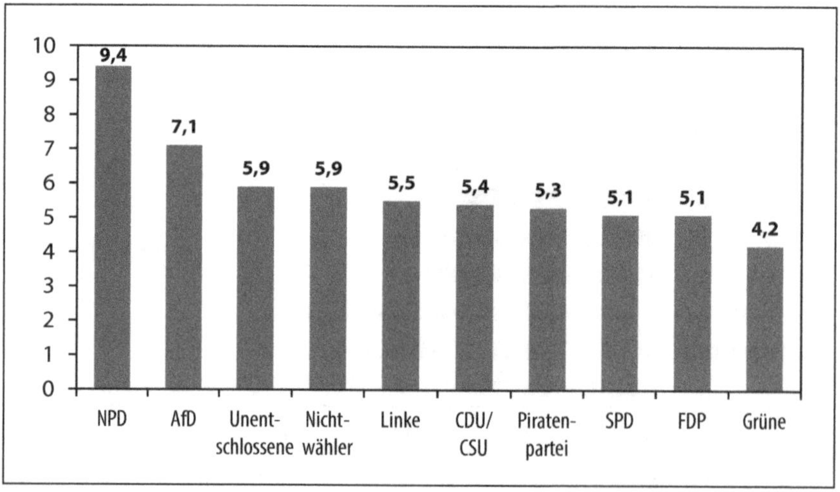

Beim Chauvinismus (Grafik 8) ist der Wert bei allen Parteien höher. Wieder sind die Anhängerinnen und Anhänger der NPD mit diesmal 11,3 Spitzenreiter, gefolgt von denen der AfD mit immerhin 9,8.

Grafik 8: Chauvinismus nach Parteipräferenz 2014 (Mittelwert)

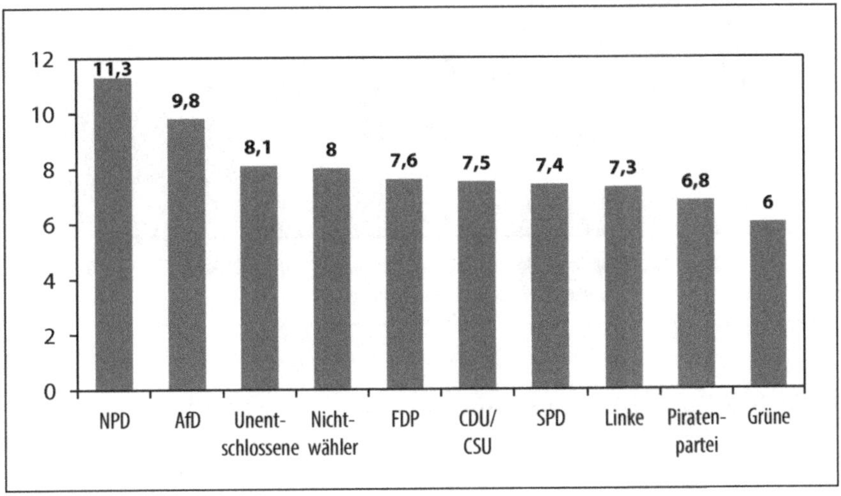

Bei der Ausländerfeindlichkeit (vgl. Grafik 9) erreichen die Anhänger und Anhängerinnen der NPD einen Mittelwert von 12,6 und stimmen damit im Schnitt mehr als »überwiegend« zu (überwiegende Zustimmung pro Item = 4). Wieder folgen die Anhängerinnen und Anhänger der AfD. Auch bei den meisten anderen Parteien (bis auf die Grünen) liegt der Wert so hoch wie in keiner anderen Dimension.

Beim Antisemitismus ist der Abstand zwischen AfD und NPD mit 8 bzw. 7,2 relativ klein und das Niveau der Zustimmung insgesamt niedriger (vgl. Grafik 10). Wieder zeigt sich ein deutlicher Unterschied zwischen den sogenannten etablierten Parteien und AfD und NPD, wenngleich die Anhängerinnen und Anhänger der erstgenannten auch nicht frei von antisemitischen Vorurteilen sind (vgl. Kap. 1.3).

Grafik 9: Ausländerfeindlichkeit nach Parteipräferenz 2014 (Mittelwert)

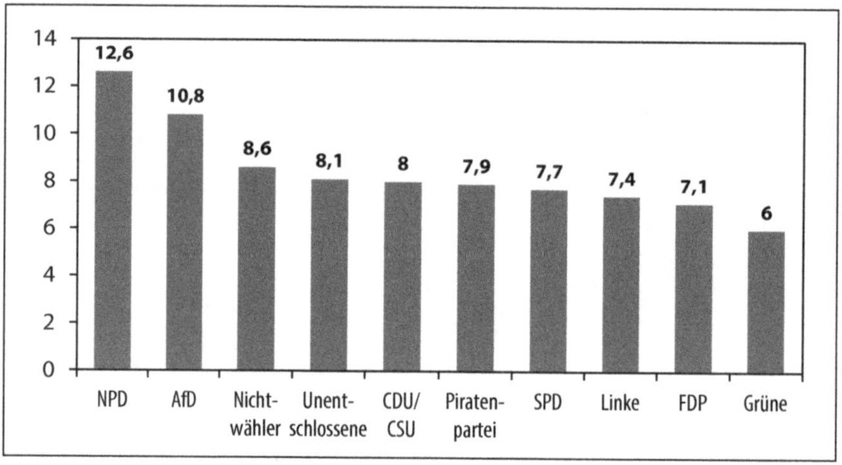

Grafik 10: Antisemitismus nach Parteipräferenz 2014 (Mittelwert)

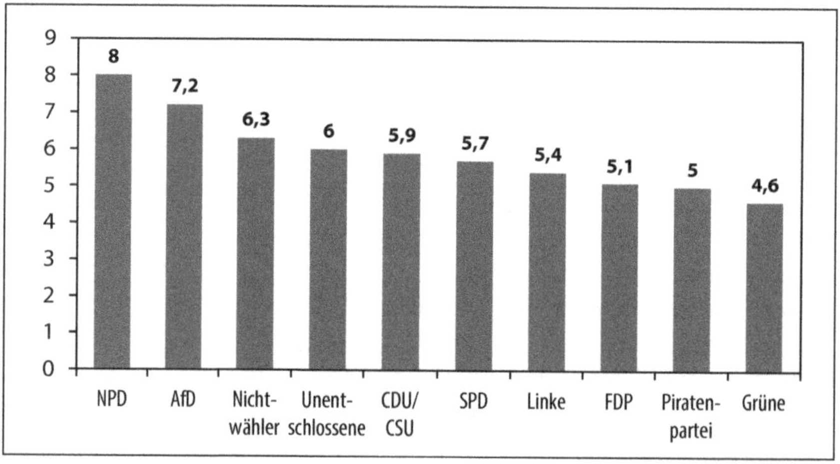

In Grafik 11 ist die Zustimmung in der Dimension Sozialdarwinismus nach Parteipräferenz abgebildet. Wieder führen die NPD-Anhängerinnen und -Anhänger die Liste an. Diesmal folgen die Anhängerinnen und Anhänger der AfD allerdings erst als Dritte und bleiben damit knapp hinter den Nichtwählern und Nichtwählerinnen.

Grafik 11: Sozialdarwinismus nach Parteipräferenz 2014 (Mittelwert)

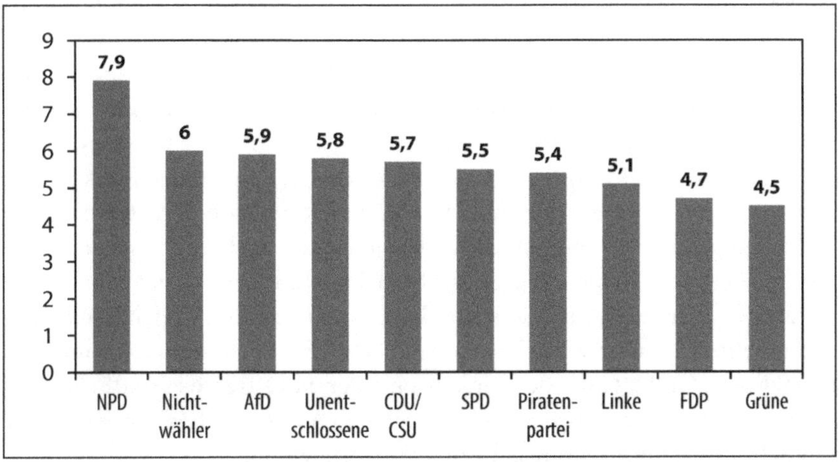

In der Dimension »Verharmlosung des Nationalsozialismus« ist der Abstand zwischen NPD-Anhängerinnen und -Anhängern und den übrigen Wählergruppen deutlich erkennbar: Wer NPD wählt, neigt auch zu Geschichtsrevisionismus. Wieder folgt, wenn auch mit einigem Abstand, das potenzielle Klientel der AfD mit dem zweithöchsten Mittelwert.

Grafik 12: Verharmlosung des Nationalsozialismus nach Parteipräferenz 2014 (Mittelwert)

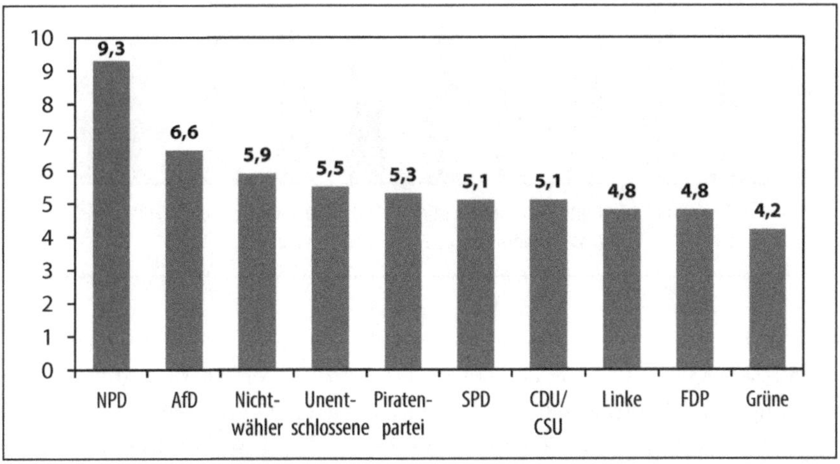

Grafik 13 ist die Zustimmung zu *allen sechs Dimensionen* zu entnehmen. Die Werte liegen entsprechend zwischen 18 (alle Aussagen des Fragebogens wurden »voll und ganz abgelehnt«) und 90 (allen Aussagen des Fragebogens wurde »voll und ganz zugestimmt«). Der hier angegebene Mittelwert kann also als Gesamtwert für die rechtsextreme Einstellung bezeichnet werden. Bei allen Dimensionen und im Gesamtwert zeigen sich die Anhängerinnen und Anhänger der NPD deutlich antidemokratisch und rechtsextrem eingestellt. Bei fünf von sechs Dimensionen rechtsextremer Einstellung zeigen aber auch die Anhängerinnen und Anhänger der AfD ausgeprägt hohe Werte (Ausnahme: Sozialdarwinismus) – gleich nach den NPD-Wählerinnen und -Wählern. Nichtwählerinnen und Nichtwähler sowie Unentschlossene erreichen hohe Werte, die Anhängerinnen und Anhänger von CDU/CSU, der Linken und der SPD durchschnittliche. Die Anhängerschaft der Grünen weist durchgehend die niedrigsten Werte auf und lehnt im Durchschnitt nahezu alle Aussagen ab.

Grafik 13: Gesamtwert rechtsextreme Einstellung nach Parteipräferenz 2014 (Mittelwert)

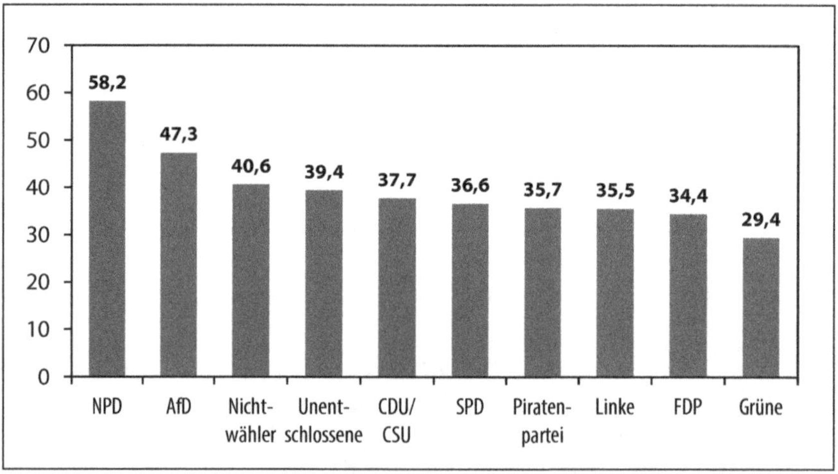

Wie in Kapitel 1.3 beschrieben, nahm die Zustimmung zur rechtsextremen Einstellung 2014 im Vergleich zu den Vorjahren deutlich ab. Die Abwertung von Musliminnen und Muslimen, von Sinti und Roma sowie von Asylbewerberinnen und Asylbewerbern stieg dagegen im selben Zeitraum an. Besonders verbreitet ist die Abwertung dieser Gruppen unter den Anhängerinnen und Anhängern von NPD und AfD. Die Grafiken 14 und 15 zeigen die Zustimmung der Parteianhängerinnen und Parteianhänger zu zu abwertenden Aussagen Muslimen gegenüber. 87% der NPD-Wähler und 71,2% der AfD-Wähler fühlen sich »durch die vielen Muslime hier (...) manchmal wie ein Fremder im eigenen Land«. 87% der NPD- und 60,8% der AfD-Wähler und -Wählerinnen wünschen keine Zuwanderung für Muslime nach Deutschland. Die Wählerschaft von SPD und CDU/CSU ist sich bei diesen Items annähernd einig: 43% bzw. 42% fühlen sich durch Muslime wie Fremde und 38% bzw. 37% wünschen keine Zuwanderung. Unter den Grünen- und FDP-Wählern findet sich dagegen die kleinste Gruppe von Menschen, die Muslime und Musliminnen abwerten: »fremd im eigenen Land« fühlten sich hier 26,3% bzw. 30,6%, keine Zuwanderung wünschten 17,1% bzw. 21,2%.

Grafik 14: Zustimmung zur Aussage »Durch die vielen Muslime hier fühle ich mich manchmal wie ein Fremder im eigenen Land« nach Parteipräferenz (in %)

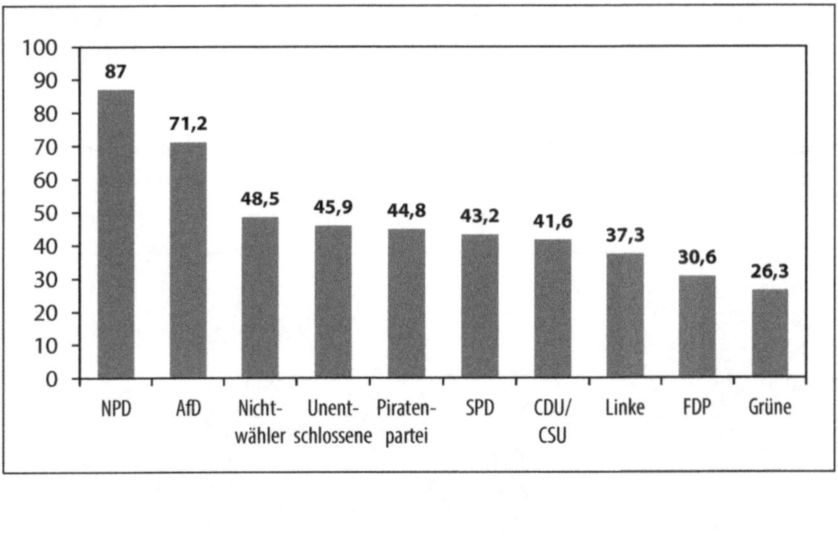

Grafik 15: Zustimmung zur Aussage »Muslimen sollte die Zuwanderung nach Deutschland untersagt werden« nach Parteipräferenz (in %)

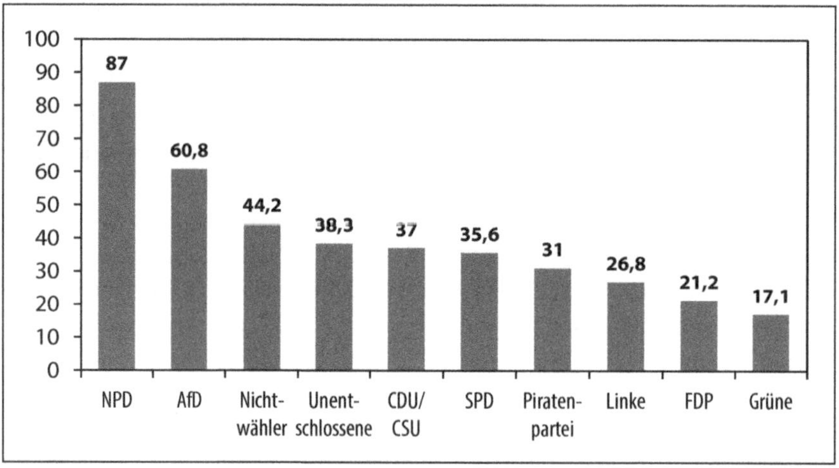

Die Mehrheit der Wählerinnen und Wähler fast aller Parteien, bis auf die Grünen, glauben, dass Asylbewerber in ihren Heimatländern eigentlich gar nicht verfolgt werden (Grafik 16).

Grafik 16: Zustimmung zur Aussage »Die meisten Asylbewerber befürchten nicht wirklich, in ihrem Heimatland verfolgt zu werden« nach Parteipräferenz (in %)

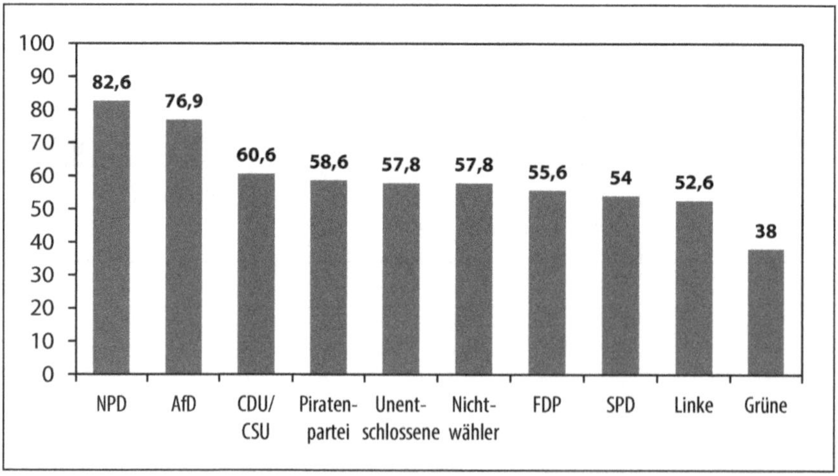

Rund 83% der NPD- und rund 77% der AfD-Wählerinnen und -Wähler sind dieser Meinung, beide Gruppen stimmen dieser Aussage wieder am häufigsten zu. Bei der CDU sind es 60%, bei der Linken immerhin noch 52,6%. Nur die Wählerinnen und Wähler der Grünen lehnen diese Einschätzung mehrheitlich ab (38% Zustimmung).

Auch zum Antiziganismus wurden den Probanden drei Aussagen zur Bewertung vorgelegt (Grafik 17 bis 19). Wieder fallen die Wählerinnen und Wähler von NPD und AfD auf: Rund 96% der NPD-Wählerinnen und -Wähler haben ein Problem mit dem Aufenthalt von Sinti und Roma in ihrem Lebensumfeld und sind der Meinung, diese neigen zur Kriminalität. 91% möchten Sinti und Roma aus den Innenstädten entfernen. Die entsprechenden Werte für die Anhänger der AfD liegen bei 75%, 73,1% und 75%. Auch die Mehrheit der Nichtwählerinnen und Nichtwähler und der Anhängerinnen und Anhänger von CDU/CSU und SPD sind mehrheitlich feindlich gegenüber Sinti und Roma eingestellt. Offener gegenüber Sinti und Roma sind die Anhängerinnen und Anhänger der Grünen, aber auch unter ihnen lehnt ein Drittel Sinti und Roma ab.

Grafik 17: Zustimmung zur Aussage »Ich hätte Probleme damit, wenn sich Sinti und Roma in meiner Gegend aufhalten« nach Parteipräferenz (in %)

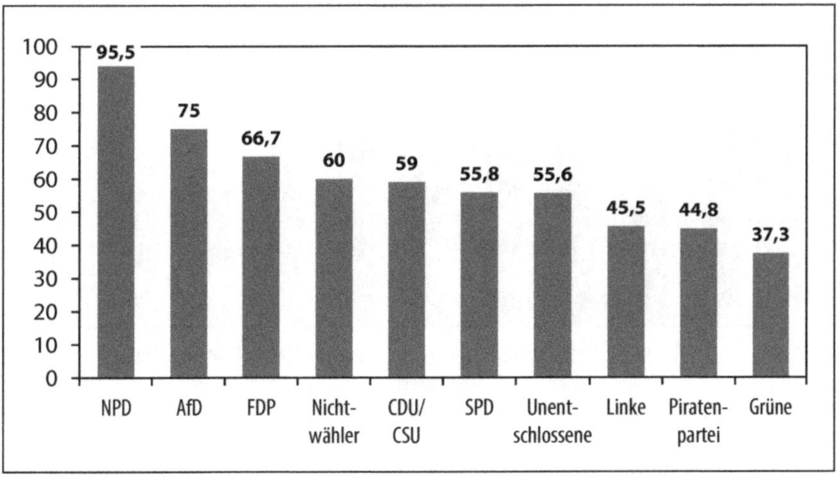

Grafik 18: Zustimmung zur Aussage »Sinti und Roma sollten aus den Innenstädten verbannt werden« nach Parteipräferenz (in %)

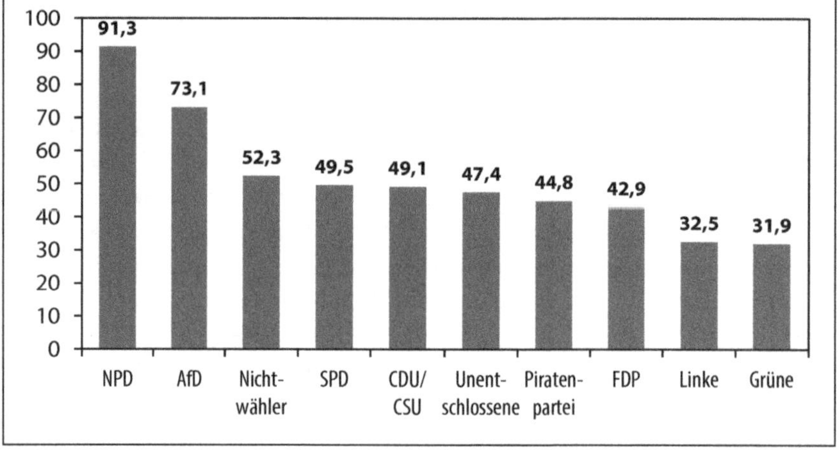

Grafik 19: Zustimmung zur Aussage »Sinti und Roma neigen zur Kriminalität« nach Parteipräferenz (in %)

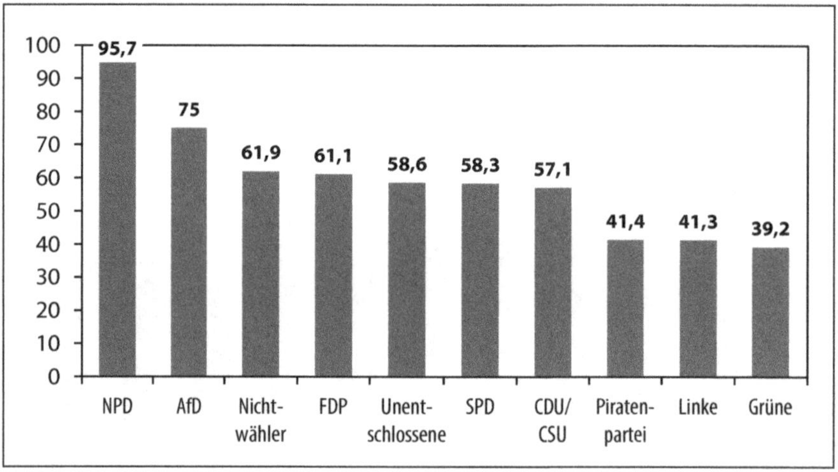

Schaut man sich die Ergebnisse zum Thema Europäische Union an, liegen die Wählerinnen und Wähler der verschiedenen Parteien mit ihrer Bewertung weit auseinander. Grafik 20 zeigt, dass der Großteil der NPD- und

AfD-Wähler, der Unentschlossenen und der Nichtwähler die Mitgliedschaft Deutschlands in der EU negativ einschätzt. Lediglich ein Drittel der Befragten aus diesen Gruppen hält die EU-Mitgliedschaft Deutschlands für eine gute Sache. Mit 44,5% bewertet auch eine knappe Mehrheit der Wählerinnen und Wähler der Linken die EU-Mitgliedschaft als nachteilig. Am europafreundlichsten sind die Anhänger der Grünen (über 60%), gefolgt von denen der Piraten, der SPD und der FDP mit jeweils über 50%.

Grafik 20: Einschätzung der EU-Mitgliedschaft Deutschlands als gute Sache nach Parteipräferenz (in %)

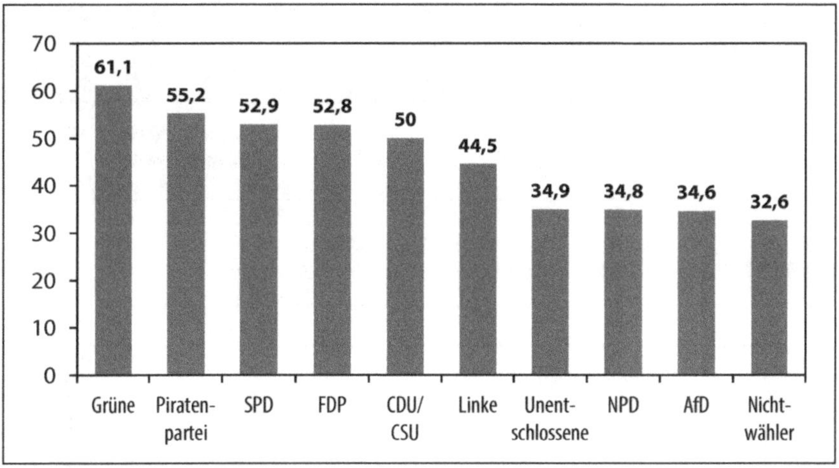

Ein ähnliches Bild ergibt sich bei der Frage, ob Deutschland durch die EU eher Vorteile hat (Grafik 21). Die Wählerinnen und Wähler der Grünen bejahen diese Aussage mehrheitlich (56,6%), bei jenen der SPD, CDU/CSU und der Linken sind es jeweils etwa die Hälfte. Bei AfD, der Gruppe der Nichtwählerinnen und Nichtwähler und den Unentschlossen sind es jeweils weniger als ein Drittel, die NPD liegt mit 26,1% Zustimmung am niedrigsten. Bis auf die Anhängerinnen und Anhänger der NPD und AfD hat auch eine deutliche Mehrheit der Befragten kein negatives Bild von der EU (Grafik 22). Bei diesen finden das allerdings 63,6% bzw. 50% – gegenüber gut jedem bzw. jeder Zehnten bei Grünen, FDP, SPD und CDU/CSU. Von den Anhängerinnen und Anhängern der Linken hat fast jeder Vierte ein negatives Bild von der EU.

Grafik 21: Einschätzung, dass Deutschland durch die EU-Mitgliedschaft insgesamt Vorteile hat, nach Parteipräferenz (in %)

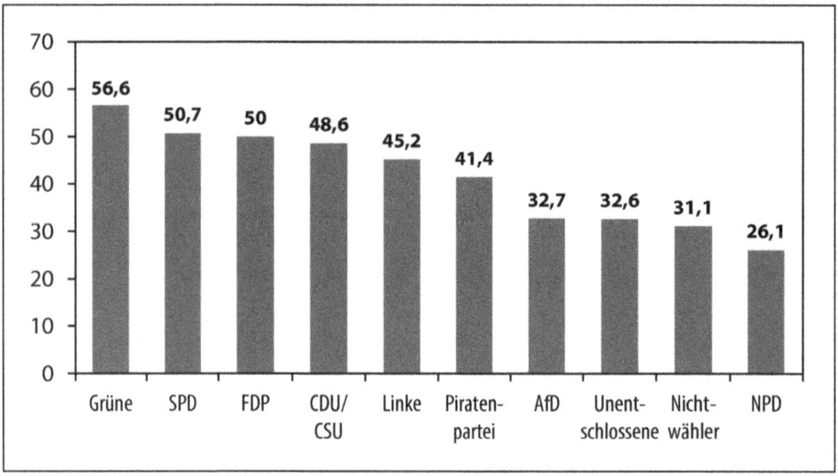

Grafik 22: Negatives Bild von der EU nach Parteipräferenz (in %)

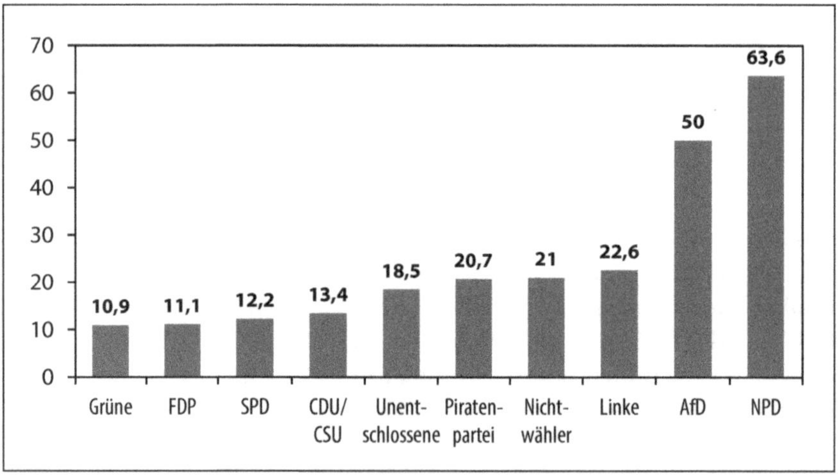

Die Wählerinnen und Wähler der Parteien befürworten die Demokratie in unterschiedlichem Maß. Grafik 23 gibt die überwältigende Zustimmung aller Befragten zur Idee der Demokratie wieder. Lediglich bei den Anhängerinnen und Anhängern der Piratenpartei und der NPD sowie den Unentschlossenen und den Nichtwählern sind über 10% dieser Idee nicht zugetan. Die AfD-Anhängerinnen und -Anhänger sind mit 96,2% von der Demokratie überzeugt und werden nur von den Anhängerinnen und Anhängern der Grünen (97%) übertroffen.

Grafik 23: Zustimmung zu »Demokratie als Idee« nach Parteipräferenz (in %)

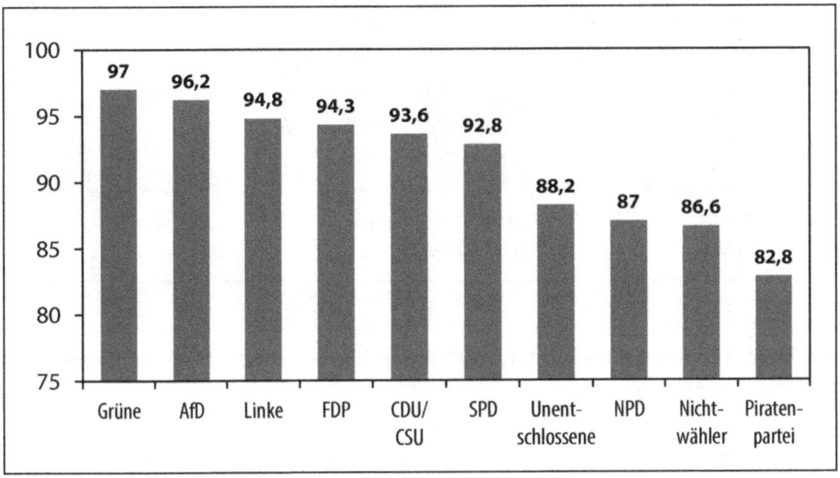

Grafik 24 zeigt dagegen, dass über ein Drittel der NPD- und AfD-Wählerinnen und -Wähler sowie der Nichtwählerinnen und Nichtwähler mit der Demokratie, wie sie in unserer Verfassung niedergelegt ist, unzufrieden sind. Sind es bei der NPD 36,4% und bei der AfD 34,6%, so fällt die Unzufriedenheit bei den Grünen mit 12% am geringsten aus, gefolgt von FDP (13,9%), CDU/CSU (18,1%) und SPD (18,9%).

Große Unzufriedenheit mit der tatsächlichen Demokratie in Deutschland zeigen drei Viertel aller AfD- und NPD-Wählerinnen und -Wähler (75% bzw. 73,9%). Auch die Mehrheit der Wählerinnen und Wähler der Linken (63,9%) sowie der Nichtwählerinnen und Nichtwähler (60,3%) ist mit dem Funktionieren der Demokratie nicht zufrieden (Grafik 25). Mit Abstand am zufriedensten scheinen die Anhängerinnen und Anhänger der FDP zu sein, nur 16,7% geben an, unzufrieden mit dem tatsächlichen Funktionieren der Demokratie in Deutschland zu sein.

Grafik 24: Unzufriedenheit mit »Demokratie, wie in Verfassung festgelegt« nach Parteipräferenz (in %)

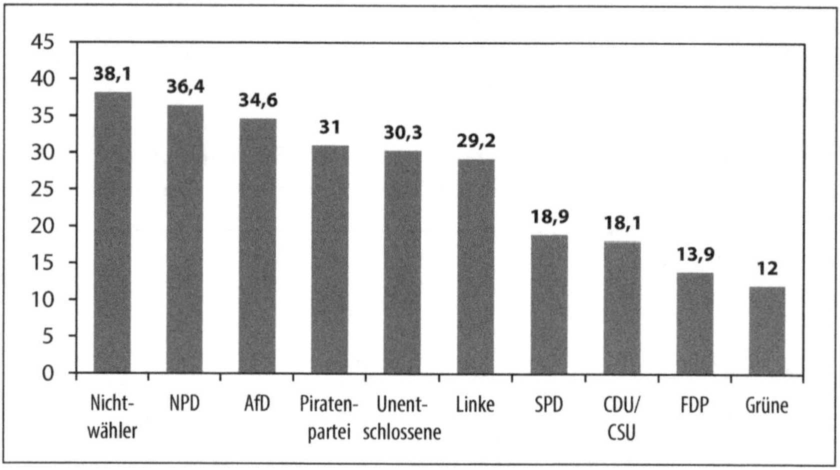

Grafik 25: Unzufriedenheit mit der »Demokratie, wie sie tatsächlich funktioniert« nach Parteipräferenz (in %)

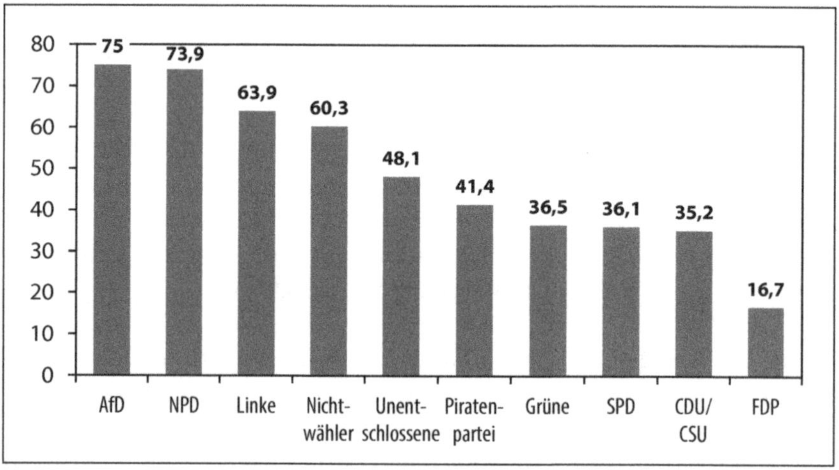

Die Klientel der AfD überschneidet sich in den politischen Einstellungen am deutlichsten mit dem der NPD. Bei der rechtsextremen Einstellung erreichen die Anhängerinnen und Anhänger der NPD die höchsten Werte, gefolgt von der AfD. Ein ähnliches Muster ergibt sich bei den spezifische Gruppen abwertenden Aussagen. Bei der Demokratiebewertung gibt es einen Unterschied zwischen den beiden Parteien: Die AfD-Anhängerinnen und -Anhänger stimmen der Idee der Demokratie geradezu enthusiastisch zu, bei der Einschätzung des Funktionierens der Demokratie sind sie dafür aber besonders unzufrieden. Auf der anderen Seite sind unter den zahlenmäßig insgesamt viel größeren Gruppen insbesondere der SPD- und CDU-Anhängerinnen und -Anhänger ebenfalls viele rechtsextrem und antidemokratisch eingestellt (vgl. Kap. 1.3). Hier stehen diesen aber auch entsprechend viele nicht rechtsextrem Eingestellte gegenüber. Besorgniserregend sind auch die parteiübergreifend hohen Werte bei der Abwertung von Sinti und Roma, Asylbewerbern und Muslimen.

Diskussion

Die hier dargestellten Ergebnisse liefern eine ganze Reihe von Ansatzpunkten zur Beantwortung der Frage, wer die AfD wählt. Zusammenfassend lässt sich feststellen, dass die Anhängerinnen und Anhänger der AfD sozioökonomisch denen der etablierten, das heißt den im Bundestag vertretenen Parteien ähneln. Beispielsweise verdienen sie durchschnittlich, haben einen durchschnittliches Bildungsniveau und sind auch durchschnittlich alt. Im Vergleich dazu sind die NPD-Anhängerinnen und -Anhänger weit häufiger depriviert und außerdem jünger. Allerdings sind Männer in der Anhängerschaft beider Parteien überrepräsentiert. Eine weitere Gemeinsamkeit ist, dass sich die Wählerschaft von AfD und NPD in ihren politischen Einstellungen sehr nahe ist, besonders hinsichtlich der Abwertung von Anderen. Mit dem eingangs zitierten Befund kombiniert, wonach die AfD zur Bundestagswahl 2013 von allen Parteien Wählerinnen und Wähler abziehen konnte, lässt sich vermuten, dass dies gerade die Wählerinnen und Wähler mit antidemokratischen Einstellungen waren, die bisher noch von anderen Parteien integriert werden konnten. Dieses Potenzial ist allerdings wohl noch nicht ausgeschöpft, außer eventuell bei den Grünen. Bei dieser Partei scheint es in der Anhängerschaft das geringste Potenzial antidemokratischer und menschenfeindlicher Einstellung zu geben, folglich war die AfD hier weniger erfolgreich und wird vermutlich auch künftig nicht erfolgreich sein.

Der Erfolg der AfD bei den letzten Wahlen hat eine ganze Reihe unterschiedlicher Gründe. Auf der einen Seite sind ihre Fähigkeiten zu nennen, ein Angebot für bestimmte Wähler und Wählerinnen zu schaffen: Die Partei hat es geschafft, in relativ kurzer Zeit eine funktionierende Organisation aufzubauen. Ferner verfügt sie – zumindest nach bisherigem Stand – über fähiges Spitzenpersonal und finanzkräftige Geldgeber (Niedermeier 2014, S. 89ff.). Auf der anderen Seite liegt ihr Erfolg – wie die Ergebnisse zeigen – aber auch darin begründet, dass sie Milieus anspricht, die zwar antidemokratischem und menschenfeindlichem Gedankengut zugeneigt sind, bisher aber die etablierten Parteien wählten. Für diese – sich selbst der »Mitte« zurechnenden Milieus – ist die NPD als offen rechtsextreme Partei nicht wählbar gewesen. Die AfD schafft es dagegen, sie anzusprechen. Damit ist diese Partei nicht einfach eine Konkurrenz für die NPD und schöpft auch nicht nur aus dem Potenzial der Nichtwählerinnen und Nichtwähler. Vielmehr zeigt sich, dass sie auch eine Konkurrenz für die etablierten Parteien ist, gerade weil rechtsextremes, menschenfeindliches und antidemokratisches Gedankengut eben auch hier verbreitet ist.

Literatur

Decker, F. (2013). Das Parteiensystem vor und nach der Bundestagswahl 2013. *Zeitschrift für Staats- und Europawissenschaften, 11*, 323–342.

Häusler, A. (2013). *Die »Alternative für Deutschland« – eine neue rechtspopulistische Partei? Materialien und Deutungen zur vertieften Auseinandersetzung*. Düsseldorf: Heinrich-Böll-Stiftung.

Kroenke, K., Spitzer, R. L., Williams, J. B. W. & Löwe, B. (2009). An ultra-brief screening scale for anxiety and depression: the PHQ-4. *Psychosomatics, 50*, 613–621.

Niedermayer, O. (2014). Aufsteiger, Absteiger und ewig »Sonstige«: Klein- und Kleinstparteien bei der Bundestagswahl 2013. *Zeitschrift für Parlamentsfragen, 45*, 73–93.

Niedermeier, O. (2015). Eine neue Konkurrentin im Parteiensystem? Die Alternative für Deutschland. In: Ders. (Hrsg.), *Die Parteien nach der Bundestagswahl 2013* (S. 175–207). Wiesbaden: Springer.

Schmitt-Beck, R. (2014). Euro-Kritik, Wirtschaftspessimismus und Einwanderungsskepsis: Hintergründe des Beinah-Wahlerfolges der Alternative für Deutschland (AfD) bei der Bundestagswahl 2013. *Zeitschrift für Parlamentsfragen, 45*, 94–112.

2 Deutschland mitten in Europa – Politische Einstellungen und Europa-Skepsis

Johannes Kiess, Oliver Decker & Elmar Brähler

Einstellungen zu Europa und die »dialektische Natur des Fortschritts«

In unserem Buch »Rechtsextremismus der Mitte« haben wir argumentiert, dass rechtsextreme Einstellungen auch eine Reaktion auf gesellschaftliche Krisen- und Umbruchprozesse sind (Decker et al. 2013). Gesellschaften der Moderne durchlaufen einen ständigen Transformationsprozess, bei dem das jeweils angenommene Morgen das Heute legitimieren soll. Der Prozess der europäischen Integration ist seit den 1990er-Jahren Teil dieser Dynamik, und spätestens seit der verstärkten Binnenmarktintegration hat er auch konkret spürbare Auswirkungen auf die Lebensverhältnisse der Menschen. Europäische Entscheidungen waren bis dahin abstrakt und betrafen nur gewisse gesellschaftliche Bereiche. Doch mit der Gründung der Europäischen Union 1992 und der damit einsetzenden Vertiefung der Integration, der Einführung des Euro 1999 und der großen Erweiterungsrunde 2004/2007 gewann die europäische Ebene stark an Bedeutung – auch für die Bürgerinnen und Bürger (Vobruba 2005, S. 10ff.).

Transformationsprozesse versprechen ein besseres Morgen – die Frage ist dann aber: für wen eigentlich? Richard Münch bezeichnete dies in Bezug auf das europäische Projekt als »dialektische(n) Natur des Fortschritts« (Münch 1993, S. 11): Es werden zwar alte Systeme, Ungleichheiten und Zwänge aufgelöst, nicht aber, ohne neue zu schaffen. Transformationsprozesse laufen deshalb selten konfliktfrei ab, weil sie immer auch Prozesse der Umverteilung sind (Schäfer 2006, S. 200; Vobruba 2005, S. 49). Genauso sind für die europäische Integration Verteilungskonflikte erwartbar.

Auch für die Globalisierung gehen Hanspeter Kriesi et al. (2008) davon aus, dass es zu neuen gesellschaftlichen Konflikten kommt und dass dabei neue gesellschaftliche Konfliktlinien entstehen (neben den klassischen *cleavages* zwischen z.B. Stadt/Land, protestantisch/katholisch, Arbeit/Kapital) (Azmanova 2011; Lahusen 2013). Einige Gruppen sind in diesen Prozessen benachteiligt, etwa, weil sie kaum aktiv an ihnen teilnehmen. In der noch jungen Subdisziplin der Europasoziologie ist das wiederholt thematisiert worden: Europa sei »eine Sache der Führungseliten, die Nation eine Sache der gefährdeten, an den Rand gedrängten Schichten« (Münch 2001, S. 294). Das liegt nicht zuletzt daran, dass die Eliten einerseits und die übrige Bevölkerung andererseits unterschiedliche Interessen und politische Präferenzen entwickeln können, zum Beispiel, weil es nur die politischen Eliten sind, die in den Integrationsprozess und seine Institutionalisierung eingebunden sind, während die Bevölkerung kaum Einfluss darauf nehmen kann (Flockhart 2005). Zur breiten, nicht eingebundenen Masse gehören nicht nur die prekären unteren Schichten, sondern auch die Mittelschichten, deren Position sich in den vergangenen Jahren ohnehin verschlechtert und durch die Folgen der Finanzmarktkrise von 2007 noch einmal deutlich verschärft hat (Mau 2014). Die Ängste, so lässt sich jedenfalls festhalten, nehmen zu (Grauel et al. 2013) und das nicht nur unten. Auch unsere eigenen Ergebnisse weisen in diese Richtung, denn wenn wir die rechtsextreme Einstellung als Krisenreaktion interpretieren, fällt auf, dass sie über die Einkommensgruppen relativ gleichmäßig verteilt ist. Allenfalls die obersten Einkommensgruppen bei den Ostdeutschen sind weniger rechtsextrem eingestellt als der Durchschnitt (Decker et al. 2010, S. 110ff.).

Mit seiner Beschleunigungstheorie hat Hartmut Rosa eine Zeitdiagnose vorgelegt, die die Wirkmächtigkeit von Modernisierungsprozessen und wie sie das tägliche Leben strukturieren, treffend beschreibt (Rosa 2005). Der moderne Mensch steckt, so scheint es, im »Zwiespalt einer stets sich überholenden Moderne« (Decker et al. 2013; Bergeron et al. 1969, S. 297) und möchte dafür entschädigt werden, zum Beispiel durch Konsum. Allerdings gibt es unterschiedliche Strategien, mit dem sozialen Wandel in Bezug auf Praktiken, Wissen (Stichwort Wissensgesellschaft), Beziehungen, Status und Institutionen umzugehen (Rosa 2011, S. 218). Rosa beschreibt vier »late-modern patterns of identity« oder Typen. Der erste Typus ist demnach der »Surfer«, der versucht, die Wellen der Moderne zu meistern. Demgegenüber ist der »Drifter« zwar denselben Wellen ausgesetzt, verfügt aber nicht über die Möglichkeit, bei Widrigkeiten zu einer anderen Alternative zu wechseln. So wird der Drifter verschoben, während er sich nach Stabilität sehnt. Beide, Surfer und Drifter, können prinzipiell jederzeit zum dritten Typus, zum »Depressiven« werden, wenn die psychologischen Kosten des Driftens oder Surfens zu stark ansteigen. Schließlich beschreibt Rosa als vierten Typus den »Fundamentalisten«, der nach transzendenten Ankern suchend die Wirren der Spätmoderne bis zu einem gewissen Grad aushalten kann. Neben Religion stehen ihm auch Nationalismus, Rassismus oder politischer Radikalismus als Ankerpunkte zur Verfügung (Rosa 2011, S. 218ff.; Detlev Claussen reserviert für diese Erscheinungen in modernen Gesellschaften nicht umsonst den Begriff der Alltagsreligion, vgl. Decker et al. 2013). Daraus lässt sich die These ableiten, dass einige Gruppen mehr Zugriff auf Transformationsprozesse haben als andere. Das sind zunächst die von Richard Münch angesprochenen Eliten (Münch 2001, S. 294; siehe auch Best et al. 2012), aber sicherlich auch etliche weitere Gruppen, die sich mit den neuen Ungleichheiten und Zwängen besser arrangieren können als andere. Während sich die einen Transformationsprozessen *ausgesetzt* sehen, sind die anderen *aktiv* an ihrer Umsetzung *beteiligt*.

Die bisherige Forschung zu Einstellungen gegenüber Europa und der Europäischen Union hat sich im Wesentlichen auf zwei Punkte konzentriert: einerseits auf die unterschiedliche Bewertung der europäischen Integration durch Eliten und die übrige Bevölkerung, andererseits auf sozioökonomische und historische bis hin zu kulturellen Einflussfaktoren auf die Einstellungen zur EU. Hier sollen die wichtigsten Befunde genügen:

Dass es Gewinner und Verlierer des Integrationsprozesses gibt, ist in der wissenschaftlichen Debatte unstrittig (Tang 2000; Vobruba 2005). Mau (2005) hat gezeigt, dass die Selbstwahrnehmung von Befragten dabei allerdings eine bedeutende Rolle spielt und dass diese die Unterschiede zwischen (objektiven) sozialen Gruppen verwischt. In post-sowjetischen Ländern sind Befragte, die den Eindruck haben, ihre ökonomische Situation verbessere sich, der EU-Mitgliedschaft ihres Landes gegenüber positiver eingestellt als jene, die für sich keine Verbesserung wahrnehmen (Herzog & Tucker 2010). Männer glauben Alvarez (2002) zufolge häufiger als Frauen, dass die Mitgliedschaft in der EU Vorteile bringt, und auch

Jüngere unterstützen die Mitgliedschaft häufiger als Ältere. Angehörige der Dienstklassen (Angestellte) sehen außerdem weitaus häufiger diese Vorteile als unter ihnen stehende Statusgruppen (Alvarez 2002, S. 66). Der deutliche Einfluss des Bildungsgrades auf die Zustimmung zur Integration (vgl. auch Hakhverdian et al. 2013) wird häufig als »utilitaristisch motivierte(n), spezifische(n) Unterstützung der europäischen Integration« erklärt (Tiemann 2008, S. 257). Die Selbstwahrnehmung, ob man zu den Gewinnern oder Verlierern zählt, hängt wiederum nicht nur mit sozioökonomischen Variablen zusammen (Mau 2005), sondern auch mit kulturellen und historischen (Medrano 2003).

Auch Teney et al. (2014) bestimmen als wichtige Einflussfaktoren auf die Selbstwahrnehmung als Globalisierungsverlierer oder -gewinner, neben den soziodemografischen Variablen, die subjektive Deprivation, die Wahrnehmung der Globalisierung als Bedrohung sowie (sub)nationale Identitäten. Auf diese Zusammenhänge weisen verschiedene Untersuchungen hin, auch wenn die Richtung dieses Effekts noch unklar ist. So hat zum Beispiel Konservatismus einen negativen Effekt auf die Wahrnehmung von Vorteilen der EU, Gewerkschaftsmitgliedschaft hingegen in osteuropäischen EU-Ländern einen positiven, in westeuropäischen einen negativen Einfluss (Alvarez 2002). Die Wahrnehmung und Bewertung von Europa und der europäischen Integration unterscheidet sich auch nach Themenfeldern: Beim Denationalisierungstopos sind Eliten deutlich häufiger als die übrige Bevölkerung bereit, nationale Grenzen abzubauen bzw. weiter zu öffnen (Teney & Helbling 2014).

McLaren (2006) hat in einer umfassenden Studie 2005 darauf hingewiesen, dass Einstellungen zu Europa nicht ausschließlich mit Kosten-Nutzen-Kalkülen erklärt werden können, sondern dass hier auch Identitäten, Fremdenfeindlichkeit und Outgroup-Abwehr eine große Rolle spielen. Zick et al. kommen zu dem Ergebnis, »dass Befragte, die gegenüber der EU eine negative Haltung einnehmen, eher zu Gruppenbezogener Menschenfeindlichkeit neigen. Allerdings ist dieser Zusammenhang recht locker« (2011, S. 110). Wir konnten dieses Ergebnis für den Zusammenhang von Euro-Skepsis und rechtsextremer Einstellung bestätigen: Euro-Skepsis ist mit erhöhten Werten im Rechtsextremismus-Fragebogen und auch bei den Dimensionen Islamfeindschaft, Abwertung von Sinti und Roma sowie Abwertung von Asylbewerbern verbunden. Zum Beispiel fühlen sich 64,1% der Befragten, die die EU für eine gute Sache halten, durch die

Anwesenheit von Muslimen und Musliminnen nicht als Fremde im Land. Von denjenigen dagegen, die die EU für eine schlechte Sache halten, fühlen sich 33,3% der Muslime wegen fremd (Decker et al. 2014, S. 55). Umgekehrt gehört Euro-Skepsis neben Fremdenfeindlichkeit und anderen antidemokratischen Überzeugungen zu den Gründen, warum sich Wählerinnen und Wähler für rechte Parteien entscheiden (Werts et al. 2012).

Im vorliegenden Beitrag gehen wir über diesen Forschungsstand in zweierlei Hinsicht hinaus. Zum einen unterscheiden wir nicht zwischen Eliten und der übrigen Bevölkerung, sondern zwischen verschiedenen beruflichen Position. Zum anderen setzen wir auf Grundlage unserer Repräsentativbefragung weitere politische Einstellungen – Einstellung zur Demokratie, rechtsextreme Einstellung, Abwertung von Muslimen, Sinti und Roma sowie Asylbewerbern und autoritäre Einstellung – mit Euro-Skepsis in Beziehung.

Unsere Annahme ist, dass die gesellschaftlichen Gruppen, die eher auf Modernisierungsprozesse einwirken können, seltener europaskeptisch eingestellt sind als solche, die aufgrund ihrer beruflichen Position eher als Rezipienten dieser Veränderungen vermutet werden können. Außerdem gehen wir von einem Zusammenhang zwischen Euro-Skepsis und rechtsextremer, autoritärer und antidemokratischer Einstellung aus. Als Erklärung schlagen wir vor, dass Personen mit einem höheren beruflichen Status in Modernisierungsphasen weniger Bedrohung durch Fremdes erleben als jene mit geringerem beruflichen Status. Dabei geht es uns nicht um die (hierarchische) Schichtung im klassischen Sinne der Sozialstrukturanalyse, sondern um die Tätigkeiten selbst: Die Befragten, die aufgrund ihres beruflichen Aufgabenfeldes selbst in gewissem Umfang Entscheidungen für sich und andere treffen – also gesellschaftlichen Wandel *mitgestalten* und *mitentscheiden* – stehen unserer These folgend Transformationsprozessen wie der europäischen Integration aufgeschlossener gegenüber als jene, die Tätigkeiten verrichten, bei denen sie wenig oder nichts mitzuentscheiden haben.

Mit der Aufgeschlossenheit der höheren Berufsgruppen geht eine niedrigere Prävalenz von Ängsten und Reaktionen auf diese Ängste einher. Sowohl die Social Identity Theory als auch die Terror Management Theory erklären die Abwertung anderer als Folge der Bedrohung des Selbstwerts. Das heißt im Umkehrschluss: Je weniger Abwertung, desto geringer das

Bedrohungsgefühl für die eigene Identität. Eine andere Reaktion auf das Erleben von als oktroyierend empfundenen Veränderungsprozessen, ist die autoritäre Aggression. Rippl et al. haben für die EU-Osterweiterung 2004 auf diesen Zusammenhang hingewiesen. Sie stellten fest, dass autoritär strukturierte Personen besonders häufig mit ethnozentrischen Einstellungen auf den beschleunigten sozialen Wandel reagierten (Rippl et al. 2005). Unsere Vermutung ist, dass nicht nur die »Anderen« zur Selbstwertsicherung abgewertet werden, sondern dass darüber hinaus auch ein autoritäres und antidemokratisches Gesellschaftsbild vertreten wird. Die Identifikation mit dieser Stärke suggerierenden Macht – etwa einem starken Staat oder einer starken Persönlichkeit – hilft, das eigene Ausgeliefertsein gegenüber den Zumutungen der modernen Gesellschaft zu ertragen. In Kürze heißt das, dass die Ablehnung der europäischen Integration, aber auch rechtsextreme, antidemokratische und autoritäre Einstellungen erst vor dem Hintergrund gesellschaftlicher Modernisierungsprozesse, denen die Menschen mehr oder weniger ausgesetzt sind, verstehbar werden.

Gestalten, Verwalten, Zuarbeiten: Gruppenbildung und methodisches Vorgehen

Für unsere Untersuchung nehmen wir mit Erikson und Goldthorpe an, dass sich soziale Gruppen entlang ihrer beruflichen Positionen bilden lassen (Erikson & Goldthorpe 1992, insb. S. 38f.). Mit diesem Modell lassen sich zum Beispiel schichtspezifische Ängste, etwa vor Arbeitslosigkeit, abbilden und mit der gesellschaftlichen Stellung der Tätigkeit in Verbindung bringen (Lengfeld & Hirschle 2009). Wir gehen davon aus, dass sich zwischen diesen Gruppen Unterschiede zeigen, die die bisherigen Überlegungen stützen.

Auf Grundlage der Daten aus der Erhebungswelle 2014 haben wir drei Gruppen nach beruflicher (Selbst-)Zuordnung gebildet (zur Beschreibung der Gesamtstichprobe vgl. Kap. 1.3). Die erste Gruppe (*N* = 187) besteht aus Selbstständigen mit mindestens einer/einem Angestellten (die einzelnen Antwortmöglichkeiten waren Selbstständige mit 1 bis 4, 5 bis 9, 10 bis 49 sowie über 50 Angestellten), den freien Berufen (z.B. Künstler, Architekten, Rechtsanwälte), leitenden Angestellten mit Zeichnungsbefugnis sowie Beamten im höheren Dienst. Diese Gruppe bezeichnen wir als »Gestalter der gesellschaftlichen Modernisierung«. Sie umfasst all jene, die durch unternehmerisches oder administratives Handeln den europäischen Transformationsprozess ausgestalten. Dabei setzen sie ihn zum Teil im Sinne der normativen Vorgaben um, zum Teil haben sie aber auch die Möglichkeit, diese Normen im Vollzug der Umsetzung selbst zu interpretieren. In dieser Gruppe sind überdurchschnittlich viele Männer vertreten; Arbeitslosigkeit ist selten, Bildungsabschlüsse und Einkommen sind hoch (Tabelle 1, diese Zusammenhänge sind signifikant). Die zweite Gruppe (*N* = 1.233) besteht aus mittleren sowie qualifizierten Angestellten, Beamten im einfachen, mittleren und gehobenen Dienst sowie Facharbeitern. Wir bezeichnen diese Gruppe als »Verwalter«. Die Tätigkeiten, die diese Gruppe ausübt, sind meist angeleitet und lassen wenig Entscheidungsfreiheit und Gestaltungsspielraum zu. Darüber hinaus wächst aber auch in der funktional differenzierten Gesellschaft der administrative Anteil bei qualifizierter handwerklicher Tätigkeit stetig an. Die dritte Gruppe (*N* = 762) fasst einfache Angestellte, Arbeiter, die einfachen körperlichen Tätigkeiten nachgehen, sowie Arbeiter, die Geschick erfordernde Routinetätigkeiten ausführen, zusammen. Diese Arbeiten sind vorrangig Zuarbeiten. Sie ermöglichen es den Angehörigen der Gruppe der Verwalter, ihre Tätigkeiten durchzuführen, weshalb die dritte Gruppe hier als »Verrichtende« bezeichnet wird. Wir treffen hier auf einen vergleichsweise hohen Anteil an Frauen und Migranten sowie auf geringe Bildung und niedrige Einkommen. Die Gruppen Gestalter und Verrichtende haben einen etwa gleich hohen Anteil an Personen mit Migrationshintergrund, die Verwalter einen deutlich niedrigeren. Hinsichtlich des Wohnorts in Ost- oder Westdeutschland gibt es keine siginifikanten Unterschiede zwischen den drei Gruppen.

Die Gruppe der Selbstständigen ohne Angestellte (*N* = 78) musste aus der Gruppenbildung und den folgenden Berechnungen ausgenommen werden, da sie in den Dimensionen Einkommen und Bildung zu heterogen für eine Zuordnung ist. Bei einer deskriptiven Analyse dieser Gruppe lassen sich sowohl prekär in den Arbeitsmarkt Integrierte (Ich-AG) als auch gut situierte Unternehmer finden. Auch die selbstständigen Landwirte wurden aufgrund der zu geringen Fallzahl (*N* = 14) nicht weiter untersucht.

Tabelle 1: Soziodemografische Merkmale der Statusgruppen Gestalter, Verwalter und Verrichtende (in %)

		Gestalter (*N* = 187)	Verwalter (*N* = 1.233)	Verrichtende (*N* = 762)
Geschlecht	männlich	65,1	52,6	31,2
	weiblich	34,8	47,4	68,8
Religion	evangelisch	34,2	36,7	36,5
	katholisch	29,9	31,1	33,3
	muslimisch	2,7	1,1	3
	keine	30,5	30,2	24,5
	andere	1,1	0,8	2,1
Migrationshintergrund		16,3	10	17,5
Verteilung Bundesgebiet	Ost	9,1	55,7	35,2
	West	8,8	58,2	33
Schulabschluss	ohne Abschluss	1,1	0,9	6,3
	Hauptschule / 8. Klasse	18,7	29,5	53,7
	Mittlere Reife / Realschule	26,7	32,6	24,1
	POS / 10. Klasse	7,5	10,4	8,7
	Fachschule	3,2	3,5	1,3
	Abitur / o. abgeschl. Studium	13,9	10,5	4,1
	abgeschl. Hochschul-/ FHS-Studium	28,9	12,7	1,8
Haushaltseinkommen/Monat	unter 750 €	2,6	2	5,8
	750–1.250 €	5,7	10,5	24,5
	1.250–2.000 €	14,9	27,7	31,7
	2.000–3.500 €	39,6	42	31,7
	ab 3.500 €	34,8	16,5	5,1

In die Erhebung 2014 sind neben den bekannten Fragebögen zur politischen Einstellung (vgl. Kap. 1.3) zum ersten Mal drei Fragen aus dem Eurobarometer eingeflossen, die die Zustimmung zur europäischen Integration messen. Die Eurobarometer-Umfragen werden seit 1973 mehrmals im Jahr durchgeführt. Tabelle 2 gibt die Antworten entsprechend der angebotenen Kategorien in Prozent für die Gesamtstichprobe wieder. Verglichen mit den Daten des Eurobarometers der Jahre 1991, 2001 und 2011 (bzw. 2003 und 2011, jeweils mit Monat der Erhebung) und mit den Werten für den EU-Durchschnitt zeigt sich, dass die von uns im Jahr 2014 Befragten eher weniger Vorteile durch die EU sehen und die Mitgliedschaft negativer bewerten. Die Zustimmung zur letzten Aussage ist dafür deutlich höher. Einerseits scheint es eine verbreitete Skepsis gegenüber der EU zu geben, andererseits war diese Skepsis im Jahr 2001 schon ähnlich stark ausgeprägt. Die Bewertung des Integrationsprozesses unterliegt offensichtlich langfristigen Schwankungen, das Image der Europäischen Union ist in Deutschland zum Zeitpunkt der Befragung vergleichsweise gut.

Politische Einstellungen und Zustimmung zur europäischen Integration nach Gruppen

Wenden wir uns der genaueren Betrachtung der Einstellung gegenüber der Europäischen Union zu, bestätigen sich schnell einige Vermutungen. So äußern sich die Gestalter in der Tat deutlich häufiger positiv, und zwar durchgängig (Tabelle 3). Andersherum aber ist bei den Verrichtenden keine hohe Ablehnung der europäischen Integration vorzufinden. Vielmehr ist der hohe Anteil an unentschiedenen Antworten (»weiß nicht«) bemerkenswert. Die Unterschiede sind bei der ersten und dritten Frage nur zwischen der ersten Gruppe einerseits und den anderen beiden Gruppen andererseits signifikant.

Tabelle 2: Einstellungen zur Europäischen Union im Vergleich (in %, Vergleichswerte nach Eurobarometer Interactive Search System)

	Deutschland 03/1991 (Eurobarometer)	Deutschland 01/2001 (Eurobarometer)	Deutschland 05/2011 (Eurobarometer)	Deutschland 2014	EU 03/1991 (Eurobarometer)	EU 01/2001 (Eurobarometer)	EU 05/2011 (Eurobarometer)
Ist die Mitgliedschaft Deutschlands in der Europäischen Union Ihrer Meinung nach eine gute Sache?	71	48	54	44,9	71	50	47
Hat Ihrer Meinung nach Deutschland insgesamt gesehen durch die Mitgliedschaft in der Europäischen Union Vorteile oder ist das nicht der Fall? (Vorteile)	55	39	48	42,8	59	47	52
Ganz allgemein gesprochen, ruft die EU bei Ihnen ein sehr positives oder ziemlich positives Bild hervor?	erste Erhebung 11/2003: 33,6		31	39,6	erste Erhebung 11/2003: 36,2		35

Tabelle 3: Zustimmung zur europäischen Integration nach Gruppen (in %)

		Gestalter (*N* = 187)	Verwalter (*N* = 1.233)	Verrichtende (*N* = 762)
Ist die Mitgliedschaft Deutschlands in der Europäischen Union ihrer Meinung nach	eine gute Sache	61,5	46,1	38,1
	weder gut noch schlecht	26,2	31,3	32,4
	eine schlechte Sache	7	12,6	12,6
	weiß nicht	5,3	9,5	16,7
Hat Ihrer Meinung nach Deutschland insgesamt gesehen durch die Mitgliedschaft in der Europäischen Union Vorteile oder ist das nicht der Fall?	Vorteile	57,2	45,7	28,8
	keine Vorteile	28,3	32,4	28,3
	weiß nicht	14,4	21,5	35,7
Ganz allgemein gesprochen, ruft die EU bei Ihnen ein sehr positives, ziemlich positives, weder positives noch negatives, ziemlich negatives oder sehr negatives Bild hervor?	sehr positiv	11,8	8,4	6,2
	ziemlich positiv	41,7	33,3	27,3
	weder noch	26,2	32,4	32,9
	ziemlich negativ	12,3	12	11,8
	sehr negativ	3,7	5,8	4,9
	weiß nicht	3,7	7,6	15,9

Zur Signifikanz der Unterschiede zwischen den Gruppen siehe unten.

Der Eindruck, dass es zwischen den Gruppen deutliche Unterschiede in Bezug auf politische Einstellungen gibt, verstärkt sich, zieht man die Zustimmung zur Demokratie hinzu, die wir mit drei weiteren Items erfragt haben (ohne Abbildung). Beim ersten Item (Zustimmung zur Idee der Demokratie) fällt auf, dass die Verrichtenden wieder vorsichtiger antworten. Der Wert bei der Antwortmöglichkeit »etwas dafür« ist deutlich höher, »sehr dafür« und »ziemlich dafür« deutlich niedriger ausgeprägt. Die entsprechenden drei ablehnenden Antworten wählten 8% der Gestalter, 6,4% der Verwalter und 10,8% der Verrichtenden. Das Bild trübt sich bei der zweiten Frage zur Demokratie wie sie »in der Verfassung festgelegt ist« etwas ein: Es zeigt sich ein leichtes Gefälle von den Gestaltenden bis zu den Verrichtenden, und die Zustimmung ist insgesamt um die 20% niedriger als beim ersten Item. Bei der dritten Frage, die konkret auf die Demokratie in der Bundesrepublik »wie sie tatsächlich funktioniert« abhebt, antworten die Verrichtenden ablehnender: Jeweils gut 60% der Gestalter und der Verwalter sind »zufrieden« oder »sehr zufrieden«, aber nur 50% der Verrichtenden. »Sehr unzufrieden« sind 7,5% der Gestalter, 9,8% der Verwalter und 12,5% der Verrichtenden (die übrigen Antworten entfallen auf »eher unzufrieden«).

Zwar sind die Gestalter, also jene, die Entscheidungs- und Gestaltungspositionen innehaben, insgesamt enthusiastischer in ihrer Zustimmung zur Demokratie. Gleichwohl gibt es keine Gruppe, die völlig frei von Zweifeln ist, selbst was die generelle Befürwortung der Demokratie als Idee angeht.

Wie in den bisherigen »Mitte«-Studien immer wieder betont, ist rechtsextremes Gedankengut in allen Bevölkerungsteilen vorhanden (Tabelle 4). Ein geschlossen rechtsextremes Weltbild ist bei 2,7% der Gestalter nachzuweisen, im Vergleich zu 7,3% der Verrichtenden. Interessanterweise sind die Werte der Gestalter in den Dimensionen »Befürwortung einer rechtsautoritären Diktatur«, »Sozialdarwinismus« und »Verharmlosung des Nationalsozialismus« etwas höher (nicht signifikant) als bei den Verwaltern: Diese antidemokratischen Einstellungen sind unter den Gestaltern also nicht seltener verbreitet als bei den anderen Gruppen. Auch beim Antisemitismus ist der Unterschied zwischen den ersten beiden Gruppen nicht signifikant, aber zwischen der ersten und der dritten Gruppe groß. Was den Autoritarismus betrifft, ist er in allen Gruppen, wenn auch ungleich verteilt, vorzufinden: bei 11,2% der Gestalter, 14,7% der Verwalter (nicht signifikant) und 18,5% der Verrichtenden (zu den ersten beiden Gruppen signifikant). Bei der Ausländerfeindlichkeit gibt es einen bemerkenswert großen Unterschied zwischen den Gestaltern und den beiden anderen Gruppen, und auch die Differenz zwischen Verwaltern und Verrichtenden beträgt noch einmal knapp 5%. Bis auf die genannten Ausnahmen sind alle anderen Differenzen, also insbesondere jene zwischen den Verrichtenden und den beiden anderen Gruppen, signifikant.

Tabelle 4: Autoritarismus und rechtsextreme Einstellung nach Gruppen (in %)

	Gestalter (N = 187)	**Verwalter** (N = 1.233)	**Verrichtende** (N = 762)
Befürwortung einer rechts-autoritären Diktatur**	3,7	3,3	4,2
Chauvinismus*	8,6	11,9	16,4
Ausländerfeindlichkeit*	7	17,2	22,3
Antisemitismus**	2,1	4,3	6,7
Sozialdarwinismus**	3,2	2,4	3,3
Verharmlosung Nazionalsozialismus**	2,1	1,8	2,8
Gesamtskala Rechtsextremismus (Grenzwert 63)*	2,7	4,9	7,3
Autoritarismus Kurzskala**	11,2	14,7	18,5

*signifikant zwischen allen Gruppen nach Scheffé mit $p < .05$

**signifikant zwischen dritter Gruppe und den beiden anderen nach Scheffé mit $p < .05$

***signifikant zwischen erster Gruppe und den beiden anderen nach Scheffé mit $p < .05$

Die Abwertung bestimmter Gruppen ist deutlich weiter verbreitet als die rechtsextremen Dimensionen, die sich auf die Verfasstheit der Gesellschaft beziehen. Wieder zeigt sich, dass die Gestalter weniger abwertend sind als die beiden anderen Gruppen. Allerdings ist zum Beispiel die Frage zur »großzügigen« Prüfung von Asylanträgen auch von der Mehrheit der Gestalter ablehnend beantwortet worden (Tabelle 5).

Die drei Dimensionen der »Abwertung der anderen« sind mit der europäischen Integration verknüpft. Inzwischen ist das Asyl-System stark europäisiert, und auch das Thema Antiziganismus hat sich in den letzten Jahren als ein europäisches erwiesen, besonders in der Debatte um die sogenannte Armutszuwanderung aus Rumänien und Bulgarien nach dem Wegfall der Übergangsregelungen und der Herstellung der vollen Freizügigkeit für diese Länder. Auch für die Islamfeindlichkeit ist ein Zusammenhang mit der Herausforderung von nationalen Identitätskonzepten durch die europäische Integration anzunehmen – gern wird auf die »jüdisch-christliche Tradition« in Europa verwiesen, in der zum Beispiel für ein mehrheitlich muslimisches Land wie die Türkei kein Platz sei. Auch die bei der Europawahl im Mai 2014 relativ erfolgreichen rechtspopulistischen Parteien der Niederlande und Frankreich mobilisierten unter anderem mit islamfeindlichen Parolen.

Tabelle 5: Islamfeindlichkeit, Antiziganismus und Abwertung von Asylbewerbern nach Gruppen (Zustimmung »stimme voll und ganz zu« und »stimme eher zu« zusammengefasst und in %)

	Gestalter (N = 187)	Verwalter (N = 1.233)	Verrichtende (N = 762)
Durch die vielen Muslime hier fühle ich mich manchmal wie ein Fremder im eigenen Land.*	30,5	41,1	49
Muslimen sollte die Zuwanderung nach Deutschland untersagt werden.*	21,3	33,6	45
Bei der Prüfung von Asylanträgen sollte der Staat großzügig sein.** (hier: Prozentsatz der Ablehnung)	68,9	76,3	79,7
Die meisten Asylbewerber befürchten nicht wirklich, in ihrem Heimatland verfolgt zu werden.*	42,3	53,8	61
Ich hätte Probleme damit, wenn sich Sinti und Roma in meiner Gegend aufhalten.***	40,7	56,2	56,4
Sinti und Roma sollten aus den Innenstädten verbannt werden.***	31,6	46,5	51,5
Sinti und Roma neigen zur Kriminalität.*	39	54,4	50,6

*signifikant zwischen allen Gruppen nach Scheffé mit $p < .05$

**signifikant zwischen dritter Gruppe und den beiden anderen nach Scheffé mit $p < .05$

***signifikant zwischen erster Gruppe und den beiden anderen nach Scheffé mit $p < .05$

Zum Zusammenhang von politischen Einstellungen und der Befürwortung der europäischen Integration

Die Haltung zur EU wurde mit einer einfaktoriellen Varianzanalyse überprüft. Dabei wurde zunächst ein jeweils signifikanter Mittelwertsunterschied zwischen den Gruppen deutlich. Die Gestalter bewerteten die EU jeweils mit signifikanten Unterschieden (Scheffé-Test mit $p < .05$) gegenüber den beiden anderen Gruppe, die sich ihrerseits aber untereinander nicht signifikant unterschieden. Bei der Aussage »Ist die Mitgliedschaft Deutschlands in der Europäischen Union Ihrer Meinung nach eine gute Sache?« wichen die Gruppen der Verwalter und Verrichtenden deutlich von den Gestaltern ab ($M = 1{,}43$; $M = 1{,}63$; $M = 1{,}69$). Bei der Aussage »Ganz allgemein gesprochen, ruft die EU bei Ihnen ein sehr positives, ziemlich positives, weder positives noch negatives, ziemlich negatives oder sehr negatives Bild hervor?« fiel das Ergebnis ähnlich aus ($M = 2{,}52$; $M = 2{,}71$; $M = 2{,}78$). Die Bewertung der EU differiert demnach zwischen den Berufsgruppen und, so unsere Vermutung, in Abhängigkeit von den Gestaltungsmöglichkeiten. Dabei bleibt allerdings die Frage offen, welches Gewicht die berufliche Position beim Zustandekommen der Einstellung gegenüber der EU hat.

Um den Einfluss einzelner Faktoren genauer bestimmen zu können, haben wir vier multivariate logistische Regressionsanalysen durchgeführt. Im ersten Modell wurden die Aussagen zur EU (jeweils einzeln) als abhängige Variable, die soziodemografischen Faktoren als unabhängige Variable einbezogen. Im zweiten wurden zusätzlich zu den soziodemografischen Variablen auch die rechtsextreme Einstellung, der Autoritarismus sowie die oben genannten Dimensionen der Abwertung anderer als unabhängige Variable eingeführt und ihr Einfluss auf die Einstellung zur EU als abhängige Variable getestet. Die beiden Modelle wurden jeweils für die Fragen gerechnet: »Ist die Mitgliedschaft Deutschlands in der Europäischen Union Ihrer Meinung nach eine gute Sache?« und »Ganz allgemein gesprochen, ruft die EU bei Ihnen ein sehr positives, ziemlich positives, weder positives noch negatives, ziemlich negatives oder sehr negatives Bild hervor?«. Das Item »Hat Ihrer Meinung nach Deutschland insgesamt gesehen durch die Mitgliedschaft in der Europäischen Union Vorteile oder ist das nicht der Fall?« lässt sich aufgrund der vorgegebenen Antwortstruktur nicht dichotomisieren und bleibt deshalb im Weiteren außen vor.

Das erste Modell (1a) kann nur 3% der Varianz (korrigiertes Bestimmtheitsmaß $\bar{R}^2 = 0{,}03$) im Antwortverhalten auf die Frage »Ist die Mitgliedschaft Deutschlands in der Europäischen Union Ihrer Meinung nach eine gute Sache?« aufklären. Außerdem haben nur die Variablen Bildung, Geschlecht und berufliche Statusgruppe einen Einfluss: Stimmen Befragte dem Item zu, so haben sie seltener Abitur als höchsten Bildungsabschluss, gehören eher zu den Verwaltern oder den Verrichtenden als zu den Gestaltern und sind eher Männer. Dies ist zumindest eine begrenzte Bestätigung unserer Vermutung, dass der berufliche Status bei der Ablehnung bzw. Zustimmung zur europäischen Integration eine Rolle spielt. Die Ergebnisse bestätigen auch Befunde in der Literatur, wonach Männer und höher Gebildete europafreundlicher sind (z.B. Alvarez 2002; Hakhverdian et al. 2013). Die Variablen Alter, Migrationshintergrund, Wohnort in Ost- oder Westdeutschland, Arbeitslosigkeit, Kirchenzugehörigkeit und Einkommen (unter oder über 2.000 Euro) hatten in unserer Berechnung dagegen keinen feststellbaren unabhängigen Einfluss.

Modell 1b geht nach demselben Prinzip vor, aber für die Frage »Ganz allgemein gesprochen, ruft die EU bei Ihnen ein sehr positives, ziemlich positives, weder positives noch negatives, ziemlich negatives oder sehr negatives Bild hervor?«. Hier ergibt die Berechnung eine Varianzaufklärung von insgesamt 2,3% ($\bar{R}^2 = 0{,}023$) – ist also ebenfalls relativ gering. Für diese Frage sind vier Variablen relevant, und zwar Bildung, Geschlecht, berufliche Statusgruppe und Migrationshintergrund. Die Wahrscheinlichkeit, dass Befragte ein positives Bild von der Europäischen Union haben, erhöht sich zusätzlich zu den bereits bei Modell 1a genannten Variablen, wenn sie selbst oder mindestens ein Elternteil nicht in Deutschland geboren wurden.

Im zweiten Modell wurden neben den soziodemografischen Variablen auch politische Einstellungen berücksichtigt. Grafik 1 stellt die Ergebnisse für das erste Item dar (Modell 2a). Die Varianzaufklärung erhöht sich im Vergleich zu Modell 1a deutlich auf 20,5% ($\bar{R}^2 = 0{,}205$). Am meisten fällt dabei die rechtsextreme Einstellung ins Gewicht. Je höher die Bereitschaft ist, den Aussagen des Leipziger Fragebogens zur rechtsextremen Einstellung zuzustimmen, desto stärker fällt die Ablehnung der EU aus. Neben den sozioökonomischen Variablen Geschlecht und Arbeitslosigkeit spielen außerdem die autoritäre Einstellung und die beiden Items zur Abwertung von Musliminnen und Muslimen, das Item »Die meisten Asylbewerber befürchten nicht wirklich ...« und das Item »Sinti und Roma neigen zur Kriminalität« eine Rolle. Personen, die diesen Aussagen zustimmen, empfinden häufiger die EU-Mitgliedschaft Deutschlands als eine schlechte Sache. Die Statusgruppen-Variable sowie zentrale soziodemografische Faktoren wie Bildung und Alter haben bemerkenswerterweise keinen signifikanten Effekt. Nur die Variablen Geschlecht und Arbeitslosigkeit haben noch einen geringen Einfluss: Arbeitslose und Frauen stehen der EU-Mitgliedschaft skeptischer gegenüber.

Grafik 1: Soziodemografische Variablen und politische Einstellungen mit Einfluss auf die Frage »Ist die Mitgliedschaft Deutschlands in der Europäischen Union Ihrer Meinung nach eine schlechte Sache?«

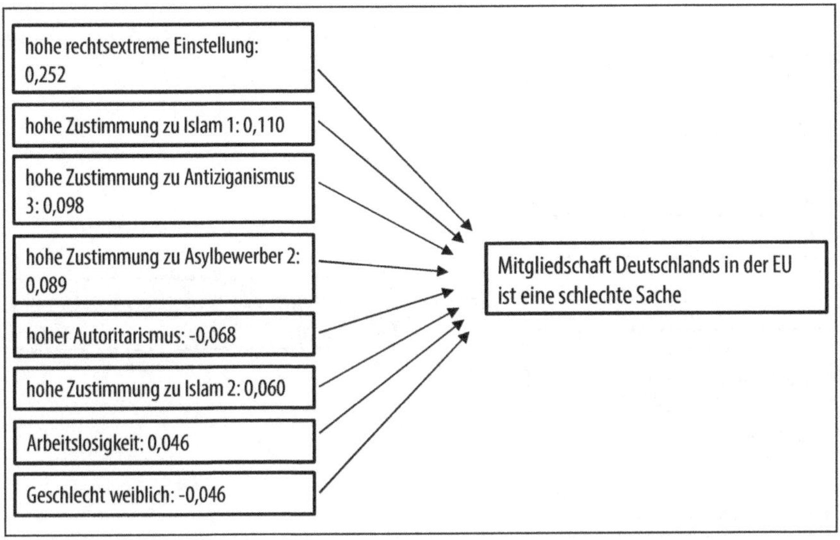

Asylbewerber 2: »Die meisten Asylbewerber befürchten nicht wirklich, in ihrem Heimatland verfolgt zu werden.«

Antiziganismus 3: »Sinti und Roma neigen zur Kriminalität.«

Islam 1: »Durch die vielen Muslime hier fühle ich mich manchmal wie ein Fremder im eigenen Land.«

Islam 2: »Muslimen sollte die Zuwanderung nach Deutschland untersagt werden.«

Auch im Modell 2b erhöht sich unter Berücksichtigung von politischen Einstellungen die Erklärungskraft im Vergleich zu Modell 1b deutlich (Grafik 2). Die Varianz bei der Beantwortung der Frage »Ganz allgemein gesprochen, ruft die EU bei Ihnen ein sehr positives, ziemlich positives, weder positives noch negatives, ziemlich negatives oder sehr negatives Bild hervor?« kann zu 22,8% erklärt werden ($\bar{R}^2 = 0,228$), und zwar wieder vor allem durch die Zustimmung zum Leipziger Fragebogen sowie zusätzlich durch Zustimmung zu einer autoritären Orientierung, zu Islamfeindlichkeit, Antiziganismus und der Ablehnung von Asylbewerbern. Haben Befragte ein negatives Bild von der EU, so erreichen sie auf der Skala zur rechtsextremen Einstellung einen höheren Wert.

Grafik 2: Soziodemografische Variablen und politische Einstellungen mit Einfluss auf die Frage »Ganz allgemein gesprochen, ruft die EU bei Ihnen ein sehr positives, ziemlich positives, weder positives noch negatives, ziemlich negatives oder sehr negatives Bild hervor?«

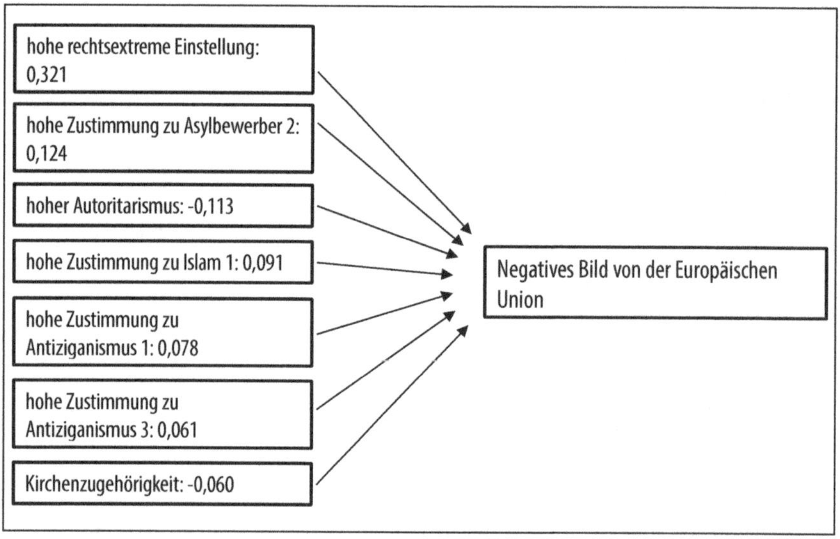

Asylbewerber 2: »Die meisten Asylbewerber befürchten nicht wirklich, in ihrem Heimatland verfolgt zu werden.«

Antiziganismus 1: »Ich hätte Probleme damit, wenn sich Sinti und Roma in meiner Gegend aufhalten.«

Antiziganismus 3: »Sinti und Roma neigen zur Kriminalität.«

Islam 1: »Durch die vielen Muslime hier fühle ich mich manchmal wie ein Fremder im eigenen Land.«

Daneben spielt als einzige soziodemografische Variable die Kirchenzugehörigkeit eine Rolle (Kirchenangehörige haben ein positiveres Bild von der EU), während Geschlecht, Alter, Bildung, Migrationshintergrund, berufliche Statusgruppe, Wohnort in Ost oder West, Arbeitslosigkeit und Haushaltseinkommen keinen Einfluss in diesem Modell haben. Offen bleibt, warum der Autoritarismus in unserem Modell einen Effekt entgegen der rechtsextremen Einstellung hat, die beiden Phänomene in separaten Berechnungen aber stark korrelieren.

Diskussion der Ergebnisse: Europäische Integration als Modernisierungsprozess

Wir haben in diesem Kapitel die Zusammenhänge zwischen politischen Einstellungen und der Zugehörigkeit zu den von uns gebildeten drei beruflichen Statusgruppen Gestalter, Verwalter und Verrichtende untersucht. Erwartungsgemäß zeigte sich, dass die Gruppe der Gestalter weniger euroskeptisch eingestellt ist als die beiden anderen Gruppen. Die Regressionsanalysen ergaben folgende Ergebnisse: Soziodemografische Variablen spielen für die Erklärung der Euro-Skepsis nur eine untergeordnete Rolle, und auch die beruflichen Statusgruppen tragen nur wenig zur Erklärung bei, auch wenn sich für die Modelle 1a und 1b, in die nur die soziodemografischen Variablen Eingang fanden, der Befund aus dem ersten Schritt unserer Untersuchung bestätigte. Die Unterschiede in der Haltung zu Europa lassen sich also nicht ohne weiteres mit der These der Statusgruppen erklären. Die Varianzaufklärung für beide Items erhöht sich allerdings insbesondere durch die Zustimmung zum Rechtsextremismusfragebogen sowie zu islamfeindlichen und antiziganistischen Aussagen. Die Ergebnisse lassen sich also zugespitzt so zusammenfassen: Wer sich von Fremdem bedroht fühlt und rechtsextrem eingestellt ist, fühlt sich auch eher von der europäischen Integration bedroht. Dabei spielt die objektive soziale Lage, wie wir sie über unterschiedliche soziodemografische Variablen messen, keine große Rolle, sondern vor allem die wahrgenommene, subjektive Bedrohung.

Mit Blick auf diese Ergebnisse lässt sich die bereits in der Einleitung zitierte Feststellung von Richard Münch, Europa sei »eine Sache der Führungseliten, die Nation eine Sache der gefährdeten, an den Rand gedrängten Schichten« (Münch 2001, S. 294) neu fassen. Nicht nur die Eliten, sondern auch die Berufsgruppen, die aufgrund ihrer Stellung (mit-)entscheiden und (mit-)gestalten können, sind der europäischen Integration gegenüber eher positiv eingestellt. Bei den Verrichtenden überwiegt die Unentschlossenheit gegenüber der Ablehnung. Die Ablehnung der europäischen Integration – gemessen mit je einer Frage zur Bewertung der Mitgliedschaft Deutschlands in der Europäischen Union und dem positiven/negativen Bild von der EU – steht unseren Ergebnissen zufolge allerdings in engem Zusammenhang mit rechtsextremer Einstellung, Autoritarismus und Abwertung von Fremdgruppen. Damit ist die Erklärung der Europa-Skepsis von der objektiven Stellung losgelöst, aber eng mit der Erfahrung von Bedrohung verknüpft, wie es auch Münch formuliert hat. Die Ängste existieren jedoch in allen Gruppen und sind somit kein reines Statusgruppenphänomen: Nicht nur die Deprivierten sind rechtsextrem und europafeindlich.

Literatur

Alvarez, R. (2002). Attitudes Toward the European Union. The Role of Social Class, Social Stratification, and Political Orientation. *International Journal of Sociology, 32*, 58–76.

Azmanova, A. (2011). After the Left–Right (Dis)continuum: Globalization and the Remaking of Europe's Ideological Geography. *International Political Sociology, 5*, 384–407.

Bergeron, L., Furet, F. & Koselleck, R. (1969). *Das Zeitalter der europäischen Revolution 1780–1848*, Fischer Weltgeschichte. Frankfurt/M.: Fischer.

Best, H., Lengyel, G. & Verzichelli, L. (2012). *The Europe of Elites: A Study Into the Europeanness of Europe's Political and Economic Elites*. Oxford: Oxford University Press.

Decker, O., Kiess, J. & Brähler, E. (Hrsg.) (2013). *Rechtsextremismus der Mitte. Eine sozialpsychologische Gegenwartsdiagnose*. Gießen: Psychosozial.

Decker, O., Kiess, J. & Brähler, E. (2014). *Die stabilisierte Mitte. Rechtsextreme Einstellung in Deutschland 2014*. Leipzig: Universität Leipzig.

Decker, O., Weißmann, M., Kiess, J. & Brähler, E. (2010). *Die Mitte in der Krise: Rechtsextreme Einstellungen in Deutschland*. Springe: zu Klampen (2012).

Erikson, R. & Goldthorpe, J. H. (1992). *The constant flux: a study of class mobility in industrial societies*. Oxford: Oxford: Clarendon Press.

Flockhart, T. (2005). Critical Junctures and Social Identity Theory: Explaining the Gap between Danish Mass and Elite Attitudes to Europeanization. *Journal of Common Market Studies, 43*, 251–271.

Grauel, J., Heine, J. & Lahusen, C. (2013). Who is afraid of the (big bad) European Union? European Integration and fears about job losses. In: Arts, W. & Halman, L. (Hrsg.), *Value Contrasts and Consensus in Present-Day Europe: Painting Europe's Moral Landscapes* (S. 19–43). Leiden: Brill.

Hakhverdian, A., van Elsas, E., van der Brug, W. & Kuhn, T. (2013). Euroscepticism and Education. A Longitudinal Study of Twelve EU Member States, 1973-2010. *European Union Politics, 14*, 552–541.

Herzog, A. & Tucker, J. A. (2010). The dynamics of support: the winners–losers gap in attitudes toward EU membership in post-communist countries. *European Political Science Review, 2*, 235–267.

Kriesi, H., Grande, E., Lachat, R., Dolezal, M., Bornschier, S. & Frey, T. (Hrsg.) (2008). *West European politics in the age of globalization*. Cambridge: Cambridge University Press.

Lahusen, C. (2013). European Integration, Social Cohesion, and Political Contentiousness. In: Andreosso-O'Callaghan, B. & Royall, F. (Hrsg.), *Economic and Political Change in Asia and Europe: Social Movement Analyses* (S. 31–52). Dordrecht: Springer.

Lengfeld, H. & Hirschle, J. (2009). Die Angst der Mittelschicht vor dem sozialen Abstieg. Eine Längsschnittanalyse 1984–2007. *Zeitschrift für Soziologie, 38*, 379–398.

Mau, S. (2005). Europe from the Bottom: Assessing Personal Gains and Losses and its Effects on EU Support. *Journal of Public Policy, 25*, 289–311.

Mau, S. (2014). Transformation und Krise der europäischen Mittelschichten. In: Heidenreich, M. (Hrsg.), *Krise der europäischen Vergesellschaftung?* (S. 253–279). Wiesbaden: Springer.

Medrano, J. D. (2003). *Framing Europe: Attitudes to European Integration in Germany, Spain, and the United Kingdom*. Princeton: Princeton University Press.

Münch, R. (1993). *Das Projekt Europa: zwischen Nationalstaat, regionaler Autonomie und Weltgesellschaft*. Frankfurt/M.: Suhrkamp.

Münch, R. (2001). *Offene Räume: Soziale Integration diesseits und jenseits des Nationalstaats*. Frankfurt/M.: Suhrkamp.

Rippl, S., Baier, D. & Kindervater, A. (2005). Die EU-Osterweiterung als Mobilisierungsschub für ethnozentrische Einstellungen? Die Rolle von Bedrohungsgefühlen im Kontext situativer und dispositioneller Faktoren. *Zeitschrift für Soziologie, 34*, 288–310.

Rosa, H. (2005). *Beschleunigung. Die Veränderung der Zeitstrukturen in der Moderne*. Frankfurt/M.: Suhrkamp.

Rosa, H. (2011). Terrorists and High-Speed Surfers: Towards a Sociological Conception of Performative Identity. *BIOS, 24*, 204–223.

Schäfer, A. (2006). Die demokratische Grenze output-orientierter Legitimation. *integration, 29*, 187–200.

Tang, H. (2000). *Winners and losers of EU integration: policy issues for Central and Eastern Europe*. Washington, DC: World Bank.

Teney, C. & Helbling, M. (2014). How denationalization divides elites and citizens. *Zeitschrift für Soziologie, 43*, 258–271.

Teney, C., Lacewell, O. P. & De Wilde, P. (2014). Winners and losers of globalization in Europe: attitudes and ideologies. *European Political Science Review, 6*, 575–595.

Tiemann, G. (2008). Sozioökonomische Determinanten von Euroskeptizismus und Integrationsunterstützung. In: Höpner, M. & Schäfer, A. (Hrsg.), *Die Politische Ökonomie der europäischen Integration* (S. 241–276). Frankfurt/M.: Campus.

Vobruba, G. (2005). *Die Dynamik Europas*. Wiesbaden: VS Verlag.

Werts, H., Scheepers, P. & Lubbers, M. (2012). Euro-scepticism and radical right-wing voting in Europe, 2002-2008: Social cleavages, socio-political attitudes and contextual characteristics determining voting for the radical right. *European Union Politics, 14*, 183–205.

Zick, A., Küpper, B. & Hövermann, A. (2011). *Die Abwertung der Anderen. Eine europäische Zustandsbeschreibung zu Intoleranz, Vorurteilen und Diskriminierung*. Berlin: FES.

3 »... als ob man von Bratenduft satt werden könnte« – Der Diskurs der AfD am Beispiel der Gründungsparteitagsrede von Bernd Lucke

Nils C. Kumkar

Einleitung

Die Alternative für Deutschland (AfD) hat seit ihrer Gründung im Frühjahr 2013 für Wirbel in der politischen Landschaft der Bundesrepublik gesorgt: Nach dem knappen Verfehlen des Einzugs in den Bundestag 2013 (4,7%) folgte 2014 der Einzug ins Europaparlament (7,1%) und in die Landtage von Sachsen (9,7%), Thüringen (10,6%) und Brandenburg (12,2%). Dieser schnelle Aufstieg sorgt für Diskussionen. Als wie langlebig ist diese Partei einzuschätzen? Schließt sie vielleicht die »rechtspopulistische Lücke« (Häusler 2013) in der Bundesrepublik gegenüber anderen europäischen Ländern oder ist sie dazu verurteilt, an ihren inneren Widersprüchen zu zerbrechen? Und wie »rechtspopulistisch« ist diese Partei überhaupt (Häusler 2013)?

Dieser Essay soll den Blick in gewisser Weise umkehren. Statt primär Fragen zur Partei zu beantworten, hat er zum Ziel, besser verständlich zu machen, was sich von der AfD ausgehend über die Gesellschaft sagen lässt, aus der sie entstanden ist. Im Mittelpunkt steht dabei die Frage, warum der Diskurs der AfD über den Euro, Europa und die Bundesrepublik für verschiedene soziale Gruppen anschlussfähig ist und wie seine Produktion und Rezeption mit den gesellschaftlichen Entwicklungen der letzten Jahre und besonders der aktuellen Euro-Krise verknüpft sind. Denn selbst wenn die AfD an ihren inneren Widersprüchen zerbrechen sollte, birgt das Weiterbestehen der Konstellation eines »Interregnums«[1]

1 Das Interregnum wird hier in Gramscis Sinne als Krise der Hegemonie verstanden, in der »die großen Massen (...) sich von den traditionellen Ideologien entfernt haben, nicht mehr

der Krisenverwaltung die Möglichkeit von weiteren, in Form und Inhalt ähnlichen Parteiprojekten.

Dieser Beitrag widmet sich der Rekonstruktion dieser Konstellation und der entsprechenden Grundstrukturen des Diskurses der AfD. Der Zusammenhang zwischen den beiden wird in vier Teilen dargestellt: Erstens wird die Gründungsgeschichte der AfD kurz rekapituliert, um zweitens anhand verfügbarer Umfragen sowie eigener Beobachtungen einzuschätzen, welche sozialen Gruppen die Kernklientel dieser Partei bilden. Drittens wird mit der Bourdieu'schen Theorie der Sozioanalyse von Diskursen ein Rahmen vorgeschlagen, in dem die Affinität dieser Gruppen zu einem gemeinsamen Diskurs verstanden werden kann. Im vierten und letzten Teil werden anhand einer feinsequenziellen Auswertung von Ausschnitten aus der Rede Bernd Luckes auf dem Gründungsparteitag der AfD die Grundstrukturen dieses Diskurses genauer herausgearbeitet.

»... und da haben wir uns dann eben für die Parteigründung entschieden«

Die geschichtlichen Entwicklungslinien, die in die Gründung der AfD einmünden, reichen in verschiedene politische und soziale Milieus und über frühere Parteigründungen und Parteigründungsversuche zurück bis in die Mitte der 1990er-Jahre. Mit dem »Bund freier Bürger« (BfB) war damals, nicht zuletzt in Reaktion auf die Maastricht-Verträge, schon einmal versucht worden, aus dem nationalkonservativen und rechtslibertären Spektrum eine Partei rechts der CDU – nach dem Vorbild von Jörg Haiders FPÖ[2] – zu etablieren. Hier soll jedoch eine Skizze der Entwicklungen im Zeitraum der Euro-Krise (2009–2013) genügen, denn sie trugen entscheidend dazu bei, dass der von einigen vermutlich schon lang gehegte Traum, endlich auch in der Bundesrepublik an die Wahlerfolge anderer »Rechtspopulisten« in Westeuropa anzuknüpfen, in die Tat umgesetzt werden konnte.

an das glauben, woran sie zuvor glaubten usw.« in der »das Alte stirbt und das Neue nicht zur Welt kommen kann« (Gramsci 1991, S. 354).

2 Für diese personellen Konstanten von BfB und AfD vor allem in der Person Joachim Starbatty vgl. Bebnowski (2015).

Zu Beginn der internationalen Wirtschaftskrise und bis einige Zeit nach ihrer erwartbaren Wiederkehr als Krise der Euro-Zone war der Schwerpunkt der Proteste gegen die Krisenpolitik der Bundesregierung und der Europäischen Union eindeutig links der Mitte gelagert: Die Demonstrationen des Bündnisses »Wir zahlen nicht für eure Krise« hatten in Berlin Teilnehmerzahlen jenseits der 10.000er-Marke, und im Bundestag war es einzig die Fraktion der Linkspartei, die relativ konsequent die Unterstützung für die jeweiligen Spar- und Rettungspakete verweigerte.

Auf der rechten Seite war zwar auch Dissens zu vernehmen, aber nur partiell und weit verstreut. So äußerten einzelne konservative Ökonomen und Staatsrechtler Bedenken, in der CDU und vor allem in der CSU wurde Unmut artikuliert und in der FDP scharte sich rund um den bis dato unauffälligen Bundestagsabgeordneten Frank Schäffler eine Gruppe, die sogar einen Mitgliederentscheid gegen die Euro-Rettungspolitik der Bundesregierung anstrebte. Als ich gemeinsam mit einem Kollegen für das Institut für Demokratieforschung im Jahr 2012 dieses »Euro-skeptische Protestspektrum« untersuchte (Bebnowski & Kumkar 2013), stellte es sich noch als ein zerklüftetes Feld von kaum miteinander verbundenen Akteuren dar; so zerklüftet sogar, dass wir die Wahrscheinlichkeit gering einschätzten, dass sich eine Sammelpartei bilden könnte, die mit dem Thema »Euro-Krise« mobilisiert.

Dennoch waren, vor allem im Umfeld des FDP-Mitgliederentscheids, bereits diejenigen Gruppen aktiv, die im Verlauf der folgenden Monate immer mehr in Richtung Parteigründung drängten: Nachdem der Mitgliederentscheid in der FDP gescheitert war und in den Reihen der Union der Dissens immer leiser wurde, wich man zunächst wieder in den außerparlamentarischen Bereich aus. Aus dem »Plenum der Ökonomen« – einer von Bernd Lucke in Tradition seines »Hamburger Appells« gegründeten expertokratischen Beratergruppe – und konservativen Lobbygruppen wie der »Zivilen Koalition« von Beatrix von Storch entstand das »Bündnis Bürgerwille« (BB), das eine Online-Petition gegen die Einsetzung des ESM[3] durchführte. Unterstützt wurde diese Petition außerdem vom ehemaligen BDI-Präsidenten Hans-Olaf Henkel, der auch schon für den

3 Der »Europäische Stabilitätsmechanismus« ist Teil des »Euro-Rettungsschirms«. Der entsprechende Vertrag wurde am 02.02.2012 von den Botschaftern der Euro-Staaten in Brüssel unterzeichnet.

Mitgliederentscheid in der FDP geworben hatte und heute für die AfD im Europaparlament sitzt, sowie von Frank Schäffler. Außerdem strengte eine Gruppe um den nationalkonservativen Staatsrechtler Karl-Albrecht Schachtschneider und den Ökonomen Joachim Starbatty, die beide bereits Mitglieder im BfB gewesen waren, eine Klage gegen den ESM an. Vor allem das BB bemühte sich zwar zu verschiedenen Gelegenheiten um das Auftreten einer »Protestbewegung« – so zum Beispiel mit einer Kundgebung vor dem Bundestag am 8. Juni 2012 – wurde aber tatsächlich von schon länger etablierten Think-Tanks und Lobbygruppen getragen.

Im Frühjahr 2012 beschlossen die Freien Wähler, auch auf Bundesebene und bei Landtagswahlen außerhalb ihres traditionellen Einzugsbereiches in Süddeutschland anzutreten und in den Wahlkämpfen auf das Thema »Eurorettung« zu setzen. Dabei wurden sie wiederum von Hans-Olaf Henkel unterstützt, der in Interviews davon sprach, dass die Gründung einer eurokritischen Partei, die wie eine »reife Pflaume am Baum« hänge, nur noch eine Frage der Zeit sein könne (Sattar 2011). Bei der Landtagswahl in Niedersachsen wurden die Freien Wähler durch einen Teil des BB unterstützt, man trat unter dem Listennamen »Freie Wähler Wahlalternative 2013« an – mit Bernd Lucke auf Listenplatz 3. Erst als all diese Bemühungen nicht fruchteten, als die Klagen abgewiesen wurden und die Freien Wähler in Niedersachsen mit einem Wahlergebnis von nur 1,1% krachend scheiterten (Lachmann 2013), legte sich ein Teil dieses Spektrums endgültig strategisch fest und gründete die AfD: »Und dann hatten wir nur noch die Wahl: Entweder wir gründen jetzt wirklich selbst eine Partei oder wir geben auf – und da haben wir uns denn eben für die Parteigründung entschieden«, so Lucke in einem Interview, in dem er sich als »Politiker wider Willen« inszenierte (*WAZ* 2013).

Von Professoren und Proleten?

Die Gruppen und Milieus, die in der AfD zusammengefunden haben, sind, wie auch die Inhalte zu denen sie sich äußern, mitunter schwer zusammenzufassen. In den journalistischen Deutungen wird dabei mindestens eine von zwei Spaltungslinien ausgemacht. Erstens die Linie, die vermeintlich die Elite der Partei von der Basis trennt und als Variation des Gegensatzpaares »Professoren und Proleten« (Moll 2014) gefasst wird;

zweitens die ideologische Linie, die in irgendeiner Form die »liberale« mit der »konservativen« AfD kontrastiert. Oft werden diese Spaltungslinien auch übereinandergelegt: Das Ergebnis ist das Bild einer kultivierten, gebildeten und liberalen Spitze, die ihrer vulgären, ressentimentgeladenen Basis nicht mehr Herr wird, nachdem sie diese populistisch herbeigerufen hat.

Diese Deutungsfigur kann nicht einfach beiseitegeschoben werden, auch weil sie sowohl in den innerparteilichen Machtkämpfen als auch in den Auseinandersetzungen mit den unmittelbaren Konkurrenten im politischen Feld eine wichtige Rolle spielt – wenn auch unter umgekehrtem Vorzeichen. So erklären konservative und wirtschaftsliberale Medien und Politiker, dass sie die »vernünftige« (wenn auch »kurzsichtige«) Kritik der Partei annehmen, während sie sie im gleichen Atemzug als »populistisch« zurückweisen. Die Linkspartei versucht dagegen herauszustellen, dass sich die ArbeiterInnen und Erwerbslosen, die als Teil ihres WählerInnenpotenzials zur AfD überzulaufen drohen, im sozialchauvinistischen Diskurs der »Professorenpartei« gar nicht wiederfinden dürften.

Es zeigt sich allerdings, dass die sozio-ökonomische Trennlinie, wenn überhaupt, nicht zwischen Parteiführung und Parteibasis verläuft, sondern zwischen der Partei und einem Teil ihrer WählerInnenschaft. Einiges spricht außerdem dafür, dass sich die Wähler nicht unbedingt mit dem inhaltlichen Profil der Partei identifizieren, sondern mit ihrem Paria-Status, den die Partei für sich im öffentlichen Diskurs werbewirksam inszeniert. Ein Hinweis darauf ist die große Mobilität der WählerInnen – nur 40% derjenigen, die bei der Bundestagswahl 2013 für die AfD gestimmt hatten, wählten sie auch bei der Europawahl 2014 (Neu 2014, S. 13; Kahrs 2014). Ein weiterer Hinweis sind die mitunter in seltsamem Kontrast zu den programmatischen Schwerpunkten der Partei stehenden Hoffnungen, die mit ihrer Wahl verbunden werden. So gaben bei einer Umfrage der *infratest dimap* zur Landtagswahl in Thüringen 42% der AfD-WählerInnen an, »soziale Gerechtigkeit« sei eine Kernkompetenz ihrer Partei. Sowohl in Brandenburg als auch in Thüringen gab eine weit überdurchschnittliche Zahl von AfD-WählerInnen zudem an, die Partei »aus Enttäuschung über andere Parteien« und nicht aus »Überzeugung« gewählt zu haben (tagesschau 2014a, 2014b). Damit soll nicht behauptet werden, dass bei diesen »Protestwählern« die Form des Protests beliebig wäre, denn die Anschlussfähigkeit an die später diskutierten Grundstrukturen des AfD-

Diskurses ist durchaus gegeben. Dennoch ist es entscheidend, dass sich diejenigen, die sich der gesellschaftlichen Chance zur Produktion eines legitimen Diskurses beraubt sehen, mindestens so sehr in der »Illegitimität« des Diskurses der AfD wiederfinden wie in dessen Inhalten.

Auf den Parteitagen, den offenen Bezirkstreffen und Wahlveranstaltungen der AfD, die meine Kollegen und ich beobachteten, stellte sich die soziale Zusammensetzung der AfD aber weniger polarisiert dar, als die WählerInnenumfragen suggerieren. Zwar waren die meisten der Mitglieder keine Professoren, doch »Proleten« waren sie auch nicht. Vielmehr, und darin decken sich unsere Beobachtungen mit Umfragen zur »Unterstützung« der AfD in verschiedenen Bevölkerungsgruppen, war die Mehrzahl von ihnen dem klassischen, mitunter auch gehobenen, Kleinbürgertum zuzuordnen (vgl. Kap. 2.1 in diesem Buch). Überproportionale Zustimmung erfährt die AfD daher in den sozio-ökonomischen Gruppen, bei denen auch die FDP (noch immer) hoch im Kurs steht (Herrmann 2014).

Auch im Hinblick auf die vermeintlich ideologische Spaltungslinie ist die Lage komplizierter, als es zunächst den Anschein hat. Zwar kam es in den ersten Monaten nach der Parteigründung immer wieder zu Spannungen zwischen den eher (sozial-)liberalen und den konservativen Strömungen, aber an der Spitze zumindest sind diese Gegensätze aufgehoben. Beatrix von Storch ist klar rechtskonservativ und wirtschaftsliberal: Mit ihrer Zivilen Koalition mobilisierte sie in den 1990er-Jahren gegen die juristische Anerkennung der Bodenreform in der DDR, heute tritt sie als Rednerin auf Demonstrationen gegen das Recht auf Abtreibung auf und sympathisiert mit der Bewegung gegen die Gleichstellung gleichgeschlechtlicher Partnerschaften in Frankreich. Aber auch Hans-Olaf Henkel,[4] der mitunter als Vertreter eines liberale(re)n Flügels herangezogen wird (Lachmann 2014b), lobte die Thesen aus Thilo Sarrazins »Deutschland schafft sich ab« und bezeichnete den Autor als »Widerständler« »gegen den Mei-

4 Henkel spielt bei öffentlichen Auftritten auch mit dem Bild der Euro-Einführung als »zweites Versailles«, das die Franzosen den Deutschen als Preis für die Wiedervereinigung aufgezwungen hätten – so in seiner Rede auf dem Neujahrsparteitag der Freien Wähler 2012 (siehe aber auch Henkel 2011). Diese Deutungsfigur geht angeblich auf Mitterand zurück, was aber nicht belegt ist. Sie entstammt wohl einem Kommentar in der Zeitung *le figaro* und bezieht sich dort auf den Maastricht-Vertrag selbst (Augstein 1993), also den Vertrag, dessen Verletzung Henkel und die AfD immer wieder beklagen.

nungsterror« (Henkel 2012). Marcus Pretzell, der sich selbst dem liberalen Flügel der AfD zurechnet, kokettiert in Presseerklärungen mit Verstößen gegen die *political correctness* und nahm unter anderem an einer Veranstaltung mit dem UKiP Vorsitzenden Nigel Farage teil (Lachmann 2014a). Bernd Lucke schließlich erklärte auf Nachfrage bereits explizit, er habe sich eigentlich nie als Liberaler verstanden (Lucke 2014).

In einer Studie, die gerade die vielbemühten Professoren in der AfD befragte, kamen Bebnowski und Förster zu dem Schluss, dass der wirtschaftsliberale Diskurs der Partei in vielerlei Hinsicht eine Artikulationsform des »Rechtspopulismus« und nicht dessen Gegensatz sei. Die relative Krisenfestigkeit der bundesdeutschen Volkswirtschaft biete die Möglichkeit, sich den anderen europäischen Nationen nicht nur wirtschaftlich, sondern auch moralisch überlegen zu fühlen. Diese These, die die Autoren in der Begriffsneuschöpfung »Wettbewerbspopulismus« verdichteten (Bebnowski & Förster 2014), soll hier aufgegriffen werden.

Allerdings möchte ich eine Akzentverschiebung vorschlagen – weg von der inneren Logik des Diskurses der AfD, hin zu seinen konkreten Produktionsbedingungen –, denn die Struktur, die diese Diskursverschmelzung ermöglicht, ist über diesen speziellen Fall des ökonomischen Diskurses hinaus verallgemeinerbar. Nimmt man nicht den Inhalt des Diskurses in den Fokus, sondern die sozialen Laufbahnen und Erschütterungen seiner Produzenten, wird einerseits deutlich, warum er auch in anderen sozialen Gruppen anschlussfähig ist, andererseits, warum bestimmte Ökonomen dazu neigen, die AfD zu unterstützen. In diesem Licht muss auch der von ihnen gezogene Schluss, bei dem Diskurs der AfD handele es sich um den Populismus der »Krisengewinnler«, der mit der Angst seines Publikums spielt, zumindest anders akzentuiert werden.

Enttäuschung ohne Desillusionierung

In Anlehnung an die Theorie Pierre Bourdieus zur sozioanalytischen Diskursbetrachtung (Bourdieu 2012) möchte ich eine Deutung vorschlagen, die gegenüber dem jeweiligen Inhalt des Diskurses allgemeiner ist, gegenüber seiner Prägung durch die SprecherInnen aber spezifischer. Wie jeder Diskurs ist auch der der AfD das Ergebnis einer Kompromissbildung zwischen einem Ausdrucksinteresse seiner Sprecher und den spezifischen

Zensureffekten des jeweiligen Ausdruckskontextes.[5] Über die verschiedenen Gruppen der AfD-Unterstützer hinweg ist er deswegen anschlussfähig, weil das Ausdrucksinteresse wie auch die Form der Kompromissbildung in seiner Grundstruktur auf eine Strukturhomologie zwischen ihren jeweiligen Erfahrungshintergründen verweisen.[6]

In der AfD ist diese Strukturhomologie der Erfahrung, die ich auf die scheinbar widersprüchliche Formel »Enttäuschung ohne Desillusionierung« bringen möchte, das Resultat längerer gesellschaftlicher Entwicklungen. In ihrem Verlauf fühlten sich die Gruppen, die identifikatorisch besonders stark in den deutschen Nationalstaat und die Ideologie der Marktwirtschaft investiert hatten, von Dynamiken an den Rand gedrängt, die bewusst zu fassen gerade ein Infragestellen dieser Investitionen bedeutet hätte. Diese Entwicklungen eskalierten in der aktuellen Wirtschaftskrise, besonders in der akuten Phase der Krise der Gemeinschaftswährung.

Das klassische Kleinbürgertum profitierte kaum von der Rettungspolitik der Bundesregierung,[7] obwohl es sich als »Mittelstand« immer wieder als »Rückgrat der deutschen Wirtschaft« adressiert sah. Die Maßnahmen begünstigten vor allem die Großindustrie, wie zum Beispiel die »Abwrackprämie« in den ersten Krisenjahren. Die Form des Managements der Euro-Krise, die in einem für die Produktivität der deutschen Wirtschaft unterbewerteten Euro mündete, stützte eher die exportorientierten Industrien als die binnenmarktorientierten Kleinunternehmen des »Mittelstandes«. Kein Wunder also, dass gerade der Verband »Die Familienunternehmer« (ehemals: Arbeitsgemeinschaft Selbstständiger Unternehmer, ASU), der von allen Wirtschaftsinteressenverbänden diesen »Mittelstand« am

5 Diese Zensur ist oft so verinnerlicht, dass sie gerade nicht offen als Zensur zutage tritt. Vielmehr wirkt sie dann besonders effektiv, wenn das Ausdrucksinteresse selbst schon feldangemessen in die Artikulation eingeht.

6 Diese Überlegungen entwickelte Bourdieu zunächst in Bezug auf das religiöse Feld und machte sie später auch für die Untersuchung der Rezeption philosophischer Diskurse und politischer Repräsentationsverhältnisse fruchtbar (Bourdieu 1988a, 1991, 2013).

7 Dass hier besonders die Entwicklung aus dem Blickwinkel des Klassenverhältnisses beleuchtet wird, liegt daran, dass sich der Zusammenhang mit der Euro-Krise und dem Diskurs der AfD hier besonders prägnant herausstellen lässt, soll aber nicht so verstanden werden, dass dieser Zusammenhang auf diesen Blickwinkel reduzierbar wäre. Entwicklungen des Geschlechterverhältnisses und der empfundene Niedergang der patriarchalischen Kleinfamilie und, daraus resultierend, der Kampf gegen alles »Abweichende« sind zum Beispiel ebenso zentrale Planken in der Plattform der AfD (s. u.a: Kemper 2014).

stärksten repräsentiert, in seinen öffentlichen Verlautbarungen zur Euro-Rettungspolitik lange Zeit die größte Nähe zu den Positionen der AfD aufwies (Heine & Sablowski 2013). Die Niedrigzinspolitik der EZB, die über alle Krisenphasen hinweg bestimmend war, traf zudem besonders diejenigen, die, statt Kapital zu akkumulieren, ihre Gewinne und Gehälter als Spareinlagen hielten. Das heißt, gerade diejenigen, die am ehesten Angela Merkels Bild von der »schwäbischen Hausfrau« entsprachen, waren keine Profiteure der Politik, die offiziell in ihrem Namen gemacht wurde.

Die Strukturhomologie muss dabei keinesfalls das Resultat einer geteilten Erfahrung sein, sondern sie kann sich als ähnlich strukturiertes Erleben von lebensweltlich disparaten Konstellationen erweisen. Und in der Tat: Während einiges dafürspricht, dass sich der harte Kern der UnterstützerInnen der AfD aus diesen Klassen rekrutiert, trifft das auf die Führung der Partei und damit die HauptproduzentInnen ihres Diskurses nur bedingt zu. Dennoch zeigen nicht zuletzt die wiederholten Bemühungen, in bereits bestehenden Parteien Gehör zu finden[8] und vor Gericht oder durch klassische Lobby-Kanäle gegen die Rettungspolitik mobil zu machen, ein ähnlich ambivalentes Verhältnis zu gesellschaftlicher Autorität wie zum »Feld der Macht« (zum Begriff vgl. Bourdieu 2004).

Bernd Luckes Laufbahn kann als Beispiel herangezogen werden, um diese These zu illustrieren:[9] Aus bildungsbürgerlichen Verhältnissen stammend, studierte er, gefördert von der prestigeträchtigen Studienstiftung des deutschen Volkes, Geschichte, Philosophie und Volkswirtschaftslehre. Mit der Volkswirtschaft wählte er ein Sub-Feld, das zwar innerhalb der Wissenschaft nicht besonders hoch angesiedelt ist, das aber, dicht an dessen »heteronomem Pol«, eine große Nähe zum Feld der Macht selbst aufweist und einen der am breitesten rezipierten Diskurse über die soziale Welt produziert.[10]

---

8 Wie die meisten UnterstützerInnen der AfD zuvor CDU und FDP gewählt hatten, waren auch viele in der Parteiführung zuvor in diesen Parteien Mitglied.

9 Die Eckdaten zu seiner wissenschaftlichen Karriere sind dem Lebenslauf auf der Homepage seines Instituts an der Universität Hamburg entnommen (Lucke 2012).

10 Nach meinem Wissen steht eine soziologische Analyse des Felds der Ökonomen in der Bundesrepublik noch aus. Ich stütze mich hier auf Überlegungen zum französischen Fall (Bourdieu 1998). Anders als Philosophie oder Mathematik, die Bernd Lucke ebenfalls studierte und die ein hohes Prestige als »reine Wissenschaften« versprechen, ist die Volkswirtschaftslehre darauf ausgerichtet, bestimmten Akteuren ein effizientes Management der sozialen Welt zu ermöglichen und schafft zugleich das Objekt, das sie beschreibt. In

Schon 1990 war Bernd Lucke wissenschaftlicher Referent beim »Sachverständigenrat zur Einführung der sozialen Marktwirtschaft in der DDR« und 1991 bis 1992 Leitungsreferent beim Senator für Finanzen des Landes Berlin. Aber auch jenseits dieser konkreten Posten war die Politik dieser Jahre von einer immer weiter gefestigten Hegemonie der ordoliberalen, neoklassischen Deutung der sozialen Welt geprägt, die Menschen in derartigen gesellschaftlichen Positionen als Erfolg wissenschaftlicher Überzeugungsarbeit erlebt haben müssen. Dies dokumentiert sich nicht zuletzt darin, dass Lucke, als er ein Erlahmen des neoliberalen Reformeifers nach der Agenda 2010 befürchtete, zusammen mit Kollegen den »Hamburger Appell« formulierte. Aus ihrer Expertenposition unterstrichen die Autoren dieses Appells, wie wichtig eine weitere Senkung der »Arbeitskosten« sei. Auffällig ist, dass das Dokument den politischen Gehalt der Sozialpolitik völlig negiert: Ein Handeln wider den Expertenrat können sich die drei nur als »unredlich oder ignorant« erklären (Funke et al. 2005). Die ultimative Enttäuschung muss aber die pragmatische Krisenpolitik der Bundesregierung gewesen sein, die sich auch vom eilig einberufenen »Plenum der Ökonomen« (Lucke 2010) nicht davon abbringen ließ, im Zweifelsfall die orthodoxe ökonomische Theorie einfach beiseite zu schieben.[11]

Die hohe Dichte von AkademikerInnen aus spezifischen wissenschaftlichen Sub-Feldern, namentlich der Ökonomie und der Rechtslehre, unter den GründerInnen und in der Führung der Partei könnte teilweise aus dieser Konstellation der plötzlich als prekär erlebten ExpertInnenautorität erklärt werden: In Reden wie bei der Vorstellung seines Buches zur Euro-Krise erklärt zum Beispiel auch Hans-Olaf Henkel, er sei zu Unrecht als »Wendehals« verunglimpft worden, nur weil er seinen Prinzipien treu geblieben sei (Henkel 2013; Jahn 2013). In einer Variation desselben Themas sprach auch Bernd Lucke wiederholt davon, dass nicht er die CDU, sondern die CDU vielmehr ihn verlassen habe (*sueddeutsche.de* 2013). Wie beim Kleinbürgertum, das sich umso fester an sein symbolisches Kapi-

gewisser Weise ist sie eine typische Mandarin-Disziplin, die politische Wirkungschancen durch ExpertInnenautorität verspricht.

11 Finanzminister Schäuble warf den Ökonomen sogar Verwirrung der Bürger vor und nannte ihren Appell »verantwortungslos«. Doch auch wissenschaftlich wurde ihre Expertise von Volkswirten in Frage gestellt (*sueddeutsche.de* 2012; Bebnowski & Kumkar 2012), so dass von einer doppelten Entwertung sowohl des politischen wie auch des wissenschaftlichen Kapitals gesprochen werden kann.

tal klammerte, je mehr seine Geltung vom Verlauf der Ereignisse infrage gestellt wurde, kann auch das Verhalten der Parteiführung, die zunächst an klassische Autoritätsinstanzen wie das Verfassungsgericht und einberufene Expertengremien appellierte, als ein verzweifeltes Einklagen der verlorenen eigenen Autoritätsposition verstanden werden.

Die AfD wurde erst gegründet, als klar wurde, dass man sich in dieser Krisensituation als Verteidiger des außer Kurs gesetzten ideologischen Supplements zur bestehenden Ordnung de facto in der Opposition befand und dass man durch etablierte Kanäle des Lobbyings und Expertenratschlags kein Gehör mehr bei den regierenden Parteien finden konnte.[12] Das Beharren auf alten Legitimationsressourcen gegen die Wechselhaftigkeit der Politik brachte ein Flugblatt der Partei im Europawahlkampf auf den Punkt: »Ändern Sie nicht Ihre Meinung, ändern Sie die Politik« (Alternative für Deutschland 2014). Auch in der Namensgebung der neuen Partei hat die angesprochene Ambivalenz in Bezug auf das Feld der Macht Spuren hinterlassen. Man ist nicht einfach eine »Partei«, die eine bestimmte Position oder ein spezifisches Interesse vertritt, sondern man wendet sich gegen das Ganze, durch das man sich verraten sieht: Man erklärt sich vollmundig zur »Alternative für Deutschland«.

Diese Grundstruktur tendiert zur Artikulation in nationalchauvinistischen, sozialdarwinistischen und autoritären Deutungsfiguren. Dies vor allem, wenn sie sich zu einem selbstverstärkenden Zirkel schließt, in dem die Enttäuschung über die Autorität dazu führt, dass die Ideal-Autorität immer weiter überhöht wird, wenn also umso mehr auf Deutschland und die Marktwirtschaft gebaut wird, je mehr einen die Dynamik der Akkumulation und ihre staatliche Regulierung an die Wand drängen.

12 Dieser Wechsel des Felds ist mit umso höheren Kosten verbunden, je näher man dem dominierenden Pol im ursprünglichen Feld stand. Damit lässt sich zum Teil erklären, warum Ökonomen wie Hans-Werner Sinn und Walter Krämer, die in Rankings zu politischem Einfluss und wissenschaftlichen Publikationen weit vor Bernd Lucke rangieren (*Handelsblatt* 2011; *Frankfurter Allgemeine Zeitung* 2013b), trotz ähnlicher Analysen einer Parteigründung sehr distanziert gegenüberstanden (*Frankfurter Allgemeine Zeitung* 2013a), was zu den aktuellen Spannungen im »Plenum der Ökonomen« beigetragen haben dürfte (Neuerer 2014).

»Endlich eine neue Kraft«

Einige dieser Motive, die sich im Diskurs der AfD in verschiedener Form immer wieder finden, möchte ich im Folgenden plausibilisieren. Dazu stelle ich die Ergebnisse einer feinsequenziellen Auswertung von Passagen der Rede Bernd Luckes auf dem Gründungsparteitag der AfD vor. Obwohl die meisten Motive durchaus formale und inhaltliche Ähnlichkeiten mit Motiven aus dem Diskurs anderer rechtsextremer Gruppierungen haben, wird deutlich, dass sie eine sehr spezifische historische und soziale Signatur tragen, dass also ihre Produktion und Zirkulation in den angesprochenen sozialen Gruppen zur Zeit der Euro-Krise in diesen Motiven aufgehoben bleibt.

Die gesamte Auswertung selbst kann hier aus Platzgründen nicht wiedergegeben werden. Sie folgt den Auswertungsschritten der dokumentarischen Methode (Bohnsack 2003; Bohnsack & Nohl 2007), die als besonders geeignet zur Habitusrekonstruktion gilt (Meuser 2007). Dabei geht es vor allem darum, neben dem immanenten Sinngehalt der Rede herauszuarbeiten, welche implizit geteilten Orientierungsmuster sie strukturieren.[13] Zwei Passagen der Rede bespreche ich ausführlicher, um zu zeigen, bis in welche feinen Verästelungen des Diskurses sich diese Strukturen einprägen. Die »Eröffnungspassage«[14] der Rede dokumentiert besonders klar das Verhältnis zur Partei und die Art und Weise, in der sich die AfD in der deutschen Gesellschaft und ihrer Entwicklung verortet:

> Sehr geehrte Damen und Herren, meine lieben Parteifreunde, liebe Freunde. Ich freue mich sehr, dass wir heute hier in dieser Halle zusammengekommen sind, um die Geburtsstunde einer neuen Partei zu erleben, der Alternative für Deutschland.
>
> ((Applaus 15))

---

13 Nach meinem Wissen existiert noch keine Untersuchung, in denen Reden zum Analysegegenstand der dokumentarischen Methode gemacht werden. Interessanterweise erwähnt aber Karl Mannheim in einem für die dokumentarische Methode grundlegenden Text die politische Rede als ein zentrales Beispiel für das lebensweltlich gebundene implizite Einverständnis zwischen SprecherIn und Angesprochenen (Mannheim 1980, S. 219).

14 Die Rede, wie sie im Vorfeld an die Presse verteilt wurde, ist im Internet einsehbar (Lucke 2013a). Die feinsequenzielle Auswertung erfolgte auf Basis der Transkription der entsprechenden Passagen aus Videomitschnitten der Rede, wie sie auf dem Gründungsparteitag gehalten wurde (Lucke 2013b, 2013c, 2013d; Transkription N.K.).

└ die Alternative für Deutschland ┘ meine Damen und Herren, die Alternative für Deutschland ist eine Partei, die aus der Mitte der Gesellschaft kommt.

((Applaus 6))

└in den vergangenen Wochen, in den vergangenen Wochen ┘ haben wir eine enorme Welle der Unterstützung, und des Enthusiasmus und des Engagements erlebt. (Auslassung, 5) Das ist, ähm, ein äh, ein eindrucksvoller Beleg dafür, welche Art von Unterstützung wir bei Ihnen haben und in der Gesellschaft haben.

((Applaus 12))

Meine Damen und Herren, wir erleben jetzt die Geburtsstunde einer neuen Partei. Aus all den Reaktionen, aus den Tausenden von E-Mails, den unzähligen Telefonaten, den zahllosen persönlichen Gesprächen in den vergangenen Wochen spricht zweierlei. Erstens, die Freude, ja, die Begeisterung, dass endlich eine neue Kraft sich anschickt, die Zwangsjacke der erstarrten und verbrauchten Altparteien zu sprengen.

((Applaus, Zurufe: Jawoll!, 22))

└zweitens ┘ Zweitens, meine Damen und Herren, der Zorn und der Ärger über das, was CDU, CSU, SPD, FDP und die Grünen seit gut drei Jahren in Deutschland und in Europa mit ihrer heillosen Euro-Rettungspolitik angerichtet haben.

Zunächst zeigt sich in der Anrede und der Themeninitiierung, dass Lucke mitnichten als donnernder Rhetor auftritt. Hier wie auch im Rest der Rede wirkt er mitunter kindlich-unsicher.[15] Ein Vokabular für die Anrede der Parteikollegen ist noch nicht etabliert, die Parteifreunde sind irgendwie auch »seine« Freunde und er freut sich sichtlich, dass diese zusammengekommen sind. In diesem Bild ist er keine Autoritätsperson, sondern vielmehr einer »von ihnen«, der eine doppelte Identifikation für die An-

15 Und das auch jenseits der Rednertribüne: »Das erste was auffällt, ist sein jungenhaftes Äußeres«, so beginnt ein Zeitungsartikel über Lucke. Mit diesem Bild kokettiert er auch selbst offen (*WAZ* 2013). Man lasse sich hier allerdings nicht täuschen: Es ist mitnichten ausgemacht, dass Bernd Lucke wirklich unsicher ist. Vielmehr berichtete mir David Bebnowski, der diese Rede im Rahmen seiner Studie zur AfD beobachtet hatte (Bebnwoski & Förster 2014), Lucke habe sein Publikum vom ersten Moment an, auch im Vergleich zu anderen rhetorisch durchaus versierten Politikern, beeindruckend fest im Griff gehabt. Als Formelement des Diskurses ermöglicht diese leichte Deplatziertheit des Sprechers aber genau das.

wesenden bietet, da sie sich nicht nur in seiner Kompetenz, sondern auch in seinen Schwächen wiederfinden können. Dazu passt auch, dass er nur an dieser Stelle und in einem relativ kurzen ökonomischen Exkurs das Wort »ich« verwendet. Zu Beginn des Exkurses betont er, dass es sich hierbei um ein »Heimspiel« für ihn handele. Obwohl er damit auf der manifesten Sinnebene vor allem die mangelnde ökonomische Kompetenz seiner politischen Gegner herausstellt, drückt er damit auch – gewollt oder ungewollt – seine geringe Erfahrung in allen anderen Feldern aus.

Überhaupt ist der Diskurs zur Partei auffallend subjektlos: Die Menschen kommen scheinbar einfach zusammen, die Parteigründung ist eine »Geburtsstunde«, die man erlebt, und kein Prozess, den man gemeinsam vorantreibt, eine Welle, die einen überwältigt (wenig später spricht er in diesem Zusammenhang sogar von einem »Tsunami«, der einen überrollt). Selbst das Engagement, mit dem offensichtlich das Engagement der Gründungsmitglieder und AktivistInnen gemeint ist, die in diesem Saal versammelt sind, hat keinen klaren Träger, sondern ist Teil dieses Ereignisses, dessen staunender Zeuge man ist. An die Stelle des Dankes für das Engagement, der zu erwarten gewesen wäre, ist dieses Engagement hier nur »Beleg« der Unterstützung in der Gesellschaft.

Die Unterschlagung von eigener Aktivität, die zunächst befremdet, weil sie die eigene gemeinsame Anstrengung kleinredet, statt sie stolz hervorzuheben, erklärt sich aus dem Orientierungsrahmen, in dem die Legitimation der Parteigründung verstanden wird. Die scheinbar subjektlose Naturgewalt, mit der die AfD aus der Mitte der Gesellschaft geboren wird, bezeugt gerade ihre Berechtigung. Der negative Horizont, der darin implizit mitgeführt wird, ist der einer »künstlichen« Partei, die der Gesellschaft »von außen« angetragen wird. Die »Mitte« der Gesellschaft als die Gesamtheit der Gesellschaft abzüglich ihrer »Ränder« oder »Exzesse« dokumentiert darüber hinaus den außerparteilichen Anspruch der AfD. Sie versteht sich gerade nicht im Wortsinn als Partei, also als »Teil«, sondern im Gegenteil als »Alternative für Deutschland«, also als andere Möglichkeit für das Ganze.

Die Metaphorik des »Aus-der-Mitte-Kommens« und der Geburt verweist damit auch auf eine zweite Bedeutungsebene, auf der die AfD als eine Gewalt begriffen wird, die ihre einengende Hülle sprengt und sich an die Stelle des Bestehenden stellt. In einem fast direkt an die Eröffnungspassage anschließenden thematischen Abschnitt beschreibt Lucke die AfD als einen »Frühjahrsboten«, der ankündige, dass die Zivilgesellschaft gegen die Regierung aufbegehre »wie einst anno 1848«. Die Gründung der AfD wird dabei als ein nationales Erwachen verstanden, für die, so Lucke in derselben Passage, »die Zeit reif ist«.

Dieses nationale Erwachen richtet sich gegen die »Zwangsjacke der erstarrten und verbrauchten Altparteien«, zu denen sich die AfD als Alternative versteht.[16] Das Bild des Erstarrten und Verbrauchten steht nicht nur im Kontrast zu den Vitalität und Jugend signalisierenden Attributen der AfD, es trägt auch einen zeitlichen Index. Berücksichtigt man die Evozierung des »Erbes« der Bundesrepublik, die sich durch weite Teile der Rede zieht, stellt sich der Aufbruch der AfD weniger in die Zukunft strebend, denn als eine Rückkehr dar. So sind die Jahre der Euro-Krise für Lucke »heillos« (und dieser Begriff muss beim Redner, der reformierter Christ ist, in seiner vollen religiösen Bedeutung als »von Gott verlassen« verstanden werden), weil die Bundesrepublik von ihrem rechten Pfad abgekommen ist.

In der Rede werden explizit Autoritätsfiguren aus der Geschichte der Bundesrepublik als Gewährsmänner für den Bezug auf die grundlegenden Werte »Demokratie, Rechtsstaatlichkeit und ökonomische Vernunft« aufgerufen: Adenauer, Schmidt, Genscher, Kohl, ja sogar Brandt. Diese Politiker, die ja durchaus unterschiedlichen politischen Spektren angehörten, werden dabei ehrfurchtsvoll als »große Staatsmänner« bezeichnet. Politische Autorität und Legitimität, das wird auch an anderer Stelle der Rede deutlich, ist für die AfD untrennbar mit »männlichen« Werten wie Stärke und Aufrichtigkeit verbunden.[17] Der aktuellen Regierung werden sie abgesprochen, wie sich auch in der folgenden Passage zeigt. Darin

---

16 Interessanterweise fehlt in dieser Aufzählung die Linke. Während man diese Auslassung hier aus der Verknüpfung mit der Rettungspolitik erklären könnte, fällt doch auf, dass diese Partei in der gesamten Rede kein einziges Mal erwähnt wird, was auf das sehr schwierige Verhältnis der AfD zu ihr hinweist. Es resultiert zum einen aus dem tief sitzenden Antikommunismus der meisten Mitglieder, zum anderen aber auch aus dem Umstand, dass die politische Opposition der Linken zur Rettungspolitik im klaren Widerspruch zum Selbstbild der AfD als einziger Opposition steht.

17 Auch in der Gruppendiskussion, die wir im Rahmen unserer Studie am Institut für Demokratieforschung in Göttingen mit Lokalpolitikern der Freien Wähler in Ronnenberg führten, war uns aufgefallen, dass Brandt vor allem als ein Politiker »mit Arsch in der Hose«, also als mutig und durchsetzungsfähig, herangezogen wurde. Dass sich Lucke, der angibt, wegen seiner Unzufriedenheit mit Willy Brandts Ostpolitik in die CDU eingetreten zu sein (*Frankfurter Allgemeine Zeitung* 2013c), dennoch in dieser Rede auf ihn bezieht, ist vermutlich in eben jenem Licht zu verstehen.

wird der Regierung Unaufrichtigkeit vorgeworfen, da sie dem Willen des Volkes ausweiche, und eine Haltung zugeschrieben, die gegenüber den »internationalen Finanzinvestoren« beinahe unterwürfig sei:

> Hätte man, hätte man, da man den Volkswillen ja offenkundig missachtet hatte, die Deutschen Wählerinnen und Wähler nicht fragen müssen, in einer Wahl, in einer Neuwahl. Wollt ihr, dass mit euren Steuern Griechenland finanziert wird.
>
> ((Zwischenruf: Nein!))
>
> Wollt ihr für ein Land zahlen, in dem Steuerhinterziehung Volkssport
>
> ((Zwischenrufe: Nein, Nein))
>
> und Korruption Gewohnheit ist?
>
> ((Zwischenrufe: Nein, nein!))
>
> Ein Land, in dem die meisten Arbeitnehmer viel früher in Rente gehen als ihr, und milliardenschwere Reeder Steuerfreiheit genießen? Wollt ihr das?
>
> ((Zwischenrufe: Nein, Nein!))
>
> Nein meine Damen und Herren, die Bundesregierung hätte nicht diese Frage stellen dürfen. Diese Fragen wären falsch gewesen, denn die Griechen kriegen unser Geld ja gar nicht. Und die Portugiesen und die Spanier und die Zyprioten, die kriegen unser Geld genauso wenig. Die dürfen allenfalls mal daran riechen.
>
> ((Applaus, Gelächter))
>
> Meine Damen und Herren, die dürfen daran riechen, so als ob man von Bratenduft satt werden könnte. Aber es geht nicht └ ((Gelächter)) ┘
>
> um den Bratenduft, es geht um den Braten selbst. Und der Braten, der wird serviert den großen Finanzinvestoren. (Auslassung)
>
> ((Applaus, 6))
>
> Meine Damen und Herren, wir sehen ja, dass in Griechenland das Geld nicht ankommt. Den Griechen geht es schlecht, und wir sollten uns nicht irgendwie über sie erheben.

In dieser äußerst dichten Passage dokumentiert sich noch weit klarer als in der vorherigen die Wahrnehmung der momentanen Konstellation, wie sie den Diskurs der AfD strukturiert und die ich entlang von drei Elementen dieser Passage kurz skizzieren möchte.

Vielleicht am augenfälligsten ist der negierte Diskurs über »die Griechen«. Während sie auf der manifesten Sinnebene in Schutz genommen werden, werden ihnen in verneinter Form eine ganze Reihe von Eigenschaften zugeschrieben, die sie als unwürdige Hilfsempfänger erscheinen lassen. Ihnen wird dabei ein Genießen unterstellt, das, so der implizite Gegenhorizont, dem AfD-Mitglied oder dem deutschen Steuerzahler vorenthalten wird, der im Umkehrschluss lang und ehrlich arbeitet und mühselig seine Steuern zahlt.

Vor dem Hintergrund dieses neidbesetzten Szenarios scheint auch das in den folgenden Sätzen geäußerte Mitleid von einer fast schon genüsslichen Vorstellung des Leids der anderen getragen. Dies dokumentiert sich nicht nur im Gelächter aus dem Publikum, sondern auch darin, wie der Redner selbst das Bild der Konfrontation von Mangel und Üppigkeit szenisch ausschmückt. Die »armen Griechen«, wie sie an anderer Stelle auch genannt werden, genau wie die lange Reihe der anderen von der Krise des Währungsraums besonders betroffenen Länder, sind eine Kontrastfolie, vor der sich Deutschland als Wir-Gruppe doppelt positiv abhebt: durch überlegene moralische Standards und durch wirtschaftliche Stärke.

In dieser verneinten Form[18] erlaubt der Diskurs die doppelte Aufwertung des Selbst: auf der einen Seite durch die Abwertung der anderen, auf der anderen Seite durch den demonstrativen Verzicht auf diese Abwertung. Diese beiden Ebenen werden formal von einem typischen Element des wissenschaftlich-gebildeten Diskurses zusammengehalten, der überraschenden Pointe, die sogar das Risiko in Kauf nimmt, die Zuhörer zu düpieren, die ja in Gefahr gebracht werden, sich durch ihre Antworten auf die Suggestivfragen als Nicht-Eingeweihte zu »outen«.

Dass dieses »Auf-den-Leim-Gehen« nicht zu größeren Spannungen führt, ist erklärungsbedürftig. Ein wichtiger Faktor dürfte die hohe emotionale Intensität sein, die von der formalen Negation nicht berührt wird, da die Grundstruktur erhalten bleibt. Die Übervorteilung wird lediglich

18 Verneinung ist hier im psychoanalytischen Sinne zu verstehen (Laplanche & Pontalis 1973). »(E)igentlich schon eine Aufhebung der Verdrängung, aber freilich keine Annahme des Verdrängten«, »eine Art von intellektueller Annahme des Verdrängten bei Fortbestand des Wesentlichen an der Verdrängung« (Freud 1975 [1925], S. 373f.). Das von Freud selbst gegebene Beispiel – die Äußerung eines Patienten: »Sie fragen, wer diese Person im Traum sein kann. Die Mutter ist es *nicht*« (Freud 1975 [1925], S. 373f., Hervorhebung im Original) – entspricht hier: »hätte man nicht fragen müssen (...) nein (...) diese Frage wäre falsch gewesen«.

von den Griechen auf die »großen Finanzinvestoren« übertragen, womit der implizite Bezugspunkt, das betrogene Selbst, nicht berührt wird. Der »Bratenduft« verweist ebenfalls auf diese Wahrnehmung des Selbst – in dieser etwas eigenwilligen Verbildlichung klingt die Redewendung an, nach der man »den Braten riecht«, wenn man registriert, dass man betrogen wird, vor allem bevor man den eigentlichen Charakter des Betrugs durchschaut.

Die Form dieser Passage als Frage-und-Antwort-Spiel ist in diesem Zusammenhang sicherlich nicht zufällig. Die bereits angesprochene Erfahrung des Verlusts gesellschaftlicher Anerkennung äußert sich ja unter anderem darin, dass man eben nicht gefragt wird. Es ist auffällig, dass Lucke sein Publikum gerade hier, übrigens das einzige Mal im Verlauf der Rede, direkt anspricht und dass einige der Zuhörer den Drang verspüren, die klar rhetorischen Fragen explizit zu beantworten.

In dem seltsam widersprüchlichen Aufbau der vorangegangenen thematischen Sequenz, die mit der ersten Proposition der obigen Passage endet und nach der die Politiker, nachdem sie die WählerInnen hintergangen hätten, doch zumindest hätten fragen sollen, drückt sich die dieser Sehnsucht zugrunde liegende Ambivalenz aus: Während man die konkrete Regierung als korrupt und unaufrichtig empfindet und ihr vorwirft, undemokratisch durchzuregieren, aber auch gegenüber den »großen Finanzinvestoren« zu servil aufzutreten (an anderer Stelle der Rede spricht Lucke von »verkommenen politischen Sitten«), bleibt man doch an die Vorstellung einer »guten« Autorität gebunden, die einem wieder die Geltung verschafft, die einem doch eigentlich zusteht. So eng und vertraut ist die Bindung an diese Autorität, dass man sich von ihr sogar duzen lässt – was in der gesamten Rede nur an dieser einen Stelle vorkommt.

Rebellischer Ultrakonformismus

Der Diskurs der Revolte vom Mai 1968, erklärte Pierre Bourdieu (1988b, S. 176f.) einmal, sei keine geschlossene »Ideologie« der Beteiligten, sondern eine Reihe von Variationen des immer gleichen Gegensatzes »Institution versus Individuum«, den große Teile dieser Generation gerade an den Universitäten als besonders schmerzlich erlebt hätten. Ähnliches gilt für den Diskurs der AfD, der auch als eine Variation von Gegensätzen rund um die zentrale Erfahrung der »Enttäuschung ohne Desillusionierung« verstanden werden kann: Je mehr die erlebte Realität von den eigenen Erwartungen abweicht, umso sicherer ist man sich, dass man betrogen wird. »Mut zur Wahrheit«, dieser Slogan aus dem ersten Bundeswahlkampf der AfD, ist deshalb auch nur im Zusammenhang mit dem bereits erwähnten »Ändern Sie nicht Ihre Meinung, ändern Sie die Politik« zu verstehen. Der unerhörte Wirtschaftsexperte Bernd Lucke und der geschasste Bild-kommentator und ehemalige BDI-Vorsitzende Hans-Olaf Henkel vergewissern sich und ihrem Publikum vor allem, dass es nicht richtig wäre, grundlegend infrage zu stellen, worauf man seine Ansprüche gebaut hat.

Diese Ansprüche, ihre ideologische Einbettung und die gesellschaftlich spezifischen Dispositionen zu ihrer (Nicht-)Artikulation sind weder neu, noch auf die UnterstützerInnen beschränkt, sondern durchziehen vermutlich weite Teile des deutschen Kleinbürgertums zumindest der Nachkriegszeit. Und so überrascht es auch nicht, dass sowohl in den Gruppendiskussionen des Göttinger Instituts für Demokratieforschung als auch in der Rede Luckes zahlreiche Merkmale auftauchen, die schon im Gruppenexperiment des Frankfurter Instituts für Sozialforschung in den Gruppen der Angestellten und Mittelständler aufgefallen waren (Pollock 1955, v.a. S. 530–539): so etwa das seltsam »subjektlose« Sprechen, in dem wirkliche Aktivität nur noch als externe Naturgewalt erlebt wird, oder, damit verbunden, die fast schon comichaften Darstellungen von in ihrem Umfang und Abstraktionsgrad kaum zu fassenden Vorgängen, in denen »großen Finanzinvestoren« ein »Braten serviert« wird, an dem andere »allenfalls mal (...) riechen dürfen«.

Auffällig ist, dass sich der Diskurs der AfD, wie auch der anderen genannten Gruppen, durch einen hohen Konformitätsdruck auszeichnet, der sich in den diskutierten Passagen zum Beispiel darin zeigt, dass »die Griechen« für die ihnen zugeschriebene Lebensfreude selbst dann noch gewissermaßen zu Recht leiden, wenn sie von den manifest thematisierten Rettungszahlungen nichts erhalten. Deutlicher aber noch dokumentiert er sich in den Äußerungen der Partei zur Einwanderungs- und Geschlechterpolitik, besonders prominent im Kommentar Bernd Luckes zum Coming-out des Fußballers Thomas Hitzlsperger. Dazu gehöre kein besonderer Mut, außerdem »(...) hätte (ich) es gut gefunden, wenn Herr Hitzlsperger sein Bekenntnis zu seiner Homosexualität verbunden hätte mit einem Bekenntnis dazu, dass Ehe und Familie für unsere Gesellschaft konstitutiv sind« (*Welt Online* 2014). Die Abweichung hätte dieser Logik nach nur dann eine Berechtigung, wenn sie sich selbst ein Schild umhängte, auf dem sie sich zur Bestätigung der Regel erklärt.

Mit der Euro-Krise scheint allerdings bei Teilen dieser Gruppe ein Grad von Enttäuschung erreicht, der zum Bruch mit dem Bestehenden drängt. Während viele von ihnen früher selbst Mitglieder oder zumindest Wähler der FDP und CDU gewesen waren, werden diese Parteien nun lediglich als Teil einer »Gesamtpartei« wahrgenommen, der »Altparteien« oder »Kartellparteien«. Es ist deshalb auch kein Zufall, dass zum Beispiel die *Junge Freiheit* auf vielen Parteitagen der AfD Werbestände unterhält und die Etablierung der Partei wohlwollend kommentiert: Ihr Potenzial für diesen Flügel der extremen Rechte (der wohl am besten in der Tradition der »Konservativen Revolution« der Zwischenkriegsjahre zu verstehen ist) liegt darin, den bestehenden Konformismus rebellisch zu wenden.[19]

Die Idealisierung der Vergangenheit und die Suche nach Autorität, die mit dem Gefühl der Enttäuschung verbunden ist, richten sich bisher vor allem auf die alte Bundesrepublik. Auch Skandaläußerungen wie die Rede von der »Entartung der Demokratie« (Weber 2013) oder die Referenzen auf den Euro als »zweites Versailles« sind zunächst als Metaphern für die ersehnte Wiedergeburt des Wirtschaftswunder-Deutschlands zu verstehen und nicht als Durchbruch einer darunter verborgenen Sehnsucht nach Großdeutschland. Verlässt man allerdings den Rahmen des Diskurses, dann hat gerade die vermeintliche Unschuld dieser Verweise etwas Bedrohliches, denn dass sich ein AfD-Mitglied »naiv« in der Metapher von Versailles wiedererkennt und die historische Entwicklung als »Entartung« erlebt, deutet auf eine gefährliche Kombination von ausgefallener geschichtspolitischer Zensur mit unreflektierter gesellschaftspolitischer Verzweiflung hin.

---

19 Diese ambivalente Figur der »konformistischen Rebellion« zeigt sich immer wieder in Untersuchungen zur extremen und autoritären Rechten. So bei Detlev Claussen (in Anlehnung an Max Horkheimer) in seinen Analysen des modernen Antisemitismus (Claussen 1991). Auch Adorno et al. arbeiten in ihren »Studien zum autoritären Charakter« den »Rebell« als einen Typus des autoritären Charakters heraus, der in seinem Aufbegehren gegen jede Autorität den Wunsch nach einer »echten« Autorität verbirgt (Adorno 1973, v.a. S. 328–331). Eine Spur, die diesen in der psychischen Struktur verorteten Typus mit dem hier untersuchten Beispiel in Verbindung bringt, könnte unter anderem in dem bereits erwähnten Duzen ausgemacht werden, in das die Rede Luckes umschlägt, als sie als »Staat« zu den »Bürgern« spricht – eine Spur, der nachzugehen hier jedoch den Rahmen sprengen würde.

Quellen

Alternative für Deutschland (2014). *Flagge zeigen! WM Spielplan 2014.* https://www.alternativefuer.de/wp-content/uploads/2014/06/AfD_WM-Planer_Ausdruck.pdf (Stand: 13.11.2014).

Augstein, R. (1993). »Neues vom Turmbau zu Babel«. *Der Spiegel*, 18.10., http://www.spiegel.de/spiegel/print/d-13680340.html (Stand 13.11.2014).

Frankfurter Allgemeine Zeitung (2013a). Kritiker der Euro-Rettung Hans-Werner Sinn distanziert sich von Anti-Euro-Partei, 27.04., http://www.faz.net/aktuell/wirtschaft/eurokrise/kritiker-der-euro-rettung-hans-werner-sinn-distanziert-sich-von-anti-euro-partei-12164458.html (Stand: 13.11.2014).

Frankfurter Allgemeine Zeitung (2013b). F.A.Z.-Ökonomenranking: Die einflussreichsten Ökonomen in der Politik, 05.09., http://www.faz.net/aktuell/wirtschaft/wirtschaftspolitik/f-a-z-oekonomenranking-die-einflussreichsten-oekonomen-in-der-politik-12560434.html (Stand: 13.11.2014).

Frankfurter Allgemeine Zeitung (2013c). Bernd Lucke. Der Protestant. 14.12., http://www.faz.net/aktuell/wirtschaft/menschen-wirtschaft/bernd-lucke-der-protestant-12711334-p2.html (Stand: 13.11.2014).

Funke, M., Lucke, B. & Straubhaar, T. (2005). *Hamburger Appell.* https://www.wiso.uni-hamburg.de/fileadmin/wiso_vwl_iwk/paper/appell.pdf (Stand: 13.11.2014).

Handelsblatt (2011). Handelsblatt-Ranking Volkswirtschaftslehre 2011. Top-250 Lebenswerk. http://tool.handelsblatt.com/tabelle/index.php?id=79&pc=25 (Stand: 13.11.2014).

Henkel, H.-O. (2011). Henkel trocken: My Name is Bond, Euro Bond! *Handelsblatt, 28.11.*, http://www.handelsblatt.com/meinung/kolumnen/kurz-und-schmerzhaft/henkel-trocken-my-name-is-bond-euro-bond/5894566.html (Stand: 21.11.2014).

Henkel, H.-O. (2012). Henkel trocken: Widerstand gegen den Meinungsterror. *Handelsblatt*, 03.12., http://www.handelsblatt.com/meinung/kolumnen/kurz-und-schmerzhaft/henkel-trocken-widerstand-gegen-den-meinungsterror/7469206.html (Stand: 13.11.2014).

Henkel, H.-O. (2013). *Die Euro-Lügner: Unsinnige Rettungspakete, vertuschte Risiken – So werden wir getäuscht.* München: Heyne.

Herrmann, U. (2014). Gesellschaftsumfrage der taz: Reiche mögen noch die FDP. *die tageszeitung*, 28.07., http://www.taz.de/!143149/ (Stand: 13.11.2014).

Jahn, J. (2013). Buchvorstellung von Hans-Olaf Henkel »Den Euro durch Lügen retten«, *Frankfurter Allgemeine Zeitung*, 17.07., http://www.faz.net/aktuell/wirtschaft/eurokrise/buchvorstellung-von-hans-olaf-henkel-den-euro-durch-luegen-retten-12285733.html (Stand: 13.11.2014).

Lachmann, G. (2013). Warum keiner mehr über die Freien Wähler spricht. *Welt Online*, 02.08., http://www.welt.de/politik/deutschland/article118637565/Warum-keiner-mehr-ueber-die-Freien-Waehlern-spricht.html (Stand: 17.11.2014).

Lachmann, G. (2014a). AfD-Chef Lucke besiegt seinen ärgsten Widersacher. *Welt Online*, 15.10., http://www.welt.de/politik/deutschland/article133323462/AfD-Chef-Lucke-besiegt-seinen-aergsten-Widersacher.html (Stand: 13.11.2014).

Lachmann, G. (2014b). Wie die AfD den Bruch an ihrer Spitze kitten will. *Welt Online*, 03.11., http://www.welt.de/politik/deutschland/article133925065/Wie-die-AfD-den-Bruch-an-ihrer-Spitze-kitten-will.html (Stand: 17.11.2014).

Lucke, B. (2010). *Gründungsaufruf an alle deutschen Hochschullehrer für Volkswirtschaftslehre.* http://www.wiso.uni-hamburg.de/lucke/?page_id=375 (Stand: 13.11.2014).

Lucke, B. (2012). *Curriculum Vitae Bernd Lucke.* http://www.wiso.uni-hamburg.de/professuren/wachstum-und-konjunktur/team/prof-dr-bernd-lucke/curriculum-vitae/ (Stand: 13.11.2014).

Lucke, B. (2013a). *Rede auf dem Gründungsparteitag der AfD.* Berlin, 13.04., http://deutsche-wirtschafts-nachrichten.de/wp-content/uploads/2013/04/Rede-Bernd-Lucke.pdf (Stand: 13.11.2014).

Lucke, B. (2013b). *Grundsatzrede von Bernd Lucke, Teil 1.* Berlin. 14.04., https://www.youtube.com/watch?v=Wy7SWYYEzpw (Stand: 17.11.2014).

Lucke, B. (2013c). *Grundsatzrede von Bernd Lucke, Teil 2.* Berlin. 14.04., http://www.youtube.com/watch?v=7AHUTyb53fY&feature=youtube_gdata_player (Stand: 13.11.2014).

Lucke, B. (2013d). *Grundsatzrede von Bernd Lucke, Teil 3.* Berlin. 14.04., http://www.youtube.com/watch?v=uKnZMTMpfyQ&feature=youtube_gdata_player (Stand: 13.11.2014).

Lucke, B. (2014). AfD-Chef Lucke: »Ich bin kein Liberaler«. http://www.merkur-online.de/aktuelles/politik/afd-chef-bernd-lucke-interview-ich-kein-liberaler-3395723.html (Stand: 13.11.2014).

Moll, S. (2014). Von Professoren und Proleten. *The European,* 17.09., http://www.theeuropean.de/sebastian-moll/9000-die-zwei-parteien-partei-afd-und-das-christentum (Stand: 13.11.2014).

Neuerer, D. (2014). Rückschlag für AfD-Chef: Luckes eurokritische Ökonomen-Initiative vor dem Aus. *handelsblatt.com.* 06.05., http://www.handelsblatt.com/politik/deutschland/rueckschlag-fuer-afd-chef-luckes-eurokritische-oekonomen-initiative-vor-dem-aus/9850532.html (Stand: 13.11.2014).

Neu, V. (2014). *Europawahl in Deutschland am 25. Mai 2014. Tabellenanhang zur Wahlanalyse.* Berlin: KAS, Hauptabteilung Politik und Beratung. http://www.kas.de/wf/doc/kas_13040-1442-1-30.pdf?140718112131 (Stand: 13.11.2014).

Sattar, M. (2011). Freie Wähler »Henkels reife Pflaume«. *Frankfurter Allgemeine Zeitung,* 19.12., http://www.faz.net/aktuell/politik/inland/freie-waehler-henkels-reife-pflaume-11571810.html (Stand: 13.11.2014).

sueddeutsche.de (2012). Streit um Euro-Krisenstrategie: Schäuble verurteilt »Horrormeldungen« der Ökonomen, 06.07., http://www.sueddeutsche.de/wirtschaft/streit-um-euro-krisenstrategie-schaeuble-verurteilt-horrormeldungen-der-oekonomen-1.1404309 (Stand: 13.11.2014).

sueddeutsche.de (2013). Euro-Debatte bei »Hart aber fair«: D-Mark, meine Liebe, 07.05., http://www.sueddeutsche.de/medien/waehrungsdebatte-bei-hart-aber-fair-d-mark-meine-liebe-1.1666990-2 (Stand: 13.11.2014).

tagesschau (2014a). Landtagswahl Thüringen 2014, Umfragen zur AfD. 14.09., http://wahl.tagesschau.de/wahlen/2014-09-14-LT-DE-TH/umfrage-afd.shtml (Stand: 13.11.2014).

tagesschau (2014b). Landtagswahl Brandenburg 2014, Umfragen zur AfD. 14.09., http://wahl.tagesschau.de/wahlen/2014-09-14-LT-DE-BB/umfrage-afd.shtml (Stand: 13.11.2014).

WAZ (2013). AfD-Gründer Lucke fühlt sich von der CDU verlassen, 22.07., http://www.derwesten.de/politik/afd-gruender-lucke-fuehlt-sich-von-der-cdu-verlassen-id8220971.html, (Stand: 13.11.2014).

Weber, M. (2013). Biedermann oder Brandstifter? *stern.de,* 28.09., http://www.stern.de/politik/deutschland/afd-chef-lucke-biedermann-oder-brandstifter-2060931.html (Stand: 13.11.2014).

Welt Online (2014). AfD-Chef kritisiert Hitzlspergers Coming-Out, 11.1., Abschn. Politik. http://www.welt.de/politik/deutschland/article123770676/AfD-Chef-kritisiert-Hitzlspergers-Coming-Out.html (Stand: 13.11.2014).

Literatur

Adorno, T. W. (Hrsg.) (1973). *Studien zum autoritären Charakter.* Frankfurt/M.: Suhrkamp.

Bebnowski, D. (2015). *Die Alternative für Deutschland. Aufstieg und gesellschaftliche Verankerung einer rechten populistischen Partei.* In press.

Bebnowski, D. & Förster, L. J. (2014). *Wettbewerbspopulismus. Die Alternative für Deutschland und die Rolle der Ökonomen.* Frankfurt/M.: Otto Brenner Stiftung. http://www.demokratie-goettingen.de/content/uploads/2014/03/2014_03_27_AfD_Papier.pdf (Stand: 13.11.2014).

Bebnowski, D. & Kumkar, N. C. (2012). »Experten in der Krise«. *Der Freitag,* 09.08., http://www.freitag.de/autoren/der-freitag/experten-in-der-krise (Stand: 13.11.2014).

Bebnowski, D. & Kumkar, N. C. (2013). »›Jeder hat Angst, seinen Besitzstatus zu verlieren‹ – Die Anti-Euro-Proteste.« In: Walter, F., Butzlaff, F., Marg, S. & Geiges, L. (Hrsg.), *Die neue Macht der Bürger. Was motiviert die Protestbewegungen?* (S. 219–249). Reinbek bei Hamburg: Rowohlt.

Bohnsack, R. (2003). Dokumentarische Methode und sozialwissenschaftliche Hermeneutik. *Zeitschrift für Erziehungswissenschaft, 6*(4), 550–570.

Bohnsack, R. & Nohl, A.-M. (2007). Exemplarische Textinterpretation: Die Sequenzanalyse der dokumentarischen Methode. In: Bohnsack, R., Nentwig-Gesemann, I. & Nohl, A.-M. (Hrsg.), *Die dokumentarische Methode und ihre Forschungspraxis* (S. 303–307). Wiesbaden: VS.

Bourdieu, P. (1988a). *Die politische Ontologie Martin Heideggers.* Frankfurt/M.: Suhrkamp.

Bourdieu, P. (1988b). *Homo Academicus.* Stanford, CA: Stanford University Press.

Bourdieu, P. (1991). Genesis and Structure of the Religious Field. *Comparative Social Research, 13,* 1–44.

Bourdieu, P. (1998). *Der Einzige und sein Eigenheim.* Hamburg: VSA.

Bourdieu, P. (2004). *Der Staatsadel.* Konstanz: UVK Verlagsgesellschaft.

Bourdieu, P. (2012). *Was heißt sprechen? Zur Ökonomie des sprachlichen Tausches.* Wien: New Academic Press.

Bourdieu, P. (2013). Die politische Repräsentation. Elemente einer Theorie des politischen Feldes. In: Ders., *Politik* (S. 43–96). Berlin: Suhrkamp.

Claussen, D. (1991). Angst vor dem Anderen. Über den Zusammenhang und Unterschied von Antisemitismus und Fremdenhaß. Evangelische Akademie Arnoldshain. http://www.com-link.de/cl-hh/m.blumentritt/agr60s.htm (Stand: 13.11.2014).

Freud, S. (1975 [1925]). Die Verneinung. In: Ders., *Psychologie des Unbewußten,* 3 (S. 371–377). Sigmund Freud Studienausgabe. Frankfurt/M.: Fischer.

Gramsci, A. (1991). 3. Heft. In: Haug, W. F. (Hrsg.), *Kritische Gesamtausgabe,* 2 (S. 327–448). Gefängnishefte. Hamburg: Argument.

Häusler, A. (2013). *Die »Alternative für Deutschland« – eine neue rechtspopulistische Partei? Materialien und Deutungen zur vertiefenden Auseinandersetzung.* Düsseldorf: Forschungsschwerpunkt Rechtsextremismus/Neonazismus der Fachhochschule Düsseldorf. http://www.boell-nrw.de/downloads/AFD_Studie_FORENA_HBS_NRW.pdf (Stand: 12.10.2013).

Heine, F. & Sablowski, T. (2013). *Die Europapolitik des deutschen Machtblocks und ihre Widersprüche. Eine Untersuchung der Positionen deutscher Wirtschaftsverbände zur Eurokrise.* Berlin: RLS. http://www.rosalux.de/fileadmin/rls_uploads/pdfs/Studien/RLS_Studien_Europapolitik.pdf (Stand: 13.11.2014).

Kahrs, H. (2014). Leistung ist ihr Lieblingswort. *analyse & kritik – zeitung für linke Debatte und Praxis,* 14.10., http://www.akweb.de/ak_s/ak598/32.htm (Stand: 13.11.2014).

Kemper, A. (2014). *Keimzelle der Nation? Familien- und geschlechterpolitische Positionen der AfD – eine Expertise.* Berlin: FES. http://library.fes.de/pdf-files/dialog/10641.pdf (Stand: 13.11.2014).

Laplanche, J. & Pontalis, J.-B. (1973). *Das Vokabular der Psychoanalyse. Stichwort Verneinung* (S. 598–601). Frankfurt/M.: Suhrkamp.

Mannheim, K. (1980). Eine soziologische Theorie der Kultur und ihrer Erkennbarkeit (Konjunktives und kommunikatives Denken). In: Ders., *Strukturen des Denkens* (S. 155–322). Frankfurt/M.: Suhrkamp.

Meuser, M. (2007). Repräsentation sozialer Strukturen im Wissen. Dokumentarische Methode und Habitusrekonstruktion. In: Bohnsack, R., Nentwig-Gesemann, I. & Nohl, A.-M. (Hrsg.), *Die dokumentarische Methode und ihre Forschungspraxis* (S. 209–224). Wiesbaden: VS.

Pollock, F. (Hrsg.) (1955). *Gruppenexperiment: ein Studienbericht.* Frankfurter Beiträge zur Soziologie. Frankfurt/M.: Europäische Verlagsanstalt.

Kapitel 3: Zum Stand der Zivilgesellschaft

1 Autoritarismus, Rassismus, Rechtsextremismus – Ein Fallbeispiel

Britta Schellenberg

Zusammenfassung

Der »Fall Mügeln« hatte im Sommer 2007 die bundesdeutsche Öffentlichkeit beschäftigt: 40 bis 50 gewaltbereite Neonazis, begleitet von einer etwa 200-köpfigen Menge, attackierten während eines Altstadtfestes eine Gruppe Mitfeiernder, die sie als »fremd« definiert hatten. Trotz erster Lageeinschätzungen durch die diensthabenden Polizisten und Zeugenaussagen, die klar von einem rassistischen und extrem rechten Übergriff in der sächsischen Kleinstadt berichteten, ist der Fall nicht zielführend bearbeitet und aufgeklärt worden.

In diesem Beitrag werden die Ergebnisse einer fall-rekonstruktiven Untersuchung vorgestellt. Als Quellen der Untersuchung dienten rund 2.000 Seiten Ermittlungsakten und sämtliche schriftliche Dokumente von Politik, Medien, Ermittlungs- und Sicherheitsbehörden sowie zivilgesellschaftlichen Akteuren (vom 19.08.2007 bis zum 31.12.2010) zu dem Vorfall (Schellenberg 2013, 2014). Analysiert wurden unterschiedliche Akteure, die sich an der öffentlichen Debatte über den Vorfall beteiligten: die Ermittlungsbehören, die lokale wie regionale (sächsische) Politik, die Bundespolitik, Medien (insbesondere ausgewählte Zeitungen und Zeitschriften) und die radikale Rechte (insbesondere die NPD und die Wochenzeitung *Junge Freiheit*).[1] Darüber hinaus wurden Interviews mit zivilgesellschaftlichen Akteuren geführt, die problemorientiert die Ent-

1 Das Aktenstudium umfasst: 8 Bände Akten zu Az.: 608 Js 43641/07, Staatsanwaltschaft Leipzig.

wicklungen in der Kleinstadt begleiteten.[2] Auch wurde versucht, offene oder strittige Fragen durch parlamentarische Anfragen zu klären.[3]

Die Analyse des Falls und der akteursspezifischen Entwicklung seiner Deutung legt spezifische Muster des Scheiterns offen: unterschwellige Aggressionen und Autoritarismus in der Gemeinde, das Wirken von Rassismus, die Überlagerung der Auseinandersetzung durch Ost-West-Befindlichkeiten und die Wirkungsmacht des Extremismuskonzepts. Es zeigt sich, dass die problematische staatliche Bearbeitungspraxis mitverantwortlich ist für die Schwächung der demokratischen Kultur und die Festigung einer rassistischen Hegemonie vor Ort sowie für die Ausbreitung des Neonazismus.

Fakten und öffentliche Kommunikation

Die Analyse legt deutliche Unterschiede zwischen den untersuchten Akteuren offen, wenn es um die Einschätzung der Bedeutung von Rechtsextremismus und Rassismus geht. Sie macht zudem eine frappierende Diskrepanz zwischen der Aktenlage (dem Wissen der Ermittlungsbehörden) und der öffentlichen Kommunikation der Polizei, Staatsanwaltschaft und Staatsregierung sichtbar. Während einschlägige Berichte von Polizisten und Zeugen vorlagen und auch die Feststellung des Delikts der Volksverhetzung eine Deutung als rechtsextrem und fremdenfeindlich/rassistisch motiviert notwendig gemacht hätte, negierten Polizei und Staatsanwaltschaft entsprechende Tathintergründe oder stellten sie infrage. Auch die Tatsache, dass die öffentliche Ordnung und Sicherheit stundenlang nicht aufrechterhalten werden konnte, wurde nicht problemorientiert kommuniziert. Somit scheint für die Öffentlichkeit die Einschätzung der Polizei und Staatsanwaltschaft, es handele sich nicht um einen rechtsextremen Vorfall und möglicherweise auch nicht um einen »fremdenfeindlichen«, zunächst

---

2 Solvejg Höppner (Mobiles Beratungsteam Sachsen Nordost, Kulturbüro Sachsen) und Friedemann Affolderbach (ehemals Mobiles Beratungsteam Sachsen Nordost, Kulturbüro Sachsen) sowie ehemalige Mitglieder des Vereins *Vive le Courage* (Interviews durchgeführt zwischen September 2013 und April 2014).

3 Sächsische Staatsregierung, 26. September 2013: Drucksache 5/12624–5/12626. Antwort der Sächsischen Staatsregierung auf die kleinen Anfragen des Abgeordneten Johannes Lichdi, Fraktion *Bündnis 90/Die Grünen*.

plausibel. Für diejenigen, welche die pogromähnlichen Ausschreitungen miterlebt hatten, mussten die öffentlichen Stellungnahmen von Polizei und Staatsanwaltschaft zumindest verwirrend sein. Zeugen und Vertreter zivilgesellschaftlicher Initiativen der Region hatten im Gespräch mit Journalisten bereits einen rechtsextremen und rassistischen Hintergrund ins Licht der Öffentlichkeit gerückt. So entspann sich eine kontroverse Debatte um die Fallinterpretation und die Bedeutung des Rechtsextremismus. Tatsächlich zeigt das Aktenstudium, dass weder Täter noch Zeugen zielführend ermittelt wurden. Zudem gerieten im Frühstadium aufgenommene Namen von Zeugen und Tätern im Laufe der polizeilichen Ermittlung aus dem Ermittlungsfokus.[4] Schließlich setzte sich fast eine Täter-Opfer-Umkehr durch. Nachdem anfangs die Aktenlage recht eindeutig gewesen war, erschienen die Opfer später – entsprechend der Argumentationslinie, welche einige Tatverdächtige wie auch die NPD als erste verfolgten – plötzlich als Sexualtäter, gewalttätige Kriminelle und Extremisten.

Die Diskrepanz zwischen Fakten gemäß Aktenlage und öffentlicher Kommunikation hatte Auswirkungen auf die Situation in der Kleinstadt: Bürgermeister und Stadtrat meinten zwar zunächst, es hätten Rechtsextreme aus den umliegenden Dörfern hinter dem Übergriff stecken können, doch stritten sie später – nach entsprechenden öffentlichen Stellungnahmen von Polizei und Staatsanwaltschaft – einen extrem rechten Tathintergrund ab. Während die staatlich Zuständigen Rechtsextremismus hinter den Taten negierten und selbst einen »fremdenfeindlichen« Hintergrund infrage stellten, entwickelte sich vor Ort der Eindruck, die Gemeinde Mügeln, als ostdeutsche Stadt, werde Opfer böswilliger Rechtsextremismus-Anschuldigungen. Als Täter erschienen nicht die gewalttätigen Neonazis vor Ort und eine rassistische Menge, sondern Medienschaffende, die über den rassistischen Vorfall berichteten, ebenso wie Bundes- und Regionalpolitiker, die den Fall in den Kontext aktuellen Rechtsextremismus stellten. Vom Bürgermeister der Kleinstadt wurde dies als öffentliche Hetze zum Nachteil der sozioökonomischen Entwicklung und des Wohlbefindens der Gemeinde interpretiert.

4 Es handelt sich um die Ermittlungen der *Gemeinsamen Einsatzgruppe Mügeln* (GEG Mügeln) und der Polizeidirektion Westsachsen.

Der Bürgermeister der Kleinstadt, der Stadtrat und viele Menschen in Mügeln sahen sich zunehmend als die wahren Betroffenen von »Fremdenfeindlichkeit« – diese schlage nämlich eigentlich nicht »den Indern«, sondern der Mügelner Gemeinde, den Ostdeutschen und vielleicht auch den »national« gesinnten autochthonen Deutschen entgegen. In den Monaten nach dem rassistischen Übergriff wurde Mügeln zum Brennpunkt rassistischer und extrem rechter Gewalt. Die NPD zog in das Kommunalparlament ein, und diejenigen, die Rassismus thematisieren wollten, wurden leise oder zogen fort. Ausgegrenzt wurden neben den »Ausländern« nun also auch jene, die menschenrechtliche Standards verteidigten und sich gegen Rassismus und Neonazismus wandten. Vom Bürgermeister und Stadtrat wurden sie kriminalisiert, von den Neonazis auf der Straße auch physisch attackiert (Schellenberg 2014, S. 43–48, 60ff.). So steht die problematische Bearbeitung des rassistischen und extrem rechten Übergriffs im direkten Zusammenhang mit der zunehmend problematischen Situation vor Ort: Die rassistische Hegemonie verstetigte sich und die Neonazis fassen bis heute immer mehr Fuß.

Warum wurde der Fall nicht zielführend aufgeklärt? Eine einfache Erklärung, etwa ein Ungeschehenmachen durch Polizeibeamte vor Ort, muss ausgeschlossen werden. Tatsächlich hatten Polizisten während der Ausschreitungen tapfer die Geschädigten geschützt und in ihren Dienstberichten den »ausländerfeindlichen« und »rechtsradikalen« Hintergrund des Vorfalls festgehalten. In der Analyse zeigten sich verschiedene Interessen, die die Dynamik, um nicht zu sagen Eskalation, des Scheiterns bei der Aufklärung der Ereignisse begründen.

Muster des Scheiterns

Die Analyse macht verschiedene Faktoren sichtbar, die eine zielführende Bearbeitung des rassistischen und neonazistischen Vorfalls verhinderten: Es prallten Abwehrreaktionen und Zuschreibungen aufeinander, die Eigendynamiken entfalteten und problematische Umgangsweisen vor Ort verschärften. Vier zentrale Muster konnten identifiziert werden:

- Erstens das Wirken von *Vorurteilsstrukturen, Rassismus und institutionellem Rassismus* bei der Fallbearbeitung: Der Ermittlungsarbeit ebenso wie der öffentlichen Kommunikation unterliegt eine ethnisch-nationale Konstruktion des *Wir* und der *Anderen*. Dabei werden die neonazistischen Täter als »Deutsche« im Wir eingeschlossen und die Geschädigten indischer Herkunft als »Ausländer« ausgeschlossen. Diese national-ethnische Einordnung des Vorfalls setzte sich in der Bearbeitung und Debatte durch, obwohl die Situation real umgekehrt war: Altstadtfestbesucher wurden von vorurteilsgetriebenen Rechtsradikalen angegriffen. Diese ethnische Deutung des Vorfalls setzte sich sogar durch, obwohl »die Inder« tatsächlich gemeinsam mit zwei »Deutschen« das Altstadtfest besuchten, mit ihnen tanzten, gemeinsam das Festzelt verließen und schließlich gemeinsam angegriffen wurden. Verfolgt wurden allerdings nur diejenigen mit Migrationshintergrund. In einer nahe gelegenen Pizzeria konnten sich die Opfer verbarrikadieren, bis auf zwei Personen, die die Pizzeria nicht erreichten. Eine Person indischer Herkunft wurde verfolgt, eingeholt und niedergeschlagen. Die andere, ein Deutscher ohne Migrationshintergrund, konnte, ohne weiter verfolgt zu werden, in die Menge fliehen. Als dieser Mann bei der Polizei angab, er würde auch noch Tage später von den Angreifern bedroht, notierten die Polizisten, dieser Vorgang könne nichts mit »der Auseinandersetzung zwischen Indern und Deutschen« zu tun haben, denn es handele sich ja um einen autochthonen Deutschen. Das Wirken von Vorurteilsstrukturen, Rassismus und institutionellem Rassismus wird an vielen Stellen und auf unterschiedlichen Ebenen bei der Bearbeitung des Falls sichtbar (vgl. Schellenberg 2014, S. 72–78). Gerade in einer Kleinstadt im ländlichen Raum, wo Polizeibeamte und Bewohner weitgehend miteinander vertraut sind, erweisen sich gegebene Machtverhältnisse und Emotionen als schwierig für die Aufklärung von Kriminalität an Minderheitsgruppen (vgl. Schellenberg 2014, S. 10–58, 72–78, 88–90).

– Als hinderlich für eine zielgerade Aufklärung erwies sich zweitens die Wirkungsmacht des *Extremismuskonzeptes*: So zeigt die Analyse, dass Rassismus ebenso wie die neonazistische Tat als Thema hinter der Extremismusdiskussion zurücktreten musste. Vielen Akteuren fehlte eine menschenrechtliche Perspektive. Sogar der Angriff auf die Polizisten wurde unterthematisiert und auch, dass die öffentliche Ordnung und Sicherheit über Stunden nicht gewährleistet werden konnte. Während der rassistische Tathintergrund durch die Fokussierung auf Extremismus (z.T. als negative Fokussierung mit dem Ziel, diese Zuschreibung zu entkräften) aus der Diskussion verschwand, wurde eine Diskussion über verschiedene Formen des Extremismus eröffnet: Die Sächsische Staatsregierung und ihre Behörden diskutierten schließlich auch Linksextremismus in Sachsen, der im Nachgang der »Auseinandersetzung« sichtbar würde. Durch die NPD geriet selbst indischer Extremismus als Vorwurf gegen die Geschädigten in die Debatte – und schließlich wurde im Sächsischen Verfassungsschutzbericht indischer Extremismus erwähnt (vgl. Schellenberg 2014, S. 88ff.). Dagegen wurde das Phänomen des Rechtsextremismus auf die NPD reduziert, die Partei zum Angelpunkt der öffentlichen Zuschreibungsdebatte durch die Staatsregierung.[5] Die Untersuchung belegt, dass das Thema »Rassismus« von der Extremismusdebatte überlagert wurde. Schließlich verschwanden die eigentliche Tat und die Täter hinter allgemeinen Gewalt- und Extremismusformeln und hinter der letztlich für jegliches Übel verantwortlich gemachten NPD (vgl. Schellenberg 2014, S. 70–80; Schellenberg 2013, S. 294–297).

– Drittens wird die Auseinandersetzung mit dem Vorfall durch *Ost-West-Befindlichkeiten* überlagert. Viele Äußerungen und Kommentare von Debattenteilnehmern beziehen sich nicht auf den Vorfall und die Bewertung des Tathintergrunds selbst (z.B. allgemeine Gewalttätigkeit, rechtsextreme oder rassistische Motivation, Notwehr), sondern fußen auf Ost-West-Zuschreibungen und sprechen von verletzten Selbstbildern und deutsch-deutschen Fremdzuschreibungen. Emotionale Reaktionen, die aus Ost-West-Befindlichkeiten herrühren, erschweren die sachliche Auseinandersetzung. So meinten einige Menschen aus dem Westen (Bürger/innen, Politiker/innen, Journalist/innen), der Vorfall sei typisch für »den Osten«, da dort »Fremdenfeindlichkeit« und »Rechtsextremismus« grassierten, während der Westen ein Hort des Friedens und zivilcouragierten Verhaltens sei. Hingegen glaubten einige Menschen aus dem Osten, Westdeutsche würden den Fall als »rechtsextrem« bezeichnen, weil er sich im Osten ereignet hatte und sie Vorurteile gegen Ostdeutsche hegten. Ostdeutsche würden wieder einmal als Deutsche zweiter Klasse diskriminiert und als »Fremdenfeinde« beschimpft. So entbrannte ein Streit nicht nur über die Deutung des Tat-

5 Selbst die Medien wurden beschuldigt, eine Gefahr für die Demokratie zu sein.

hintergrundes – sondern über das Verhältnis von Ost- und Westdeutschen zueinander und ihre jeweilige Rolle im vereinigten Deutschland.

Die Studie belegt, wie es der radikalen Rechten gelang, an diese ostdeutschen Befindlichkeiten anzuknüpfen. Die radikale Rechte offerierte den Menschen vor Ort Identitätskonzepte jenseits von bundesdeutschen Normen und Kollektivvorstellungen. Tatsächlich zeigt sich, dass es eine Entwicklung in der Falldeutung und der Deutung der eigenen Rolle innerhalb der Debatte im lokalen Raum gab: Nicht zuletzt der Bürgermeister vollzog im Verlauf der Falldebatte eine Entwicklung von einer regressiven Abwehrreaktion (»Bei uns gibt es keine Rechtsextremen«) hin zu einer spezifisch ostdeutsch-emotionalisierten, völkischen Argumentation (»Nicht Ausländern, sondern Ostdeutschen schlägt Fremdenfeindlichkeit entgegen«, »Ausländischen Opfern wird gedacht, deutschen Opfern darf nicht gedacht werden«). Es zeigt sich eine radikal rechte, völkische Kollektivbildung im lokalen Raum (vgl. Schellenberg 2014, S. 80–84; Schellenberg 2013, S. 300f.).

- Viertens sind auch *Autoritarismus und unterschwellige Aggressionen* in der Kleinstadt mitverantwortlich für die mangelnde Be- und Verarbeitungsqualität des Vorfalls gewesen. Als Schwerpunkt in diesem Beitrag möchte ich diesen Aspekt im Folgenden ausführlicher darstellen.

Autoritarismus und Aggression[6]

Die Gemeinde Mügeln gehörte im Jahr 2007 zum sächsischen Landkreis Torgau-Oschatz. Heute ist sie – als Folge des Bevölkerungsrückgangs in der Region – Teil des neuen, größeren Landkreises Nordsachsen. Nach der Wende ist die Bevölkerung Mügelns um etwa 20 % auf etwa 4.500 Einwohner Ende 2008 gesunken. Doch nicht nur die Einwohnerzahl nimmt kontinuierlich ab, auch die Zusammensetzung und Sozialstruktur der Bevölkerung verändert sich: So ziehen insbesondere jüngere, besser qualifizierte Personen sowie Frauen aus der Gemeinde fort,[7] während äl-

6 Die folgenden Ausführungen stellen eine überarbeitete Fassung aus Schellenberg (2014, S. 73–78) dar.

7 Untersucht wurden vier Gemeinden, darunter Mügeln. Die Daten beziehen sich auf 1999–2008.

tere Personen aus noch ländlicher geprägten, umliegenden Gegenden aufgrund der besseren Versorgungssituation zuziehen (Rößler & Kunz 2010, S. 36, 46). Damit ist die Mügelner Bevölkerung heute überdurchschnittlich männlich und alt (Durchschnittsalter 2008: 47,1 Jahre; vgl. Schellenberg 2013, S. 35ff.). Im Vergleich zu Deutschland insgesamt und insbesondere zu den Großstädten fällt zudem der mit 1 % sehr geringe Ausländeranteil der Gemeinde auf (Statistisches Landesamt des Freistaates Sachsen 2003). Zum Vergleich: 19,5 % der Menschen in Deutschland hatten 2011 einen Migrationshintergrund, davon hatten 8,8 % einen ausländischen Pass. Der Anteil der Menschen mit Migrationshintergrund betrug in den Großstädten Leipzig 8 %, Berlin 25 % und Frankfurt am Main 43 %.

Infolge der umfassenden »De-Industrialisierung«, »De-Administrierung«, »De-Militarisierung« und »De-LPGsierung« hat sich die Sozialstruktur Mügelns grundlegend verändert (Burdack 2007). Ein wichtiger Faktor für eine positive Bevölkerungsentwicklung ländlicher Gemeinden ist ihre Nähe zu Ballungszentren. Mügeln befindet sich genau zwischen den Großstädten Dresden und Leipzig. Die Entfernungen zu diesen Zentren sind jedoch zu groß, um positive Ausstrahlungseffekte für die Kleinstadt zu haben (Kirschke & Richter 2008, S. 40). Daher überrascht die »Diagnose« für Mügeln aus einer Untersuchung zu soziodemografischen und wirtschaftlichen Entwicklungschancen von 147 sächsischen Kleinstadtgemeinden aus dem Jahr 2007 nicht: »besonders ungünstige Entwicklungslinien« (Burdack 2007, S. 41). Von aktueller Bedeutung für die Mügelner Wirtschaft sind neben dem produzierenden Gewerbe die Bereiche Handel, Verkehr und Gastgewerbe. Auch das Gesundheits- und Sozialwesen bietet einige Arbeitsplätze. Die Arbeitslosenquote ist mit 27 % sehr hoch. Mügeln verfügt über einen deutlichen Auspendlerüberschuss: Dreimal mehr Menschen verlassen den Ort zur Arbeit, als dass Menschen nach Mügeln einpendeln. Dies unterstreicht den Mangel an Arbeitsplätzen in der Gemeinde (Rößler & Kunz 2010, S. 22).

Die soziostrukturellen Daten markieren Eigenheiten der Kleinstadt Mügeln, die sie mit anderen, ähnlich vom gesellschaftlichen Wandel betroffenen Gemeinden im ländlichen Raum teilt. Vergleicht man diese Gemeinden mit Orten, in die Menschen heute einwandern, zeigt sich eine gegenläufige Entwicklung im Vergleich zu prosperierenden Großstädten und ihren »Speckgürteln«: Jene gewinnen an Arbeitsplätzen und an Bevölkerung – und sie werden auch vielfältiger, offener und individueller. Dies gilt für die ethnische, religiöse und politische Zusammensetzung, aber auch für die Möglichkeit, sich mit vergleichsweise weniger Einschränkungen für individuelle Lebensformen zu entscheiden. Die Lebenswirklichkeiten in der niedergehenden Kleinstadt des ländlichen Raums klaffen immer deutlicher von denen in der aufstrebenden Stadt auseinander.

Doch wäre es ein Fehlschluss, würde man den von den Bürgern einer Gemeinde wie Mügeln als schwierig empfundenen gesellschaftlichen Wandel und die soziale und individuelle Frustration alleine als Ursache der Verfestigung einer rassistischen Hegemonie und der Ausbreitung des Neonazismus verstehen.

Vielschichtige Gewaltverhältnisse

Professionelle Beobachter sprachen von vielschichtigen Gewaltverhältnissen, die sich in länger schwelenden Konflikten in der Gemeinde zeigten. So berichteten Mitarbeiter des *Mobilen Beratungsteams* des *Kulturbüros Sachsen* von akzeptierten Formen der Alltagsgewalt, Kluften zwischen dem Erleben Jugendlicher und ihrer Eltern sowie von starken Unterdrückungserfahrungen bei Jugendlichen.[8] Auch externe Beobachter wie der später zuständige Polizeipräsident Jürgen Georgi kommentierten die Stimmung in Mügeln mit den Worten, er habe nie einen Ort mit solch einer aggressiven Grundstimmung erlebt.[9]

In der Gemeinde und in vielen Familien schlummerten Aggressionen aufgrund vielschichtiger Probleme. So wird von einem »Riss quer durch Mügelner Familien«[10] berichtet. Dies habe auch mit ökonomischen Verhältnissen zu tun, ebenso wie mit der Unfähigkeit, gemeinsam Perspektiven auszuhandeln. Beispielsweise gebe es einen tiefen Konflikt um den Erhalt einer Mügelner Institution, an der viele Arbeitsplätze der Kleinstadt hängen. Dieser habe zu einer Spaltung der Gemeinde entlang ökonomischer Bedürfnisse geführt. Einige Jugendliche haben den Konflikt insofern »für sich befriedet«, als sie sich »über die etablierten Familien-

8 Vgl. Interviews, Gesprächspartner: Friedemann Affolderbach.

9 Georgi zitiert durch Solvejg Höppner, die als Beraterin der Mobilen Beraterteams internen Gremien des Stadtrats beiwohnte und mit der Polizei im Gespräch war.

10 Vgl. Interviews, Gesprächspartnerin: Höppner.

grenzen hinweg untereinander befreundet« haben. Das habe den ohnehin sichtbaren Generationenkonflikt in der Kleinstadt weiter verstärkt.[11]

Dass sich in Mügeln die Erlebniswelt von Jugendlichen und ihren Eltern unterschied und kaum Austausch darüber stattfand, zeigten auch die Reaktionen auf die Ausschreitungen während des Altstadtfestes. Einige der kritischen Jugendlichen teilten ihren Eltern nach den Übergriffen mit, hinter diesen ständen extreme Rechte, die sie seit Jahren belästigten. Viele berichteten, dass sie bei ihren Eltern auf Ablehnung stießen. Etliche Eltern lehnten das Gespräch mit ihren Kindern ab und bestanden darauf, dass es »so etwas« noch nie in Mügeln gegeben habe. Konflikte in der Gemeinde wollten viele der älteren Generation nicht diskutieren. Eine weitere Entfremdung war die Folge.[12]

Vor diesem Hintergrund könnten die Aktivitäten der Neonazis und ihrer Sympathisanten auch pathologische Stimmungen in der Gemeinde widerspiegeln. Es wurde eine *Outgroup* definiert und als minderwertig und also »antastbar« akzeptiert. Erlebte Gewalt und Frust konnten durch die rassistischen Übergriffe in einem scheinbar zulässigen Rahmen entladen werden. Die Entladung der eigenen umgelenkten Aggression in Form von gewalttätigen Ausschreitungen kann als befreiend empfunden werden, auch weil sie gemeinschaftlich erlebt wird. Rassismus wird zum gemeinsamen, zum gemeinschaftlichen Gut – und Gewalt akzeptabel.

Die Einschätzung, in Mügeln schlummerten unausgesprochene Gewaltstrukturen und ungelöste Konflikte, wird durch die Wiederholung aggressiver Aktionsformen in der Kleinstadt bestätigt. So gab es zwar erstmals, aber nicht alleine während des Altstadtfestes 2007 aggressive Massenansammlungen (Schellenberg 2014, S. 60–66). Später versammelte sich eine Menge aus »Neonazis, alten Ehepaaren, Familien und der Mutti mit Hund«[13] zu weiteren Aktionen: Die Aggression richtete sich nun gegen die gegen Rassismus engagierten Jugendlichen vom Verein *Vive le Courage* (Schellenberg 2014, S. 65). Wieder wurden Personen Opfer der regressiven Homogenitätsbestrebungen gewaltbereiter Einwohner. Wieder wurde eine *Outgroup* definiert, an der sich die Aggressionen entladen konnten.

11 Vgl. Interviews, Gesprächspartner: Afforderbach.

12 Vgl. Interviews, Gesprächspartner: Afforderbach.

13 Vgl. Interviews, Gesprächspartnerin: Höppner.

Autoritäre Muster und Strukturen

Mitarbeiter der Mobilen Beratungsteams, die das Geschehen in Mügeln beobachteten, glauben, der Vorfall während des Altstadtfests habe viele Menschen in Mügeln zunächst tief erschüttert und auch nachdenklich gestimmt. Es habe anfangs eine gewisse Offenheit für Diskussion gegeben, auch hätten sich viele Menschen am nächsten Tag auf dem Marktplatz getroffen.[14] Tatsächlich zeigen auch die Berichte der Augenzeugen der ersten Stunde, also der unmittelbaren Zeugen wie auch der vor Ort im Einsatz befindlichen Polizisten, vor allem Erschütterung über den rassistischen Gewaltausbruch.[15] Sie bezeugten die erhebliche Aggression und den »Hass auf Ausländer« als Ausgangspunkt der Gewalttätigkeiten. Bürger/innen setzten in den ersten Tagen nach dem Vorfall kritisch Zeichen gegen »Fremdenhass«, wie zum Beispiel beim Friedenslauf der evangelischen Kirchengemeinden (Evangelisch-Lutherische Landeskirche Sachsens 2007). Die Offenheit für Diskussion und damit für demokratische Konfliktbearbeitung währte allerdings nur kurz.

Warum? – Vielleicht hat es mit den schnellen Nachfragen von Journalisten zu tun, die von Bürgern Antworten verlangten, als diese ihre eigenen Fragen erst formulierten. Begründet wird es u.a. mit der Präsenz der Medien und der Öffentlichkeit, die plötzlich massiv in die Gemeinde drängte und der man sich ausgesetzt fühlte (Schellenberg 2013, S. 229–275). Doch die Analyse zeigt noch weitere Ursachen.

Noch bevor eine Diskussion in der Gemeinde geführt werden konnte, gab der Bürgermeister in ersten Interviews mit Medienvertretern bekannt, in Mügeln gebe es keine »Rechtsextremen«, Mügeln habe sich einen guten Ruf erarbeitet und »Fremdenfeindlichkeit« vermutlich nichts mit dem Vorfall zu tun. Er verhielt sich, als müsse er sich schützend vor »seine Bürger« stellen. Dabei integrierte er die Opfer aber keineswegs in seine Bürgerschaft. Mit seiner Vorwegnahme der Deutung, dem sofortigen Schließen des Diskussionsspielraums und der »Verteidigung« »seiner« anscheinend artikulationsschwachen Bürgerschaft agierte er autoritär.

Bereits das Eingeständnis, dass es in Mügeln Probleme geben könnte, schien für den Bürgermeister nicht in die Welt der öffentlichen Kommu-

14 Vgl. Interviews, alle Gesprächspartner.

15 Vgl. Akten: Die ersten Zeugenaussagen und Berichte der diensthabenden Polizisten.

nikation zu gehören. Von Mitmenschen wird Bürgermeister Deuse auf der einen Seite als jemand beschrieben, der während der DDR-Zeit »eine weiße Weste« behielt und nach der Wende glaubhaft für »Freiheit« eintrat. Auf der anderen Seite wird er als »extrem autoritär, (als) ein Patriarch durch und durch« beurteilt, der »die Stadt wie ein kleines Unternehmen führt«.[16] Verschiedene Personen (Polizei, Politik, Mobiles Beratungsteam) berichten, dass Versuche scheiterten, den Bürgermeister vor einer Überschätzung seiner Rolle in der deutschlandweiten Öffentlichkeit zu bewahren und sich daher mit Stellungnahmen gegenüber Medienvertretern (zunächst) zurückzuhalten. Er war jedoch nicht bereit zu realisieren, dass er in der Debatte nicht erste Autorität sein und alleinige Deutungsmacht besitzen konnte.

Der Mügelner Bürgermeister und mit ihm widerspruchslos der Stadtrat attackierten diejenigen, die »Rassismus« und Neonazis in Mügeln thematisierten. So wurde Journalisten wie Politikern, die »Fremdenfeindlichkeit/Rassismus« und »Rechtsextremismus« feststellten, bald aggressiv widersprochen. Ihnen wurde unterstellt, sie würden »die Mügelner« vorverurteilen und hätten – anders als er, der legitime Repräsentant Mügelns – keine Kenntnisse über die Situation vor Ort (Schellenberg 2014, insbes. S. 46). Welche Rolle Deuse in der Nacht des Überfalls hatte, bleibt unklar. In der Tat will sich der Bürgermeister als Nukleus der Kommunikation über den Fall setzen. Dies zeigt unter anderem seine Reaktion auf Stellungnahmen des Bundesverkehrsministers Tiefensee (SPD) zum »Fall Mügeln«: Deuse klagte nicht nur, dieser hätte den Telefonhörer in die Hand nehmen müssen, um mit ihm, dem Stadtherrn, zu reden, bevor er den Vorfall kommentiere. Er glaubte auch, dass Tiefensee nach einem Gespräch mit ihm die Situation verstanden und nicht von einem »fremdenfeindlichen« und »rechtsextremen« Hintergrund gesprochen hätte. So meinte er, eine »natürliche« Deutungshoheit über die Interpretation des Falls zu besitzen und mit der Behauptung seiner Autorität Probleme bewältigen zu können. Eine weitere Interpretation, die zum Verständnis der Gemengelage vor Ort beiträgt, ist, dass unterschwellig auch über die »Idee der Befreiung« verhandelt wurde. So zeigt sich ein Konflikt darüber, wer das Recht hat, den Weg zur Freiheit aus der bürgerfernen DDR für sich zu beanspruchen und diese auch heute zu vertreten. Bürgermeister Deuses Reaktion drückt somit nicht nur Benachteiligungsgefühle eines Provinz-

16 Interviews, Gesprächspartner: Affolderbach.

politikers gegenüber einem weltläufigen Großstadtmenschen aus und ist auch nicht allein autoritär, sondern sie ist auch der Versuch, sich gegen den Geltungsanspruch »der Leipziger« (Tiefensee) als herausgehobene Freiheitskämpfer zu wehren und so seine Machtposition vor Ort zu stärken. Daher konnte der Mügelner Bürgermeister scheinbar aus einer Freiheits- und Demokratie-Perspektive heraus mehrfach punkten, als er die fehlende Suche nach Dialog des Leipzigers Tiefensee angriff. Da der ehemalige Leipziger Oberbürgermeister nicht einmal den Telefonhörer in die Hand nehme, glaubt er dessen Einschätzung zu einem »rechtsextremen« und »fremdenfeindlichen« Tathintergrund diskreditieren zu können. Bürgermeister Deuse war offenbar nicht klar, dass seine »Logik« außerhalb der Kleinstadt kaum nachvollziehbar war und starken Gegenwind auslösen musste.

Die Durchsetzung der Deutungshoheit: Ausgrenzung und Schweigen

Tatsächlich hat sich der Bürgermeister in »seiner« Gemeinde nicht geirrt – auch wenn dafür viel »geopfert« wurde: Es gelang weitgehend, Probleme umzuetikettieren und seine Deutung in der Gemeindeöffentlichkeit durchzusetzen.

Regionalen Politikern ebenso wie Bundespolitikern und Journalisten, die Rassismus und Rechtsextremismus als Hintergrund der Gewalteskalation in Mügeln thematisierten, wurden Vorurteile, fehlende Ortskenntnisse und böswillige Absichten vorgeworfen, womit ihnen die Kompetenz, an der Debatte teilzunehmen, prinzipiell abgesprochen wurde. Der Bürgermeister Mügelns spricht etwa von »giftigen Parolen« und verbreiteter Unkenntnis bei Regional- und Bundespolitikern. Beispielsweise greift er die sächsische Grünenpolitikerin Antje Hermenau an, ihr würden die notwendigen Ortskenntnisse fehlen, um den Fall beurteilen zu können. Er fordert sie auf: Sie sollte sich Mügeln »mal anschauen«, »damit sie auch weiß, wovon sie spricht« (Interview Bürgermeister in der *Jungen Freiheit*, geführt von Schwarz 2007). Hermenau wird durch den Bürgermeister außerhalb der »Wir«-Gruppe, der Ortskundigen, angesiedelt und zur »Fremden« erklärt, die sich nicht auskenne und sich nicht einmischen dürfe.

Auch in Mügeln selbst gab es vorerst einige kritische Stimmen, die zur Aufklärung des rassistischen und neonazistischen Vorfalls beitragen wollten. Dazu gehörten Personen, die in den ersten Tagen nach dem rassistischen Übergriff bereits bei der Polizei ausgesagt hatten. Sie wurden abermals vorgeladen und, wie weitere mögliche Zeugen, diesmal durch ein Spalier von Schaulustigen und Interessenten (aus Bürgern, Journalisten und vermutlich auch interessierten Neonazis) geschickt: So wurde der Vernehmungsraum in den Hauptsitz des Bürgermeisters, ins Rathaus, verlegt, wobei die Zeugen, um dorthin zu kommen, die Menschenmenge passieren mussten. Man ist an Foucaults historische Reflexion »Überwachen und Strafen« erinnert, in der dieser die Zur-Schau-Stellung und damit Stigmatisierung angeblicher Straftäter zur Sicherung von Macht und Deutungshoheit beschreibt (Foucault 1994). Eine abwehrende Behandlung der freiwilligen Zeugen findet sich auch in den Zeugenvernehmungen der Polizei wieder. Zu den zweifelhaften Ermittlungsbemühungen, in denen immer wieder eine Täter-Opfer-Umkehr betrieben wird, passen Aufrufe des Bürgermeisters in lokalen und regionalen Zeitungen. So findet sich etwa der Aufruf: »Deshalb brauche ich die ganz gezielte Aussage von der Polizei, wie es zu dem Vorfall gekommen ist«, unter einem Artikel, in dem der Bürgermeister als jemand beschrieben wird, der »die Einwohner seines Ortes gegen pauschale Vorverurteilungen« verteidigt. Damit wird impliziert, die »Vorverurteilungen« gegen »die Mügelner und Ostdeutschen« träfen nicht zu, wenn die Täter nicht fremdenfeindlich motiviert waren oder »die Inder« selbst die Taten ausgelöst hätten (*Sächsische Zeitung* 2007). Als Ermunterung zur Aufklärung ist das kaum zu verstehen.

Ein weiteres Beispiel für die gescheiterte Aufklärung bietet eine frühe Veranstaltung, initiiert von Personen, die die Übergriffe problematisieren wollten. Sie misslang, weil der Bürgermeister in gemeinsamer Agitation mit einem Vertreter der Staatsregierung und dem Extremismusforscher Eckhard Jesse auf dem Podium nicht Rassismus und Neonazis, sondern die Medien und angeblich böswillige Anti-Rechtsextremismus-Debattenantreiber als Schuldige für die aktuelle Situation in Mügeln ausgemacht hatten. Eine aus Brandenburg angereiste Band *(Virginia Jetzt)* brach deshalb ihr Konzert nach nur einem Lied ab. Sie wollte, wie sie sagte, nicht Teil der Verharmlosung von Rassismus und Rechtsextremismus sein.

Die Unterdrückung und das Ausstoßen derjenigen Mügelner, die bei der Interpretation des Vorfalls »aus der Reihe tanzten«, zeigt sich besonders deutlich im Umgang mit den Mügelner Jugendlichen, die Rassismus und

Neonazismus thematisierten. Da ihr Vereinsgebäude mehrfach von Neonazis angegriffen und ihre Mitglieder bedroht wurden, warben sie um Unterstützung der Gemeinde. Schließlich wurde das Thema im Stadtrat verhandelt.

Die Stadtratsdebatte belegt, dass die Jugendlichen und ihre Anliegen vom gesamten Stadtrat (Parteien: FDP, CDU, Linke und SPD) nicht als unterstützungswürdig oder schützenswert verstanden wurden, sondern als Störung. Die jungen Leute würden die Ordnung, die Sauberkeit und Ruhe der Kleinstadt beeinträchtigen, hieß es stattdessen. Auch sei der öffentliche Alkoholkonsum unter ihnen nicht tolerierbar. Als der bei der Sitzung anwesende Torgauer Revierleiter der Polizei nach etwa einer Stunde Diskussion mahnte: »Also, dass wir uns richtig verstehen, die Täter stehen vor dem Haus und sitzen nicht drinnen«, herrschte kurz Stille.[17] Doch die Stadträte ließen sich nicht beeindrucken, es blieben die rund 40 Jugendlichen von *Vive le Courage*, die der Stadt ein Dorn im Auge waren, nicht Aggressionen in der Gemeinde oder selbstbewusste Neonazis. So wird deutlich, dass die »widerspenstigen« Mügelner mundtot gemacht wurden. Sie wurden stigmatisiert, kriminalisiert und ausgegrenzt.

Die mangelnde Offenheit gegenüber Kontroverse und Vielfalt und die Angst vor demokratischer Auseinandersetzung und Aufklärungsarbeit zeigten sich immer wieder. Wurde in Sachsen oder im Ort dennoch über »Rechtsextremismus« und »Fremdenfeindlichkeit/Rassismus« gesprochen, durfte der Vorfall in Mügeln nicht erwähnt bzw. nicht als Anlass der Diskussion identifiziert werden. Das war die Ansage bei einem kurz nach dem Vorfall stattfindenden sächsischen Kommunalforum, das in Riesa zum Thema »Extremismus und Gewalt« zusammentraf – und, wie die Analyse zeigt, von der Staatsregierung öffentlich als Beweis der Reaktionsfähigkeit gegen Fremdenfeindlichkeit und Rechtsextremismus nach dem international aufsehenerregenden »Fall Mügeln« dienen sollte (vgl. Schellenberg 2013). Sie galt auch in Mügeln selbst: In zeitlich geringem Abstand zum Vorfall fand eine schon länger geplante Fortbildung für Pädagogen zum Thema »Rechtsextremismus« statt, die von der Polizei und dem *Mobilen Beratungsteam* des *Kulturbüros Sachsen* entwickelt worden war. Der Direktor der Mittelschule, in der die Schulung stattfand, bestand darauf, das Ereignis in Mügeln dürfe »kein Thema« der Fortbildung sein.

17 Vgl. Interview, Torgauer Revierleiter zitiert durch Höppner (vgl. Fußnote 9).

So wurden naheliegende Fragen, die sich viele Pädagogen stellten, nur am Rand der Veranstaltung beredet.[18] Die Teilnehmenden waren nicht in der Lage, ihr Interesse am »Fall Mügeln« zu formulieren und durchzusetzen (Schellenberg 2014).

Einen besonderen Tiefpunkt demokratischen Verständnisses schließlich stellte das Verbot eines Anti-Rassismus-Konzerts dar, welches der Verein *Vive le Courage* in Mügeln veranstalten wollte. Der Mügelner Stadtrat entschied, er gestatte keine »politischen« Veranstaltungen im öffentlichen Raum. Tatsächlich ist das Recht, politische Veranstaltungen im öffentlichen Raum durchzuführen, ein Grundrecht. Keineswegs evident ist zudem, dass »Anti-Rassismus« und das Einstehen für die Menschenrechte als »politisch« kategorisiert wird. Die Veranstaltung von *Vive le Courage* fand schließlich in Oschatz und damit außerhalb Mügelns statt.

Resümee

Die Untersuchung legt Muster und Pfade des Scheiterns im Umgang mit Rassismus und der extremen Rechten offen. Die am Fallbeispiel herausgearbeiteten vier problematischen Muster – Autoritarismus, Rassismus, Ost-West-Befindlichkeiten und das Extremismuskonzept – verhindern oder erschweren die Aufklärung rassistisch und neonazistisch motivierter Übergriffe. Eine entsprechend problematische Gemengelage kann in ländlichen Orten mit Strukturproblemen besonders ausgeprägt sein. Am Fallbeispiel Mügeln zeigte sich, dass autoritäre Machtstrukturen und mangelnde demokratische Auseinandersetzung realitätsferne Eigendynamiken der Falldeutung begünstigen. Das autoritäre Machtgefüge in der Kleinstadt konnte einen gewaltigen Konformitätsdruck entfalten, der diejenigen, die Rassismus und Rechtsextremismus thematisieren wollten, zu Außenseitern und zum Angriffsziel der Gemeinde machte.

Besonders wirkungsmächtig und folgenschwer war die ethnisch-nationale Kategorisierung des Vorfalls. Tatsächlich wurden rassistische Vorurteilsstrukturen der Falldeutung und -bearbeitung mehrfach manifest: beim Übergriff und bei den pogromartigen Ausschreitungen sowie bei der Bearbeitung des Falls durch die Ermittlungsbehörden und die loka-

18 Vgl. Interviews, Gesprächspartnerin: Höppner.

le, teilweise auch regionale Politik. Die Verfestigung der Atmosphäre in der Kleinstadt hin zu einer rassistischen Hegemonie und die Ausbreitung der Neonazis ist schließlich Konsequenz des Übergriffs und seiner verunglückten Problembearbeitung.

Neben Forschungs- und Aufklärungsarbeit möchte ich mit der Untersuchung auch eine empirische Grundlage für die Entwicklung effektiver Strategien gegen Rassismus und Rechtsextremismus anbieten. Deutlich wird etwa, dass, um Missstände und Fehlentwicklungen zeitnah zu thematisieren, unabhängige Recherche und Dokumentation ebenso wie Möglichkeiten der Beschwerde (etwa durch unabhängige Beschwerdestellen für Polizisten und Bürger) wichtig sind. Die Analyse zeigt auch, dass Akteure, wie zivilgesellschaftliche Opferberatungsstellen, mobile Beratungsteams, Opferanwälte, investigativ arbeitende Journalisten und unabhängige Wissenschaftler unverzichtbar sind für eine zielführende Bearbeitung von Rassismus und Rechtsextremismus.

Literatur

Aktenbestände: 8 Bände Akten zu Az.: 608 Js 43641/07, Staatsanwaltschaft Leipzig.

Burdack, J. (2007). Kleinstädte im Abseits. Zur Entwicklung mitteldeutscher Kleinstädte nach 1990. *Geografische Rundschau 59* (6), 34–43.

Evangelisch-Lutherische Landeskirche Sachsens (2007). *Rund 400 Menschen bei Friedensgebet nach Übergriff auf Inder,* vom 27.08.2007. http://www.evlks.de/aktuelles/nachrichten/8000.html (Stand: 13.10.2014).

Foucault, M. (1994). *Überwachen und Strafen. Die Geburt des Gefängnisses.* Frankfurt/M.: Suhrkamp.

Interviews mit zivilgesellschaftlichen Akteuren, durchgeführt am 06.11.2013, 10.12.2013, 23.01.2014, 07.04.2014 ca. 20 Stunden): Solvejg Höppner (Mobiles Beratungsteam Sachsen Nordost, Kulturbüro Sachsen) und Friedemann Affolderbach (ehemals Mobiles Beratungsteam Sachsen Nordost, Kulturbüro Sachsen), ehemalige Mitglieder/Jugendliche des Vereins *Vive le Courage.*

Kirschke, A. & Richter, B. (2008). Das Wanderungsverhalten der Bevölkerung in den sächsischen Gemeinden als Spiegel wirtschaftlicher Rahmenbedingungen und territorialer Besonderheiten. In: *Statistik in Sachsen 3/2008.* http://www.statistik.sachsen.de/download/300_Voe-Zeitschrift/zeitschrift_2008_3.pdf (Stand: 13.10.2014).

Rößler, C. & Kunz, A. (2010). Ergebnisse einer empirischen Analyse des Migrationsgeschehens in Städten und Dörfern des ländlichen Raums in Sachsen. In: Landesamt für Umwelt, Landwirtschaft und Geologie, Freistaat Sachsen (Hrsg.), *Wanderungsmuster in ländlichen Räumen.* Schriftenreihe, Heft 22/2010.

Sächsische Staatsregierung (26. September 2013). Drucksache 5/12624. Antwort der Sächsischen Staatsregierung auf die kleine Anfrage des Abgeordneten Johannes Lichdi, Fraktion Bündnis 90/Die Grünen. *Ausbreitung des Rechtsradikalismus in Mügeln und im Landkreis*

Nordsachsen. http://edas.landtag.sachsen.de/viewer.aspx?dok_nr=12624&dok_art=Drs&leg_per=5&pos_dok=2 (Stand: 13.10.2014).

Sächsische Staatsregierung (26. September 2013). Drucksache 5/12625. Antwort der Sächsischen Staatsregierung auf die kleine Anfrage des Abgeordneten Johannes Lichdi, Fraktion Bündnis 90/Die Grünen. *Übergriffe während und nach dem Altstadtfest 2007 in Mügeln*. http://edas.landtag.sachsen.de/viewer.aspx?dok_nr=12625&dok_art=Drs&leg_per=5&pos_dok=2 (Stand: 13.10.2014).

Sächsische Staatsregierung (26. September 2013). Drucksache 5/12626. Antwort der Sächsischen Staatsregierung auf die kleine Anfrage des Abgeordneten Johannes Lichdi, Fraktion Bündnis 90/Die Grünen. *Indischer Extremismus im Freistaat Sachsen*. http://edas.landtag.sachsen.de/viewer.aspx?dok_nr=12625&dok_art=Drs&leg_per=5&pos_dok=2 (Stand: 13.10.2014).

Sächsische Zeitung (29.08.2007). Zeugen nach Attacke auf Inder gesucht. *Sächsische Zeitung*, S. 8.

Schellenberg, B. (2013). *Die Rechtsextremismus-Debatte. Charakteristika, Konflikte und ihre Folgen*. Edition Rechtsextremismus. Wiesbaden: VS Verlag für Sozialwissenschaften.

Schellenberg, B. (2014). *Mügeln. Rassistische Hegemonien und die Ausbreitung der Neonazis*. Weiterdenken/Heinrich-Böll-Stiftung Sachsen (Hrsg.). Reihe: Demokratie, Dresden.

Schwarz, M. (2007). Interview mit Mügelns Bürgermeister Deuse (31. August 2007). »Ein neues Sebnitz«. Nach der Gewalt in Mügeln steht der Ort am Pranger. Bürgermeister Gotthard Deuse kämpft für seine Stadt. *Junge Freiheit, 36/07*.

Statistisches Landesamt des Freistaates Sachsen (2003). *Kreisstatistik*.

Weiterführende Literatur

Adorno, T. W., Frenkel-Brunswick, E., Levinson, D. J. & Sanford, R. N. (Hrsg.) (1950). *The Authoritarian Personality*. New York: Harper.

Adorno, T. W. (21976). *Studien zum autoritären Charakter*. Frankfurt/M.: Suhrkamp.

Foucault, M. (1991). *Die Ordnung des Diskurses*. Mit einem Essay von Konersmann. Frankfurt/M.: Suhrkamp.

Hall, S. (1997). The Spectacle of the ›Other‹. In: Ders. (Hrsg.), *Representation: Cultural Representations and Signifying Practices*. London: Sage.

Reisigl, M. & Wodak, R. (2005). *Discourse and Discrimination. Rhetorics of Racism and Antisemitism*. London: Routledge.

Schellenberg, B. (2013). Rechtsradikalismus und Terrorismus in Deutschland: Entwicklungen und Ermöglichungsstrukturen. In: Melzer, R. & Serafin, S. (Hrsg.), *Rechtsextremismus in Europa: Länderanalysen, Gegenstrategien und arbeitsmarktorientierte Ausstiegsarbeit* (S. 39–78). Berlin: FES.

Schellenberg, B. (2014). Rassismus, extrem rechte Morde und Terrorismus in Deutschland am Beispiel der Mordserien des »Nationalsozialistischen Untergrunds« (NSU). *Expertisen für Demokratie*, 3/2014, S. 1–20. http://library.fes.de/pdf-files/dialog/10959.pdf (Stand: 13.10.204).

2 Arbeit gegen Rechtsextremismus in Sozialen Netzwerken – Die Praxis des Modellprojektes *no-nazi.net*

Johannes Baldauf & Malte Switkes vel Wittels

Zusammenfassung

Zivilgesellschaftliche Arbeit im Bereich Rechtsextremismus kommt heutzutage nicht mehr um den digitalen Raum herum – insbesondere nicht um die Sozialen Netzwerke. Von den einen wird das Internet als unkontrollierbarer Propaganda-Raum gefürchtet, von den anderen mit nahezu hysterischer Heilserwartung für den Umgang mit Jugendlichen gefeiert, doch beide Extrempositionen liegen wohl abseits der Realität. Das Modellprojekt *no-nazi.net* hat sich in den vergangenen drei Jahren mit den Chancen und Grenzen des Web 2.0 beschäftigt und im Rahmen seines Monitorings die Entwicklungen der rechtsextremen Szene in diesem neuen Sozialraum genau beobachtet. Im Folgenden soll aus dem Blickwinkel der Praxis heraus die Projektarbeit resümiert und eine aktuelle Lageeinschätzung gegeben werden.

Zivilgesellschaftliche Arbeit in Sozialen Netzwerken

Die technische und kommunikative Revolution des Internets, die unsere Gesellschaft seit mehr als zwei Jahrzehnten in Atem hält, bedeutet auch für die zivilgesellschaftliche Arbeit im Bereich Rechtsextremismus eine gravierende Zäsur. In einer vorher nicht gekannten quantitativen Dimension ist es – insbesondere mit dem Auftreten Sozialer Netzwerke und dem sogenannten Web 2.0 – für Rechtsextreme verhältnismäßig einfach geworden, ihre Ideologie zu verbreiten. Ebenso einfach ist es auf Rezipientenseite, sich ein menschenfeindliches Weltbild einem Puzzle gleich zusammenzusuchen. Diesen Entwicklungen in den Sozialen Netzwerken trat die Amadeu Antonio Stiftung im Jahr 2010 mit der Kampagne »Soziale Netzwerke gegen Nazis« sowie umfangreichem Informationsmaterial entgegen.

Zu dieser Zeit war die Situation der nationalen und internationalen Betreiber noch eine völlig andere als heute. Rassismus, Antisemitismus und andere Formen der Gruppenbezogenen Menschenfeindlichkeit (GMF, international auch: »Hate Speech«) waren in einem noch viel stärkeren, ungezügelten Maße anzutreffen. Den Betreibern fehlte zum einen das Know-How und Expertenwissen, um die Codes und Verschleierungen der rechten Szene richtig deuten zu können. Zum anderen wollten sie die User/innen nicht durch Zensur verschrecken.

Im Rahmen des aktuell auslaufenden Bundesprogramms gegen Rechtsextremismus »Toleranz fördern – Kompetenz stärken« des Bundesministeriums für Familie, Senioren, Frauen und Jugend wurde schließlich 2011 unter dem Dach der Amadeu Antonio Stiftung das Projekt *no-nazi.net* verwirklicht. Es entstand maßgeblich aus den über die Jahre gesammelten Erfahrungen der Praktiker/innen und zielt darauf ab, die Zusammenarbeit mit Netzbetreibern zu verstärken sowie jugendliche Nutzer/innen über rechtsextreme Ideologie und Taktiken in den neuen Medien aufzuklären. Es fanden sich zudem weitere Kooperationspartner in der Freudenberg Stiftung, der Robert Bosch Stiftung und bei Google.

Die Arbeit beruht auf drei essenziellen Säulen, die sich in der Praxis der vergangenen Jahre bewährt haben. Die erste ist das umfassende qualitative Monitoring in den Sozialen Netzwerken, da vor jedem Handeln die Phänomene notwendigerweise zu beobachten, zu benennen und auszuwerten sind. Im Monitoring wird tagesaktuell analysiert, auf welche Weise und von welchen Akteuren rechtsextreme Ideologie verbreitet wird. Einen besonderen Stellenwert nehmen in der Beobachtung groß angelegte Kampagnen und Hassinhalte ein, die im Netz eine hohe Viralität erreichen. Das Augenmerk richtet sich aber auch darauf, wie Vernetzungen erfolgen und wie sich unterschiedliche rechte Strömungen zueinander verhalten.

Zweitens ist pädagogisches Fachpersonal des Projekts im Bereich der Radikalisierungsprävention tätig und sucht den direkten Online-Kontakt zu Jugendlichen, die rechtsextrem-affine Tendenzen zeigen. Mittels speziell angelegter Projekt-Profile werden sie authentisch angesprochen, mit dem Ziel, bei ihnen ein politisches Umdenken und eine Stärkung demokratischer Werte zu bewirken. Die Praxis zeigt, dass sich aufgrund der medienimmanenten Barrieren zu den User/innen jedoch nur etwa jeder zehnte proaktive Kontaktversuch als erfolgreich erweist.

Drittens wurde von Beginn an angestrebt, das Projekt an nationalen und internationalen Kooperationen zu beteiligen. Ziel war es, die Policy in Bezug auf den Umgang mit Hate-Speech-Inhalten maßgeblich mit zu beeinflussen. Damit wurde der Erkenntnis Rechnung getragen, dass es nicht ausreicht, nur virtuelle Brandherde zu bekämpfen. Vielmehr gilt es, aktiv die Grenzen des Sagbaren gemeinsam mit verschiedenen Akteuren zu debattieren und umzusetzen. Hierfür stehen exemplarisch die Bemühungen, sich in internationalen Netzwerken, wie dem International Network Against Cyber Hate (INACH), zu engagieren und Initiativen auf europäischer Ebene, wie die No Hate Speech Movement des Europarates, mitzugestalten. Ebenso relevant ist die enge Zusammenarbeit mit den großen Plattformbetreibern wie Facebook und Google, deren Ausgestaltung und Umsetzung ihres »virtuellen Hausrechts« auch durch zivilgesellschaftliche Akteure wie *no-nazi.net* beeinflusst wurde und wird.

Rechtsextreme Strategien und Kampagnen im Web 2.0

Rechtsextreme setzen verstärkt auf die Breitenwirkung des digitalen Raumes. Man kann mit Recht davon sprechen, dass das Internet mittlerweile zum Propagandamedium Nummer eins für die Szene avanciert ist. Exemplarisch soll dies an zwei Beispielen verdeutlicht werden: zum einen an den Internetkampagnen der NPD und zum anderen an dem relativ jungen Phänomen der »Identitären Bewegung«.

Die NPD hat es in den vergangenen Jahren geschafft, zu einer der erfolgreichsten Parteien im Sozialen Netzwerk des Marktführers Facebook zu werden. Mittels breit angelegter Kampagnen erreichte sie auch Menschen, welche in der Offline-Welt eine direkte Nähe zur Partei eher scheuen würden. Mit den Parolen »Todesstrafe für Kinderschänder« bzw. weicher formuliert »Deutschland gegen Kindesmissbrauch« gelang es den Rechtsextremen, dieses Thema im Web 2.0 zu platzieren und mit der eigenen Partei zu verknüpfen.

Abbildung 1: NPD-Kampagne »Deutschland gegen Kindesmissbrauch« (Quelle: Facebook.com)

Zumeist tritt die NPD dabei zunächst nicht direkt als offensichtliche Drahtzieherin auf den entsprechenden Seiten, in Gruppen und bei Events auf. Dies führt dazu, dass sich viele Menschen der populistischen Forderung vorschnell anschließen, da sie nicht durch die gesellschaftliche Tabuisierung der Neonazi-Partei abgeschreckt werden. Sukzessive werden dann jedoch auf den entsprechenden Seiten auch Inhalte der NPD verbreitet, die sich weiter in den Distributionskanälen des Netzwerkes, der Timeline, an die User/innen verteilen.

Eine ähnliche Taktik erweist sich auch in der seit 2013 virulenten Hetze gegen Flüchtlingsunterkünfte als äußerst erfolgreich. Im Zuge der bundesweiten Debatte über die Unterbringung von Asylsuchenden gründeten sich in den Sozialen Netzwerken Initiativen von vermeintlich ehrlich besorgten Bürger/innen mit lokalem Bezug, wie beispielsweise »Nein zum Heim in Eisenhüttenstadt« (1.980 Likes), »Bürgerbewegung Hellersdorf« (6.443 Likes) oder »Schneeberg wehrt sich« (3.489 Mitglieder). Bis heute zählte *no-nazi.net* mindestens 70 Seiten mit entsprechendem Inhalt und insgesamt über 60.000 Likes. Dazu ist noch die überaus erfolgreiche Bundesseite der Kampagne »Keine weiteren Asylantenheime in Deutschland« mit über 22.000 Likes zu addieren.

Abbildung 2: NPD-Kampagne »Keine weiteren Asylantenheime in Deutschland« (Quelle: Facebook.com)

Bei fast allen dieser Angebote stellte sich heraus, dass sie kampagnenartig mit ähnlichen Logos und Slogans von der NPD orchestriert wurden. Analog zu der Virulenz der Auftritte gegen vermeintliche »Kinderschänder« gelang es der Partei, online ein Klientel zu mobilisieren, welches quantitativ weit über den tatsächlichen Wähler/innenzahlen und der Gruppe von direkten Sympathisant/innen liegt. Aus dem Monitoring von *no-nazi.net* geht hervor, dass es der NPD gelungen ist, in relevanten Web 2.0-Medien wie Facebook eine enorme Masse an Personen mit einer Disposition zu allen Facetten der Gruppenbezogenen Menschenfeindlichkeit zu sammeln. Gemessen an Like-Zahlen und dem Verbreitungsgrad der Inhalte haben sie es mittlerweile geschafft, die demokratischen Parteien deutlich zu überholen (vgl. Abb. 3).

Eine weitere rechtsextreme Gruppierung, der es seit 2012 gelang, sich im digitalen Raum zu etablieren, ist die »Identitäre Bewegung«. Inhaltlich lehnen sich die »Identitären« an die französische Bewegung der »Génération Identitaire« an und sind den »Neuen Rechten« zuzuordnen. Das Hauptanliegen der Gruppierung ist der proklamierte Kampf gegen »Multikulturalismus«, »Überfremdung« und eine »Islamisierung Europas«.

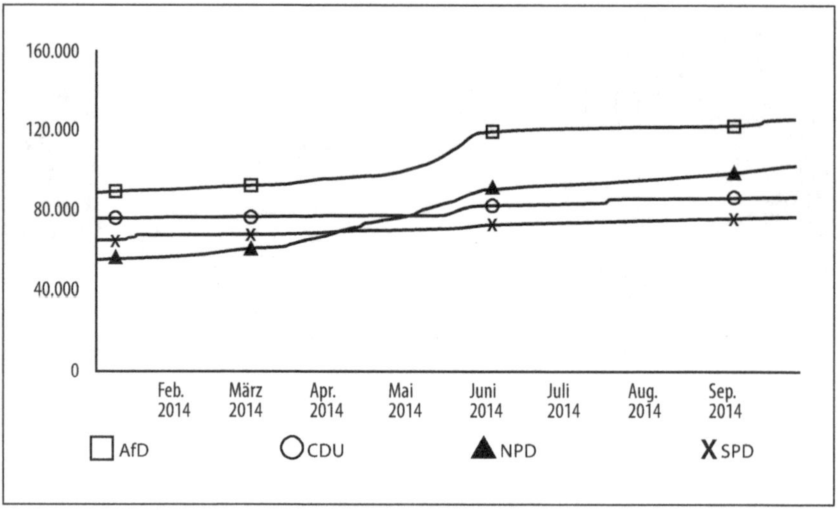

Abbildung 3: Like-Entwicklung der Bundesseiten von AfD, CDU, NPD und SPD auf Facebook (Quelle: Basierend auf Fanpagekarma.com)

Sie stellen dem Feindbild Islam ein »Europa der Vaterländer« gegenüber. Dieses beruht auf dem neurechten Ideologem des sogenannten »Ethnopluralismus« (vgl. dazu Fischer 1998), der den Rassismus in der Provenienz des klassischen Rechtsextremismus mit einer Homogenität von Völkern bzw. Ethnien ersetzt. Die Identität der Bewegung rekurriert also auf eine »kulturelle Identität«, welche in dieser Konstruktion »rein und frei« von fremden Einflüssen gehalten werden müsse.

Diese Idee ist in der Praxis nicht neu und wird in ähnlicher Form auch von anderen Akteuren der »Neuen Rechten« und europäischen Rechtspopulisten vertreten. Bemerkenswert ist jedoch die popkulturell anspruchsvolle und auf junge Menschen zugeschnittene Bild- und Schriftsprache der »Identitären«. Die Bewegung bleibt jedoch in erster Linie ein Phänomen des Web 2.0. Neben Seiten von Bundesvernetzung und unabhängigen Gruppen entstanden in den vergangenen Jahren vermehrt Angebote mit lokalem Bezug, wie beispielsweise der »Identitären Bewegung Rheinland«. Die »Identitären« grenzen sich – zumindest vordergründig – vom klassischen Rechtsextremismus ab (»0% Rassismus – 100% Identität«, »nicht rechts, nicht links – identitär«).

Abbildung 4: Bildsprache der »Identitären Bewegung«
(Quelle: Facebook.com)

Mit trendigen Bildern und Slogans gelang es ihnen, eine junge rechtsextrem-affine Zielgruppe erfolgreich anzusprechen und sich abseits vom desavouierten Nazi-Stigma als innovative Jugendbewegung zu inszenieren (Abb. 4).

Abseits vom Online-Diskurs wählten die »Identitären« für ihre Offline-Aktivitäten Mittel des außerparlamentarischen politischen Aktivismus

(Aufkleber, Flashmobs, Street Art). Durch die vornehmliche Distanz zum klassischen Rechtsextremismus und in Verbindung mit zielgruppengerechten Inhalten konnten sie das Potenzial des digitalen Raumes maximal für sich ausnutzen. Ob es ihnen auch nachhaltig gelingen wird, sich als neue, relevante Kraft im rechtsextremen Spektrum zu behaupten, werden die kommenden Jahre zeigen. Festzustellen ist, dass nicht der traditionelle Rechtsextremismus attraktiv auf Nutzer/innen wirkt, sondern Inhalte, die massentauglich orchestriert und präsentiert werden.

Deradikalisierung und Radikalisierungsprävention

In der pädagogischen Arbeit gegen Rechtsextremismus wird zwischen primärer, sekundärer und tertiärer Prävention unterschieden. Die primäre Prävention hat zum Ziel, die demokratische Orientierung und ein Weltbild der Vielfalt und Gleichheit aller Menschen zu stärken. Sekundäre Prävention richtet sich an rechtsextrem-affine Jugendliche, also junge Menschen, die erste Berührungen mit und Orientierung hin zum Rechtsextremismus aufzeigen. Tertiäre Prävention richtet sich an Menschen mit einem geschlossenen rechtsextremen Weltbild. Im Projekt *no-nazi.net* werden diese drei Grade der Prävention in zwei Bereiche unterteilt. Man spricht bei primärer und sekundärer Prävention von Radikalisierungsprävention, bei tertiärer Prävention von Deradikalisierung. In der Praxis stellen sich die Übergänge zwischen den einzelnen Präventionsgraden häufig als fließend heraus, so dass die Unterteilung idealtypischer Natur ist.

Teilziel des Projekts *no-nazi.net* war es, Aussagen über die Realisierbarkeit der einzelnen Präventionsgrade im digitalen Raum zu treffen. Soziale Netzwerke sind Räume, über die soziale Beziehungen gebildet und gepflegt werden, sowie Orte der Identitätsbildung und der gesellschaftlichen Teilhabe. Allerdings entstehen diese erst, wenn der Nutzer oder die Nutzerin etwas über sich preisgibt. Es klingt paradox: Soziale Netzwerke vermitteln einen tiefen Einblick in das Leben der Menschen, sind jedoch zugleich relativ unpersönlich. So ist erfahrbar, was ein Nutzer oder eine Nutzerin mag, welche Interessen er/sie hat, welche Filme, welche Musik oder welche Bücher er/sie konsumiert – daraus erschließt sich allerdings nicht zwingend, wie sich diese Person verhält. Kontinuierliche Beziehungsarbeit mit einzelnen Nutzer/innen ist zwar möglich, aufgrund der

Kommunikationsoptionen jedoch limitiert. Es bleibt am Ende lediglich die private Nachricht bzw. der Chat zum persönlichen Austausch. Gerade die tertiäre Prävention, die Deradikalisierung, bedarf des Aufbaus einer intensiven Kommunikation und vor allem eines persönlichen (Offline-) Kontakts, also eben jenes Teils der Beziehungsarbeit, der auf reinem Online-Weg nicht möglich ist. Chats können missverständlich sein und Gespräche im Netz schnell abbrechen. Kurz: Reine Online-Deradikalisierung ist nicht möglich (vgl. dazu auch Weilnböck 2014). Dennoch muss die Präventionsarbeit den digitalen Raum mit einbeziehen, gerade da dieser ein identitätsbildender Ort ist, den Rechtsextreme, welche die kulturellen Praxen des Web 2.0 adaptiert haben, gezielt als Möglichkeit zur Ansprache junger Menschen nutzen. Als erste Anlaufstelle zur Beratung ausstiegswilliger Menschen ist das Netz ob seiner Anonymität sehr geeignet. Doch die konkrete Deradikalisierungsarbeit ist wegen der inhärent limitierten Kommunikationsmöglichkeiten des Mediums nicht realisierbar.

Primäre Prävention wird in Sozialen Netzwerken auf vielfache Art und Weise von *no-nazi.net* praktiziert. Sie zielt zum einen auf die Resilienzstärkung der Zielgruppe und zum anderen auf die Unterstützung demokratischer Akteurinnen und Akteure. Der digitale Raum weist veränderte Handlungsbedingungen gegenüber der sogenannten Offline-Welt auf. Es herrschen andere kommunikative Regeln und das Spektrum der Ansprachemöglichkeiten ist sehr variabel. Daher bietet das Projekt mittels verschiedener Formate (Texte, Grafiken, Videos und Quizze) Informationen, Aufklärung und Fakten gegen Vorurteile an. Diese werden über den projekteigenen Blog und die verschiedenen Netzwerke zur Verfügung gestellt, aber auch an die verschiedenen Diskussionsorte auf den Plattformen getragen. Neben einer entsprechenden Informationsaufbereitung ist gerade deren Auffindbarkeit ausschlaggebend. Die Informationen müssen dahin getragen werden, wo sie gebraucht werden. Diskussionen, die eine Intervention notwendig machen, können jederzeit und überall in Sozialen Netzwerken entstehen. Häufig diskutieren dort bereits Menschen, die sich gegen die in Debatten geäußerte Menschenfeindlichkeit stellen. Diesen Personen wird Unterstützung und Beratung angeboten. Gerade bei Diskutierenden ist positives Feedback als Form von Anerkennung ihres freiwilligen Engagements wichtig, um den Impuls, sich für eine demokratische Kultur zu engagieren, zu verstärken.

Sekundäre Prävention ist in Sozialen Netzwerken möglich, jedoch mit hohem personellen und zeitlichen Aufwand verbunden. Da *no-nazi.net* proaktiv arbeitet, ist bei der Zielgruppe nicht immer mit Gesprächsbereitschaft zu rechnen. Daher wurde ein Gesprächsansatz gewählt, der bedürfnisorientiert-konfrontativ arbeitet. Mittels dieses Ansatzes ist es möglich, einerseits eine klare Abgrenzung zu einem menschenverachtenden Weltbild vorzunehmen (konfrontativ) und andererseits das entsprechende Motiv, wie zum Beispiel den Wunsch nach Anerkennung, zu bedienen (bedürfnisorientiert).

Zusammenfassend heißt das: Tertiäre Prävention ist im Web 2.0 nicht möglich, primäre Prävention zwingend notwendig und auf vielfältige Art praktizierbar. Zukünftig gilt es also herauszufinden, wo genau die Grenze der sekundären Prävention in Sozialen Netzwerken verläuft.

In der Online-Präventionsarbeit lässt sich regelmäßig feststellen, dass bei den meisten User/innen der Konsens existiert, sich »gegen Nazis« oder »gegen Rechtsextremismus« zu positionieren. Dieser Konsens ist zwar eine positive Entwicklung, spiegelt aber auch die soziale Erwünschtheit wider, da Rechtsextremismus gesellschaftlich tabuisiert und damit wenig attraktiv ist. Allerdings ist die Konsequenz daraus eine veränderte Strategie der Rechtsextremen, die sich vor allem online beobachten lässt. An den Entwicklungen der letzten Jahre lässt sich ablesen, dass rechtsextreme Angebote verstärkt auf ein Publikum außerhalb des rechtsextremen Kernklientels abzielen. Seit Beginn des Monitorings von *no-nazi.net* konnte jedes Jahr mindestens eine größere Kampagne oder das Aufkommen eines neuen Phänomens beobachtet werden. 2011 traten die »Unsterblichen« mit nächtlichen Fackelumzügen in schwarzer Kleidung und mit weißen Masken erstmals in Erscheinung. Ihren Erfolg innerhalb der rechten Szene verdankten sie vor allem ihrer medialen Inszenierung, da ihre flashmobartigen Umzüge per Video festgehalten und geschickt aufbereitet wurden. Ihre Strahlkraft über die Szene hinaus muss jedoch als gering eingestuft werden. Bei den bereits skizzierten »Identitären« ist die Lage anders, ihre Ideologie der »Neuen Rechten« bietet einen geeigneteren Anschluss an die Diskurse der »Mitte der Gesellschaft«. Dennoch haben die »Identitären« den Sprung von einer primär online aktiven Gruppierung hin zu einer Bewegung außerhalb des virtuellen Raumes nicht geschafft.

Der rechtsextreme Web-TV-Sender FSN-TV, der 2013 startete, erhielt im Sommer 2014 mit einer veganen Kochsendung mediale Aufmerksamkeit. Das kann als weiterer Indikator für die strategische Öffnung hin zu gesellschaftlichen Strömungen außerhalb des rechtsextremen Spektrums, vermittelt durch die populären Formate Koch-Sendung und Web-TV, gelten. Es ist folglich bereits über den kurzen Zeitraum von drei Jahren zu beobachten, dass die strategische Ausrichtung die Mobilisierung der gesellschaftlichen Mitte und die Rekrutierung neuer Anhängerschaft ist. Geschlossene Kaderstrukturen als harter Kern des traditionellen Rechtsextremismus wenden sich von populären Angeboten wie Facebook ab und ziehen sich auf Plattformen – wie beispielsweise das russische VK Netzwerk – zurück, die weniger stark im Fokus der Öffentlichkeit stehen. Der gesellschaftliche Konsens, »gegen Nazis« zu sein, beeinflusst jedoch nicht nur die Strategie der Rechtsextremen, sondern er sorgt auch dafür, dass das Problem Rechtsextremismus in personeller Hinsicht externalisiert (»Nazis sind die Anderen«) und die dahinter stehende Ideologie exotisiert wird (»Das hat doch heute keine Bedeutung mehr«). Im digitalen Raum sind die Übergänge zu rechtsextremem Gedankengut jedoch fließend, und eine effiziente Arbeit gegen Rechtsextremismus in diesem Bereich kann nur funktionieren, wenn über die Grenzen dessen hinausgegangen wird, was gemeinhin als rechtsextrem bezeichnet wird. Ausprägungen der Gruppenbezogenen Menschenfeindlichkeit, also zum Beispiel Antisemitismus, Homophobie, Sexismus und Rassismus, finden sich zwar unter dem Dach des Rechtsextremismus, sind aber auch jeweils unterschiedlich stark in der Gesellschaft verbreitet. Wenn sich der Rechtsextremismus jedoch stetig wandelt und gerade online eine Anschlussfähigkeit zur Mitte hin intendiert, dann besteht die praktische Arbeit gegen ihn aus mehr, als nur Hakenkreuze und Horst-Wessel-Lieder aus dem Netz zu entfernen – es muss sich dann auch der einzelnen GMF-Formen angenommen werden.

Dies bringt allerdings das Problem der Vermittelbarkeit mit sich, der Vermittelbarkeit der Problemlage gegenüber den Nutzer/innen, die sich nicht als Teil des Problems wahrnehmen, aber auch Vermittelbarkeit gegenüber den Plattformbetreibern. In den Facebook-Gemeinschaftsstandards findet sich zum Beispiel explizit ein Passus, der sich dem Thema »Hassreden« widmet. Dort heißt es:

> Facebook erlaubt keine Hassbotschaften, unterscheidet allerdings zwischen ernsthaften und humorvollen Botschaften. Auch wenn wir dich dazu er-

> muntern, Ideen, Institutionen, Veranstaltungen und Praktiken in Frage zu stellen, erlauben wir es einzelnen Personen oder Gruppen nicht, andere aufgrund ihrer Rasse, Volkszugehörigkeit, nationalen Herkunft, Religion, sexuellen Orientierung, Behinderung, ihres Gesundheitszustands oder Geschlechts anzugreifen.[1]

Auch bei der Videoplattform YouTube findet sich ein entsprechender Hinweis in den YouTube-Community-Richtlinien:

> Wir unterstützen die Redefreiheit und räumen dieses Recht jedem ein, auch bei missliebigen Standpunkten. Wir dulden jedoch keine Hassrede, die eine Gruppe aufgrund von ethnischer Herkunft, Religion, Behinderung, Geschlecht, Alter, Veteranenstatus oder sexueller Orientierung/geschlechtlicher Identität angreift oder erniedrigt.[2]

Beiden Unternehmen wird von politischer und zivilgesellschaftlicher Seite regelmäßig vorgeworfen, zu wenig gegen Hassreden/Hate Speech und damit GMF in allen seinen Facetten zu unternehmen. Wo bei rechtsextremen Vorfällen bestimmte Gesetze, wie zum Beispiel Volksverhetzung, greifen und die Betreiber damit gezwungen sind, entsprechende Inhalte zu entfernen, verhält es sich in vielen Fällen von Hate Speech anders. So gibt es in der Abwägung zum Gut der Meinungsfreiheit oftmals keinen gesetzlichen Zwang zum Vorgehen. Oben zitierte Richtlinien und Standards zeugen jedoch davon, dass den Betreibern die Problemlage bewusst und ein Handeln gegen Hate-Speech-Inhalte intendiert ist. Das Monitoring von *no-nazi.net* beobachtet allerdings immer wieder Vorfälle, bei denen sogar sehr offensichtliche Hassreden nicht sanktioniert werden. Folglich bedarf es in der Praxis detaillierten Expertenwissens, um entsprechende Inhalte richtig bewerten und schließlich über eine Sanktionierung korrekt entscheiden zu können. Entsprechendes Fachwissen muss jedoch vermittelt werden und die Plattformbetreiber sollten sich dieser Expertise von Non-Governmental Organizations (NGOs) und Fachstellen gegenüber öffnen, da sie letztlich einen Gewinn für die Qualität der jeweiligen Plattform darstellt. Auch die Politik sollte ihren Teil beitragen und den digitalen Raum deutlich stärker in der Präventionsarbeit und entsprechen-

1 Quelle: https://www.facebook.com/communitystandards, abgerufen am 07.10.2014.
2 Quelle: https://www.youtube.com/t/community_guidelines, abgerufen am 07.10.2014.

den Bundesprogrammen berücksichtigen. Denn obwohl das Internet ein immer bedeutenderer Teil unserer Lebenswelt wird, behandelt man Arbeit mit und in diesem Medium noch immer als Nischenthema. Hate Speech im digitalen Raum kann jede/n betreffen und weder die Plattformbetreiber, noch die Politik oder die Zivilgesellschaft können dieses Problems alleine bewältigen, sondern nur in gemeinsamer Arbeit, die ineinandergreift und sich gegenseitig unterstützt.

Literatur

Fischer, G. (1998). Ethnopluralismus, Multikulturalismus und interkulturelle Erziehung. In: Reinalter, H., Petri, F. & Kaufmann, R. (Hrsg.), *Das Weltbild des Rechtsextremismus. Die Strukturen der Entsolidarisierung.* Innsbruck: StudienVerlag.

Weilnböck, H. (2014). Zum Ansatz der »Deradikalisierenden Narrative«. Was können medien- und internetgestützte Interventionen erreichen – und was nicht? In: Baer, S., Möller, K. & Wiechmann, P. (Hrsg.), *Verantwortlich Handeln: Praxis der Sozialen Arbeit mit rechtsextrem orientierten und gefährdeten Jugendlichen.* Berlin: Verlag Barbara Budrich.

3 Willkommenskultur gestalten – Rassismus und rechter Hetze gegen geflohene Menschen entgegentreten

Natalie Ofori

Einleitung

In diesem Beitrag wird dargestellt, wie zivilgesellschaftliche Maßnahmen in Anbetracht der gegenwärtigen Situation vermehrter Zuwanderung durch Flucht dazu beitragen können, eine Willkommenskultur für Schutzsuchende zu schaffen, die ihren Namen verdient. Exemplarisch wird dazu das Projekt »Aktion Schutzschild« der Amadeu Antonio Stiftung vorgestellt, das rassistischer Bedrohung und rechter Hetze gegen geflohene Menschen eine Sensibilisierung, Vernetzung und Beratung von zivilgesellschaftlichen Initiativen, Politik und Verwaltung entgegensetzt. Der erste Teil des Beitrages umreißt die gegenwärtige Situation, vor der sich das Spannungsfeld der Aufnahme von und des Umgangs mit geflüchteten Menschen in der bundesdeutschen Gesellschaft eröffnet. Im zweiten Teil wird konkret auf das Programm des Projekts »Aktion Schutzschild« eingegangen, wobei die Punkte Alltagsrassismen und Zivilgesellschaft, Übergriffe und Gewaltakte gegen Flüchtlinge, Hetze in Sozialen Netzwerken und konkrete Vorkehrungen eines Willkommen-Heißens eingehender betrachtet werden. Der Text schließt mit einer kurzen Diskussion der aufgeführten Punkte und fasst die Forderungen, die sich aus dem Projekt ergeben, abschließend zusammen.

Zur gegenwärtigen Situation

Im Dezember 2014 werden innerhalb des zurückliegenden Jahres rund 200.000 Menschen Anträge auf Asyl in Deutschland gestellt haben (Bundesamt für Migration und Flüchtlinge 2014, S. 3). Nach einer mehrjährigen Phase des Rückgangs und der Stagnation steigt seit 2009 die Zahl Geflohener, die Deutschland erreichen und hier Schutz und Überlebensperspektiven erhoffen, kontinuierlich an. Im Jahr 2013 wurde ein Anstieg der Erstanträge auf Asyl um 70% im Vergleich zum Vorjahr verzeichnet (Bundesamt für Migration und Flüchtlinge 2014, S. 3). Damit gehen Herausforderungen einher, welche nicht nur Politik und Verwaltung annehmen müssen: Um in der gegebenen Situation Lösungen zum Wohle aller herbeiführen zu können, stehen zivilgesellschaftliche Initiativen wie auch Einzelpersonen vor der Aufgabe, sich der sozialen Realität vermehrter Zuwanderung von außerhalb Europas zu stellen und kollektiv wie individuell Verantwortung für die Gestaltung einer lebenswerten gemeinsamen Gegenwart und Zukunft zu übernehmen.

In vielen Kommunen in Deutschland werden in den kommenden Wochen und Monaten, teilweise zusätzlich zu bereits vorhandenen, weitere »Flüchtlingsunterkünfte« eingerichtet werden. Diese Tatsache stellt viele Gemeinden vor Herausforderungen, die nicht nur logistischer Natur sind: Der »Komplex Flüchtlinge« ist zum zentralen Agitationsthema sowohl für die rechte Szene als auch für viele Bürgerinnen und Bürger geworden. Wie Statistiken der »Mitte«-Studien der Universität Leipzig belegen, sprachen sich in der Erhebungswelle 2014 76% der Befragten gegen eine Großzügigkeit des Staates bei der Prüfung von Asylanträgen aus. 55,3% der Befragten sind der Auffassung, Asylbewerber befürchteten eigentlich nicht, in ihrer Heimat verfolgt zu werden (Decker et al. 2014, S. 50; Kap. 1.3 in diesem Band). Während sich in zahlreichen physischen wie virtuellen Räumen Unmut, Angst, verbale Gewalt und Hetze gegen Geflüchtete Bahn brechen, ist zugleich die Zahl der unmittelbaren Übergriffe auf Betroffene und deren Sammelunterkünfte bundesweit dramatisch angestiegen und erinnert an die erschreckenden Zustände in den 1990er-Jahren. Insbesondere in ländlichen Regionen, vornehmlich im Osten der Bundesrepublik, gestalten sich die Lebenssituationen für Flüchtlinge gegenwärtig prekär. So belegt eine Dokumentation der Amadeu Antonio Stiftung für die ersten drei Quartale des Jahres 2014, die rechte und rassistische Gewalt an Flüchtlingen anhand medialer Daten und Aufzeichnungen von Partnerorganisationen erfasst, 29 Übergriffe auf Flüchtlinge, 23 Brandanschläge auf Unterkünfte, 27 Sachbeschädigungen an Unterkünften sowie 194 flüchtlingsfeindliche Kundgebungen beziehungsweise Demonstrationen. Ausgegangen werden muss allerdings von einer weit höheren Zahl von Übergriffen auf Geflüchtete, die der öffentlichen Aufmerksamkeit verborgen geblieben sind, und die, insbesondere dann, wenn es sich um Tatbestände wie rassistische Beleidigungen handelt, quantitativ kaum messbar sind.

Die Präsenz von Migrantinnen und Migranten und von People of Color ist in diversifizierten Gesellschaften als »kollektive Zusammensetzung« Normalität (Roosevelt 2001, S. 27, zit. n. Terkessidis 2010, S. 139; siehe auch Terkessidis 2010, S. 7). In vielen Landesteilen Deutschlands ist allerdings das Gegenteil der Fall: Lediglich vereinzelt sind Migrantinnen und Migranten von außerhalb Europas anwesend (siehe dazu auch Bade & Oltmer 2004, S. 98f.). Dies ist nicht zuletzt auf vor Ort verankerte rechte Strukturen zurückzuführen, welchen lokal häufig mit Akzeptanz oder Resignation begegnet wird, aber auch auf explizite und latente Rassismen der Anwohnenden; darüber hinaus konstituiert sich die Kultur an diesen Orten über eine – weitgehend konstruierte – soziale Homogenität (siehe dazu auch Zinflou 2007, S. 56). Flüchtlinge, die auf Unterkünfte in diesen Regionen »verteilt« werden, sehen sich somit – zusätzlich zu ihrer grundsätzlich existenziell bedrohlichen Lage – mit dem spezifischen Problem einer unzureichenden Infrastruktur konfrontiert, die sie hier vorfinden, und überdies mit der konkreten Situation der Vereinzelung, der Abschottung, des Exponiert- und Ausgeliefert-Seins.

Nennenswert zu unterscheiden von den Zuständen in den 1990er-Jahren ist heute allerdings die größere Bereitschaft einzelner Akteurinnen und Akteure der Zivilgesellschaft, wie auch die kollektiver Zusammenschlüsse, sich zum Schutz geflüchteter Menschen einzubringen. So sind in den vergangenen Monaten zahlreiche Willkommensinitiativen durch Menschen entstanden, die sich für den Schutz Geflüchteter in ihrem Ort einsetzen, sich organisieren und ehrenamtlich dazu beitragen, Flüchtlingen ihre gegenwärtigen Lebenssituationen zu erleichtern. Dieses Engagement ist besonders dort größer als in den 1990er-Jahren, wo es gelungen ist, demokratische Initiativen vor Ort zu stärken und nachhaltige zivilgesellschaftliche Strukturen – zum Beispiel in Form von Regionalen Arbeitsstellen für Demokratie und Bildung, Opferberatungsstellen, Mobilen Beratungsteams oder Flüchtlingsräten – aufzubauen, und dort, wo sich kommunale Vorstände wie Bürgermeisterinnen und Bürgermeister konkret zur Wahrung von Menschenrechten für sämtliche Anwohnende ihres Ortes einsetzen.

Das Projekt »Aktion Schutzschild« der Amadeu Antonio Stiftung: Zielsetzungen und Programm

Die Amadeu Antonio Stiftung knüpft an Erfahrungen sowie an die erfolgreiche Arbeit der Mobilisierung und Vernetzung der Zivilgesellschaft insbesondere im ländlichen Raum an, um eine Willkommenskultur für geflüchtete Menschen zu etablieren. Dazu konzipierte sie zu Beginn des Jahres 2014 die »Aktion Schutzschild«.

Besonders wichtig ist, dass sowohl der Bedrohungsbegriff als auch der Schutzbegriff breiter gefasst werden müssen, als es häufig geschieht, damit die Handlungen und Bestrebungen unterstützend tätiger Einzelner, Initiativen und Verantwortlicher aus Politik und Verwaltung den komplexen Anforderungen und Situationen der Inklusion Geflüchteter Rechnung tragen können. So stellt die Unterbringung geflohener Menschen in Massenunterkünften eine erhebliche Bedrohung für sie da, fehlt es doch an Privatsphäre, ausreichender psychosozialer Betreuung, Beschäftigungsmöglichkeiten (sowohl im Freizeitbereich als auch beruflich) und Perspektiven (Angst vor Abschiebung oder Rückführung insbesondere nach den Dublin-II- und III-Verordnungen). Vielfach kommt es zu Auseinandersetzungen innerhalb der Unterkünfte, die immer wieder Tote zur Folge haben, zu Bränden oder zu Selbsttötungen. Hinzu kommen vielerorts Schikanen und Übergriffe durch die Heimleitung und das Wachpersonal – wie jüngst der Skandal in mehreren Flüchtlingsunterkünften auf erschreckende Weise offenbart hat. Notwendige Komponenten einer Willkommenskultur sind also auch die Aufmerksamkeit gegenüber den Zuständen in zentralen Unterkünften sowie schlicht das Unterbreiten von Freizeitangeboten, die die Monotonie des Alltags der Geflüchteten situativ zu durchbrechen vermögen.

Ziel des Projekts »Aktion Schutzschild« ist es somit, situationsbezogene Expertise für die Unterbringung Geflüchteter vor allem in ländlichen

Regionen zu erlangen und die Grundlagen für eine konkrete Gestaltung von Willkommenskultur zu schaffen. Im Fokus steht es, bundesweit örtliche Initiativen und Kommunen zum Schutz und zur Inklusion Geflüchteter zu beraten und schließlich dazu beizutragen, dass effektiver Schutz vor Gewalt geleistet wird und dass Inklusion und Öffnung vor Ort stattfinden können. Die Fragen, denen zu diesen Zwecken im Rahmen des Projektes nachgegangen wird, sind unter anderen:

Wie kann die viel zitierte Willkommenskultur konkret aussehen? Welche Maßnahmen sind erforderlich, um sie Form und Gestalt annehmen zu lassen? Was ist im Vorfeld der Errichtung von Unterkünften für Flüchtlinge zu beachten? Wie und auf welcher Grundlage können die unterschiedlichen Akteurinnen und Akteure der Zivilgesellschaft mobilisiert und in progressive Prozesse zur Unterstützung Asylsuchender eingebunden werden? Wie ist es möglich, einer organisierten rechten Szene effektiv entgegenzutreten? Mit welchen konkreten Problemen sind geflüchtete Menschen vor Ort konfrontiert? Mit welchen diejenigen, die sie unterstützen? Welche Problemlagen sind strukturell verankert und damit rezidiv und übertragbar? Worin können mögliche Lösungsansätze bestehen?

Neben der Beschäftigung mit diesen Fragen und der Implementierung sich anschließender, situativ angemessener Vorgehensweisen besteht eine weitere Maßnahme des Projektes in der Dokumentation von Angriffen auf Flüchtlinge und ihre Unterkünfte sowie in der Verzeichnung von Demonstrationen gegen Geflüchtete. Durch diese datenbasierte Chronik wird auf die Kontinuität zielgerichteter Gewaltakte hingewiesen, deren systemischer Charakter abgebildet und ein wichtiger Beitrag zum Demokratiemonitoring geleistet.

Lagebilder, Lösungsansätze, Wissenstransfer

Wie einführend bemerkt, besteht eine der Hauptaufgaben des Projektes in der Wahrnehmung konkreter Spannungsfelder und in der Bestandsaufnahme daraus ablesbarer Problemlagen, mit denen sich geflüchtete Menschen wie auch Unterstützende systematisch sowie situationsbezogen konfrontiert sehen. Im Zuge dieser Praxis ergibt sich die Möglichkeit des Übertragens von Lösungsansätzen auf andere Kommunen, Betroffenen-Situationen und unterstützende Strukturen.

Wenn Flüchtlinge vor Ort in ihrem Alltag mit Schwierigkeiten konfrontiert sind, welche sich einerseits wiederholen, welche anderseits durchaus regional beziehungsweise länderspezifisch voneinander unterschieden sein können, lassen sie sich in verschiedenen Lebensbereichen verorten. So ist die mangelnde Verfügbarkeit von Übersetzungsleistungen ein flächendeckendes Problem, das einen strukturellen Grund hat: Entsprechend des Asylbewerberleistungsgesetzes ist die Kostenübername von Dolmetscher- und Dolmetscherinnen-Diensten streng reglementiert. In zahlreichen Situationen, die professionelle Übersetzungskräfte erforderlich machen, sind Leistungen nicht vorgesehen und werden dementsprechend nicht gewährt. Dadurch bleiben viele behördliche wie auch andere notwendige Kommunikationssituationen verbaler oder schriftlicher Art grundsätzlich unbegleitet, was für die Betroffenen nicht folgenlos bleibt, beispielsweise, wenn sie dadurch Fristen versäumen. Darunter fallen nicht nur die das jeweilige Asylverfahren direkt betreffenden Korrespondenzen, sondern auch die Kommunikation mit Schulen oder potenziellen Arbeitgebenden. Stattdessen versuchen Betroffene oft, jede Möglichkeit der Inanspruchnahme sprachmittlerischer Ressourcen in ihrem Umfeld vollständig auszuschöpfen. Besonders problematisch gestaltet sich das, wenn die sprachmittlerische Funktion Kindern zuteil wird oder Erwachsene Übersetzungsaufgaben übernehmen, deren Sprachkenntnisse nicht hinreichen, um komplexe fachsprachliche Anforderungen zu bewältigen.

Im Falle von ärztlichen Konsultationen nehmen Sprachbarrieren dann gesundheitsgefährdende bis konkret lebensbedrohliche Ausmaße an, wenn sich Ärztinnen und Ärzte weigern, Patientinnen und Patienten zu behandeln, mit denen sie nicht kommunizieren können. Eine ähnliche Sachlage lässt sich für Behörden belegen: Auch hier wird immer wieder auf den ausschließlichen Gebrauch der deutschen Sprache bestanden. Dies ist eine Situation, die sich länderübergreifend wiederholt. Erschwerend zu der begrenzten staatlichen Übernahme von notwendigen Übersetzungsleistungen kommt hinzu, dass in ländlichen Regionen, insbesondere in Flächenländern wie zum Beispiel Mecklenburg-Vorpommern, Dolmetscherinnen und Dolmetscher oft auch dann nicht hinzugezogen werden können, wenn diese Leistung im Vorfeld gewährt worden ist. Für Sprachen mit örtlich geringem Aufkommen stehen regional häufig keine Übersetzungsdienste zur Verfügung. Eine Aufwandsentschädigung für notwendige Reisewege aus entfernten Regionen ist jedoch nicht vorgesehen und lässt sich für die betreffenden Personen durch zugesicherte »Kilometerpauschalen« nicht kompensieren.

Um den eben geschilderten Problemlagen verantwortungsvoll begegnen zu können, ist es präventiv sinnvoll, unterstützende Willkommensinitiativen so früh wie möglich auf die Notwendigkeit der Mobilisierung potenzieller ehrenamtlicher Übersetzerinnen und Übersetzer hinzuweisen, die Aufgaben von Translationen regelmäßig oder im Bedarfsfall zu übernehmen bereit sind, solange dies seitens der politisch Verantwortlichen unberücksichtigt bleibt. Hier hat es sich als effektiv erwiesen, neben Einzelpersonen auch auf semi-professionelle Netzwerke zurückzugreifen, wie sie an Universitäten oder Fachschulen bestehen, die teilweise auch in ländlichen Regionen in zumindest mittelbarer Reichweite von Unterkünften für Geflüchtete liegen.

Auch ist zu empfehlen – im Idealfall noch vor Einrichtung einer neuen Unterkunft – im Gesundheitswesen Ärztinnen und Ärzte ausfindig zu machen, die über Fremdsprachenkenntnisse verfügen oder sich unabhängig von diesen bereit erklären, Asylsuchende zu behandeln. Eine Übersicht entsprechender Fachpersonen, die in den Unterkünften frei zugänglich sein sollte, trägt dazu bei, in Bedarfssituationen unmittelbare Hilfe zu gewährleisten.

Der erschwerte Zugang zu Deutschkursen ist ein Missstand, welcher den eben dargelegten Problemen vorausgeht und zu weiteren erheblichen Problemlagen in Alltagssituationen geflohener Menschen führt. Deutschkurse für Geflüchtete sind durch das Bundesamt für Migration und Flüchtlinge erst ab dem Zeitpunkt der Erteilung eines gesicherten Aufenthaltsstatus vorgesehen – oft also erst nach monate- oder jahrelangem Aufenthalt in Deutschland. Für Geflüchtete, die sich im Asylverfahren befinden oder eine Duldung erreicht haben, besteht somit keine staatlich finanzierte Möglichkeit zur Teilnahme an einem Kurs zum Erwerb der deutschen Sprache. Hinzu kommt, dass selbst diejenigen Personen häufig keinen Platz in entsprechenden Programmen erhalten, denen per Gesetz die Teilnahme an Lehrangeboten gestattet oder sogar vorgeschrieben ist. Vielmehr ist festzustellen, dass die Kapazitäten zu gering sind, um den Bedarf an diesen Angeboten zu decken. Häufig sind die vorgesehenen Lehrangebote für geflüchtete Menschen bereits zur Jahresmitte vollständig ausgeschöpft, woraus sich für diejenigen, die keinen Platz erhalten haben, monatelange Wartezeiten ergeben. Ihnen bleibt die wichtige Möglichkeit einer frühzeitigen Teilnahme am sozialen, politischen oder einem etwaigen späteren beruflichen Leben in Deutschland verwehrt.

Zivilgesellschaftliche Angebote, die Asylsuchenden bereits vor der Erteilung eines gesicherten Aufenthaltsstatus ermöglichen, Deutschkenntnisse zu erlangen, werden sporadisch immer wieder unterbreitet. Einen Ausgleich zu fehlenden staatlichen Maßnahmen vermögen sie allerdings nicht zu leisten. So haben in der Vergangenheit Volkshochschulen, Vereine und Studierendenausschüsse – teilweise von Kommunen oder privaten Trägern finanzierte – kostenlose Angebote zum Spracherwerb organisiert. Insbesondere innerhalb von Willkommensinitiativen gehören Sprachlehrangebote meist zum festen Programm. Sie können damit als erste Kompensationsmaßnahme der fehlenden offiziellen Möglichkeiten wie auch als Ergänzung verstanden werden und stoßen erfahrungsgemäß auf große Resonanz. Hierbei handelt es sich jedoch selten um qualifizierte Angebote. Stattdessen wird der Unterricht von engagierten Laien durchgeführt, die Wert darauf legen, den Bewohnerinnen und Bewohnern zentraler Unterkünfte zumindest soweit zu Kenntnissen auf alltagssprachlichem Niveau zu verhelfen, dass ihnen eine unmittelbare Verständigung mit ihrem Umfeld möglich wird.

Zivilgesellschaftliche Initiativen werden durch das Projekt »Aktion Schutzschild« darin unterstützt, entsprechende Angebote zu unterbreiten. Sie werden dazu ermutigt, diese auch dann einzubringen, wenn Qualifikationen fehlen und sich der Unterricht ausschließlich auf elementarem Niveau gestalten lässt. Darüber hinaus werden Initiativen mobilisiert, ortsansässige Institutionen einzubeziehen und auf den bestehenden Bedarf aufmerksam zu machen.

Für die Projektarbeit von »Aktion Schutzschild« sind die Zustände in der Unterbringung, vor allem in zentralen Unterkünften, von besonderer Bedeutung. Der Fokus richtet sich auf die Sicherheit Geflüchteter. Angestellte spielen dabei eine wichtige Rolle. Häufig werden Unterkünfte kurzfristig eingerichtet. Da bei ihrer Planung Effizienz und Wirtschaftlichkeit im Vordergrund stehen, wird die Trägerschaft solcher Unterkünfte von der kommunalen Verwaltungen nicht selten an private Unternehmen übergeben, an deren Preisniveau soziale Betreiber kaum anschlussfähig sind. Entsprechend fällt das »Betreuungsangebot« aus: Die Effizienzorientierung schlägt sich auf die Qualität der Betreuung von Bewohnerinnen und Bewohnern auf sämtlichen Ebenen nieder und führt zu Missständen, die im schlimmsten Fall bis hin zu Misshandlungen Geflüchteter reichen. Die Unterkünfte im Blick zu behalten bedeutet also mehr Sicherheit für die Bewohnenden.

Die wichtigste Forderung des Projekts ist jedoch, dass sowohl Sicherheitsdienste als auch Heimleitungen, Sozialarbeiterinnen und Sozialarbeiter sowie beschäftigte Hausmeisterdienste einer sorgsamen Auswahl unterliegen müssen. Dabei sollten die Kriterien der Qualifikation und persönlichen Eignung im Vordergrund stehen, die zur Aufgabe der Betreuung geflohener Menschen befähigen. Besondere Umsicht bedarf die Auswahl geeigneter Sicherheitsdienste, da diese ein häufig von rechts unterwandertes Gewerbe sind. Sicherheitsdiensten obliegt in Unterkünften für Asylsuchende – nicht zuletzt aufgrund ihrer ständigen Anwesenheit – eine große Verantwortung. Ihre Präsenz im Heim kann sowohl einen großen Zugewinn für Bewohnerinnen und Bewohner als auch ein konkretes Bedrohungsszenario für sie darstellen. In den günstigsten Fällen leisten Sicherheitsangestellte schon heute Hilfestellungen im Alltag, übernehmen beispielsweise spontan Übersetzungsaufgaben. Dies ist überproportional häufig dann der Fall, wenn in urbanen Räumen Sicherheitspersonal selbst über eine Migrationsgeschichte verfügt.

Wie wenig optimal der Ist-Zustand derzeit allerdings ist, wird dadurch sichtbar, dass Mitarbeitende von Sicherheitsdiensten ihre Aufgaben in Asylunterkünften regelmäßig vernachlässigen. Zudem sind viele Fälle von unterlassener Hilfeleistung, Machtmissbrauch sowie Androhung und Ausübung von verbaler und körperlicher Gewalt gegen Flüchtlinge zu verzeichnen. Es ist kein Einzelfall, wenn trotz gesundheitlicher Notfälle oder Angriffen von außerhalb, die von Asylsuchenden gemeldet werden, keine Notrufe vom Personal abgesetzt werden; wenn auf diese Notfälle stattdessen mit Hohn und Spott reagiert wird und sich in steter Regelmäßigkeit »Strafmaßnahmen« und Demütigungen der teilweise schwer traumatisierten Menschen wiederholen. Zuletzt ist dies der breiten Öffentlichkeit durch die Ereignisse um die von Sicherheitsangestellten gequälten und misshandelten Flüchtlinge in Nordrhein-Westfalen bekannt geworden.

Neben der Auswahl geeigneter Sicherheitsdienste ist die akribische und sorgsame Auswahl der Heimleitungen und des Betreuungspersonals von höchster Dringlichkeit. Da die Qualifikationen des betreuenden Personals von keiner gesetzlichen Regelung klar definiert sind, muss diese Aufgabe von den Kommunen übernommen werden. Dabei sollten nicht nur die fachlichen Qualifikationen zur Arbeit mit geflüchteten Menschen, sondern auch »weiche« Fähigkeiten berücksichtigt werden. Hierzu gehören aus Sicht der Projektleitenden das empathische Vermögen und die persönliche Motivation zur Arbeit in Heimen.

Interventionsmaßnahmen bestehen darin, Kommunen dazu anzuhalten, auf ein privates Management von Unterkünften gegebenenfalls zu verzichten, in jedem Fall jedoch Personal umfassend auf seine Einsatzfähigkeit hin zu überprüfen, regelmäßige Kontrollen durchzuführen, öffentliche Aufmerksamkeit herzustellen und anwesende Akteurinnen und Akteure der Zivilbevölkerung zu erhöhter Wachsamkeit aufzurufen.

Alltagsrassismen und Zivilgesellschaft

Die Lebenssituationen von Flüchtlingen sind nicht nur durch die fehlende Infrastruktur oder die Problematik der Unterbringung beeinflusst: Diskriminierungserfahrungen prägen die Lebensrealität von Geflüchteten; Rassismus wird im Alltagsleben der nach Deutschland geflüchteten Menschen in unterschiedlichen Erscheinungsformen ununterbrochen manifest. So sind Geflohene nicht nur von strukturellem beziehungsweise institutionellem Rassismus betroffen, sondern erleben rassistische Diskriminierung in unzähligen Alltagssituationen. Dies geschieht sowohl in Form von »Microaggressions« (siehe dazu Wing Sue et al. 2007) als auch durch gezielte rechte Hetzkampagnen, Anschläge auf Unterkünfte oder körperliche Gewaltakte.

Situationen, in denen geflüchtete Kinder auf dem Schulweg von Angehörigen der »Mehrheitsgesellschaft« rassistisch beleidigt wurden, eine Frau sich auf der Straße im Vorbeigehen bespucken lassen musste oder eine Gruppe von Flüchtlingen, die von Angestellten eines Supermarktes beim Einkaufen überwacht und nach dem Verlassen des Geschäfts verfolgt wurde, sind gut dokumentiert und gehören zum Alltag geflüchteter Menschen. Sie sind Teil des spezifischen Settings, in dem geflohene Menschen in Deutschland leben. Ein großer Teil der Diskriminierungserfahrungen wird an Orten und in Beziehungen gemacht, die zunächst des rassistischen Ressentiments unverdächtig sind. Ausgeübt wird Rassismus grundsätzlich nicht nur von Rechtspopulisten, Rechtsgerichteten oder Rechtsextremen, sondern aufgrund seiner Systemimmanenz ebenso von zivilgesellschaftlichen Akteurinnen und Akteuren sowie Bürgerinnen und Bürgern – und damit auch von denjenigen, die in bester Absicht Geflüchtete unterstützen. Rassismus in unterstützenden Kreisen trotz wohlmeinender Motivationen ist beispielsweise dann anzutreffen, wenn außereuropäische Zuwanderer im Zuge einer exotisierenden Praxis unmittelbar mit einer »fremden Kultur« assoziiert werden, die sich eine ihr eigene »Ursprünglichkeit« bewahrt habe und insoweit von der »zivilisierten« europäischen Kultur abgrenzbar sei. Regelmäßig sind trotz guter Absichten zudem paternalistisches Auftreten gegenüber Geflüchteten, spezifische Redeweisen, überlegener Habitus oder Dominanzgesten in Kommunikationssituationen feststellbar. Die ehrenamtliche Arbeit und die Begegnungen mit Geflüchteten sind häufig von diesen Verhaltensweisen begleitet und bringen verinnerlichte ethnopluralistische und damit ideologisch modernisierte rassistische Denkmuster zum Ausdruck (Zinflou 2007, S. 56). Um dem entgegenzuwirken, ist in der Arbeit mit zivilgesellschaftlichen Initiativen rassismuskritische Bildungsarbeit dringend empfohlen. Sie muss auf eine Sensibilisierung für spezifische Subjektpositionen und bestehende gesellschaftliche Machtverhältnisse zielen und kann, in ersten Ansätzen, im Zuge des Projektes »Aktion Schutzschild« bereits umgesetzt werden.

Übergriffe und Gewaltakte gegen Flüchtlinge: Eine Dokumentation

Rassistische und rechtsgerichtete Einstellungen, die sich auf Flüchtlinge beziehen und gegen sie richten, sind keineswegs auf die rechtsextreme Szene beschränkt. Allerdings versuchen Neonazis, an eine in der gesellschaftlichen Mitte verbreitete diskriminierende Haltung anzuknüpfen und sie zu befeuern. Das Thema Flüchtlingspolitik ist in den letzten Jahren wieder zum zentralen Agitationsthema der extremen Rechten geworden. Dies hat sich beispielsweise auch in den zurückliegenden Landtagswahlkämpfen im Jahr 2014 in Sachsen, Brandenburg und Thüringen gezeigt: Die NPD hat ihren Wahlkampf fast ausschließlich über Hetzkampagnen gegen geflüchtete Menschen geführt. Und auch die rechtspopulistische AfD hat auf diese Weise erfolgreich Wahlkampf betrieben.

Hetze und Gewalt gegen Flüchtlinge äußern sich in vielfältiger Form: Statistisch gesehen finden in Deutschland pro Woche fünf flüchtlingsfeindliche Kundgebungen oder Demonstrationen statt. Zu Angriffen auf Flüchtlingsunterkünfte kommt es im Durchschnitt mindestens ein Mal pro Woche. Allein im ersten Halbjahr des Jahres 2014 fanden 155 gegen Flüchtlinge gerichtete Kundgebungen und Demonstrationen statt, oft unter Beteiligung von Rechtsextremen, die sich nicht selten als »Bürgerinitiativen« tarnen. Im selben Zeitraum wurden 34 Anschläge auf Flüchtlingsunterkünfte verübt. In mindestens 18 Fällen wurden Schutzsuchende tätlich angegriffen (vgl. die Dokumentation der Amadeu Antonio Stiftung: Rechte Hetze gegen Flüchtlinge. Eine Chronik der Gewalt im Internet).

Um Hetze und Gewalt gegen Flüchtlinge in Deutschland zu dokumentieren und somit sichtbar zu machen, ist im Rahmen der Projektarbeit in Kooperation mit PRO ASYL eine Chronik erstellt worden – die bundesweit einzige dieser Art –, die alle den Dokumentierenden bekannten und einsehbaren Übergriffe auf Geflüchtete und ihre Unterkünfte verzeichnet. Die Zahl nicht öffentlicher Fälle ist mit aller Wahrscheinlichkeit jedoch vermutlich um ein Vielfaches größer.

Darüber hinaus beinhaltet das Projekt ein Monitoring von durchgeführten und angekündigten Aktionen, die sich gegen Flüchtlinge richten. Es hat zum Ziel, ihren möglichen systematischen Charakter zu erfassen und, soweit möglich, Präventionsarbeit zu leisten. Konkret bedeutet dies zum Beispiel, Zivilgesellschaft beziehungsweise Willkommensinitiativen vor Ort auf angekündigte Hetzkampagnen rechter Parteien oder rechtsextremer Gruppen im Umfeld von Unterkünften für Geflüchtete aufmerksam zu machen und so dazu beizutragen, den Schutz von Flüchtlingen an Ort und Stelle zu verstärken.

Die Amadeu Antonio Stiftung führt seit mehreren Jahren Chroniken zu rassistischer, antisemitischer und rechtsextremer Hetze und Gewalt. Aufzeichnungen dieser Art sind ein wichtiges Mittel der Zivilgesellschaft zur Dokumentation und Sichtbarmachung antidemokratischer Tendenzen in der Gesellschaft. Sie verstehen sich überdies als Korrektiv zu staatlichen Statistiken.

Nach der Selbstenttarnung des rechtsterroristischen Nationalsozialistischen Untergrunds (NSU) gab es eine verhältnismäßig breit geführte Diskussion um die Anzahl der Todesopfer rechtsextremer und rassistischer Gewalttaten seit 1990. Gemäß der offiziellen Statistik des Bundesinnenministeriums gab es von 1990 bis zum Februar 2012 58 Todesopfer rechter Gewalt in Deutschland (Jansen 2014). Die Amadeu Antonio Stiftung zählte im selben Zeitraum 182 Todesopfer (Internat-Dokumentation der Amadeu Antonio Stiftung, Todesopfer rassistischer und rechter Gewalt seit 1990). Diese große Diskrepanz zwischen der staatlichen und einer zivilgesellschaftlichen Erfassung von Todesopfern rechtsextremer und rassistischer Gewalt trug dazu bei, dass die Bundesregierung 3.300 Tötungen und Tötungsversuche, in deren Zusammenhang keine tatverdächtigen Personen ausgemacht wurden, erneut überprüfen lässt. In 746 Fällen, aus denen zwischen 1990 und 2011 849 Todesopfer hervorgingen, haben Bundeskriminalamt und Landespolizeibehörden Anfangsverdachtsmomente für ein rechtsextremes Tatmotiv gefunden (vgl. Bundeszentrale für politische Bildung 2014). Dies zeigt eindrücklich die Bedeutung, im Rahmen zivilgesellschaftlicher Initiativen Gewalt und Hetze öffentlich zu dokumentieren. Auch viele Opferberatungsstellen führen seit Jahren regionale Chroniken, die auf den jeweiligen Websites einsehbar sind. Dies ist auch für Willkommensinitiativen und Kommunen nützlich, um im Rahmen ihres Wirkens den Sozialraum, in dem sie aktiv sind, besser einschätzen zu können.

Die in der Chronik dokumentierten Fälle werden zusätzlich in online einsehbare interaktive Karten übertragen, die, wie auch die Chronik selbst, über das Portal »Mut gegen rechte Gewalt« aufgerufen werden können.[1] Die Karten lassen auf einen Blick erkennen, welche Vorfälle es an welchen Orten gegeben hat; per Klick auf den jeweiligen Vorfall werden Hintergrundinformationen sichtbar. Die kartografischen Darstellungen erleichtern das Erfassen konkreter Lagebilder und liefern Antworten auf folgende Fragen: Gibt es Regionen, in denen gehäuft Übergriffe zu verzeichnen sind? Wo finden die meisten flüchtlingsfeindlichen Demonstrationen statt? In welchen Gebieten ist Hetze im Internet besonders verbreitet?

In Bezug auf flüchtlingsfeindliche Demonstrationen werden Initiatorinnen und Initiatoren vermerkt. Es wird zudem unterschieden, ob rechte Parteien, einschlägige Bürgerinitiativen, rechtspopulistische Parteien oder ein neonazistisches Kameradschaftsspektrum für die Aktionen verantwortlich sind. Dies erleichtert, die Träger rechtsextremen Protests gegen Flüchtlinge auszumachen und angemessen und zielführend reagieren zu können.

Im Ergebnis lassen sich drei Schwerpunktregionen von Demonstrationen gegen Flüchtlinge in Deutschland identifizieren: das gesamte Gebiet Ostdeutschlands mit Berlin, das erweiterte Ruhrgebiet und München. Im Rest des Landes sind entsprechende Kundgebungen beziehungsweise De-

1 http://www.mut-gegen-rechte-gewalt.de/

monstrationen vergleichsweise selten. Während im Osten Deutschlands die große Mehrzahl der Demonstrationen von der NPD veranstaltet wird, sind es im Ruhrgebiet und seiner Umgebung vor allem die rechtsextreme Gruppierung »Pro NRW« und in München die NPD-nahe »Bürgerinitiative Ausländerstopp«. Die Dreiteilung spezifischer Akteurinnen und Akteure auf bestimmte Regionen entspringt dabei nicht dem Zufall, sondern sie spiegelt den Grad rechtsextremer Verankerung der genannten Gruppierungen in der jeweiligen Region wider. Zwar führen auch andere rechtsextreme Gruppierungen wie »Die Rechte«, »Der III. Weg« oder »Pro Deutschland« Kundgebungen und Demonstrationen durch, allerdings nicht in so großer Zahl wie die zuerst genannten.

Die eben ausgeführte regionale Dreiteilung flüchtlingsfeindlicher Demonstrationen ist allerdings nicht auf die Zahl der Übergriffe übertragbar. Rassistisch und rechts motivierte Übergriffe auf Flüchtlinge finden laut Chronik überproportional häufig im Osten Deutschlands statt, obwohl dort erheblich weniger Flüchtlinge leben als im Westen des Landes. Angriffe auf Unterkünfte von Flüchtlingen hingegen werden im gesamten Bundesgebiet verübt. Hier lässt sich keine eindeutige Schwerpunktregion ausmachen.

Hetze in Sozialen Netzwerken

Ein wichtiges Element der rechten und rassistischen Mobilisierung gegen geflüchtete Menschen sind Kampagnen in Sozialen Netzwerken. Fast alle »Bürgerinitiativen« gegen Flüchtlingsunterkünfte sind im virtuellen Raum anzutreffen. So zählte die Amadeu Antonio Stiftung Mitte des Jahres 2014 allein auf Facebook über 70 Seiten gegen Flüchtlingsheime. Die größte Zahl der Webpräsenzen richtet sich gegen Unterkünfte in Ost- und Süddeutschland. Einige der Seiten verzeichnen nur wenige »Likes«. Andere, besonders die bundesweit mobilisierenden Hetz-Seiten, wurden mit mehreren Tausend, manche gar mit mehr als 20.000 »Likes« honoriert. Die Verzahnung aus Offline- und Online-Protesten scheint dabei einem Muster zu folgen, welches aus den spezifischen Möglichkeiten des Internets hervorgeht: Im Schutze der Anonymität inszenieren sich Neonazis als besorgte Bürgerinnen und Bürger und greifen vorhandene Zuschreibungen und Ängste der Bevölkerung auf, die sie mit ihrer rassistischen Stimmungsmache weiter schüren. Gerade auf die sozialen Netzwerke entfällt dabei ein hohes Mobilisierungs- und Rekrutierungspotenzial. Nicht jeder oder jede, der oder die entsprechende Seiten mit einem »Gefällt mir« kennzeichnet, ist ein Neonazi. Durch die offene Propaganda politisch deutlich zuzuordnender Diskutierender verschärft sich jedoch schnell das Diskussionsklima: Solidarisierungseffekte treten ein. So lassen sich auch Nutzerinnen und Nutzer, die keinerlei Kontakt zu organisierten Neonazis haben, leicht mit in den Strudel aus Aggression, Vorurteilen und Hass hineinziehen.

Willkommenskultur statt Hetze und Gewalt: Konkrete Vorkehrungen

Wie eingangs bemerkt, ist ein wesentlicher Unterschied zur Situation in den 1990er-Jahren, dass inzwischen ein breites Netz von Willkommensinitiativen besteht, das geflohene Menschen unterstützt. Diese Initiativen können sowohl im physischen als auch im digitalen Raum ein wichtiger Faktor gegen Hetze und Gewalt und für die Einbindung geflüchteter Menschen in Kommunen sein. Häufig ist die Agitation durch Rechtsextreme insbesondere dann stark und erfolgreich, wenn noch keine Geflüchteten vor Ort sind oder wenn diese abgeschottet und ohne Unterstützung in Sammelunterkünften wohnen. Eine wirkliche Kultur des Willkommens ist also eine entscheidende Antwort auf Hetze und Gewalt und eine wichtige Grundlage zum Schutz von Flüchtlingen.

Notwendige Vorkehrungen beginnen idealerweise nicht erst dann, wenn die Geflüchteten im Ort eingetroffen sind, sondern möglichst weit im Vorfeld. So hat sich als bedeutsam herausgestellt, dass Kommunen von Anfang an Transparenz schaffen und die Bevölkerung in die Planungen einbeziehen. Häufig wurde eine bereits aufgeladene Stimmung vor Ort von Neonazis deshalb erfolgreich angeheizt, weil nur spärliche Informationen zur Unterbringung der Flüchtlinge nach außen drangen. In solchen Situationen nutzen Rechtsextreme die Gelegenheit, um sich als »Kümmerer« aufzuspielen, die die Ängste und Sorgen der Bevölkerung ernst nehmen. Um dem entgegenzuwirken, sollten Kommunen im Vorfeld mit Beratungsteams gegen Rechtsextremismus in Verbindung treten oder Expertisen wie die der Amadeu Antonio Stiftung einholen. Sie sollten genau analysieren, was von der rechten Szene zu erwarten ist und wie bei Informationsveranstaltungen verhindert werden kann, dass Rechtsextreme, getarnt als besorgte Bürgerinnen und Bürger, Zusammenkünfte für ihre

Zwecke instrumentalisieren. Ist bei einer ersten Informationsveranstaltung die Stimmung erst einmal zuungunsten der Flüchtlinge ausgefallen, so ist sie oft nur in einem langwierigen Prozess zu verändern. Deswegen ist eine gute Informationspolitik und die Einbindung der Bürgerinnen und Bürger in der frühen Phase vor der Einrichtung von Unterkünften entscheidend (Bundesarbeitsgemeinschaft Kirche und Rechtsextremismus 2014).

Wenngleich es wichtig ist, auf rechte und rassistische Stimmen und Proteste zu reagieren, sollte die Aufmerksamkeit den Geflüchteten und ihren Lebenssituationen gelten. Im Fokus der extremen Rechten wiederum stehen nicht nur die Geflüchteten, sondern auch deren unterstützendes Umfeld. Auch dieses wird öffentlich diffamiert, bedroht oder tätlich angegriffen. Zum Beispiel wurde in Berlin-Hellersdorf das Auto einer dort wohnenden Unterstützerin angezündet. Leider verkennen und verharmlosen Polizei und Behörden häufig die Problematik der Bedrohung durch Rechtsextreme nach wie vor. Wie sich in der Praxis zeigt, werden rechte und rassistische Beweggründe von Anschlägen vorschnell ausgeschlossen. Den Unterstützerinnen und Unterstützern von Geflohenen wird die Schuld für Bedrohungen durch die rechte Szene allzu oft selbst angelastet: Wer sich politisch engagiere, habe eben auch Gegner. Damit müsse man leben, erklärte ein LKA-Beamter Mitgliedern der Bürgerinitiative »Hellersdorf hilft«, als diese sich hilfesuchend an die Polizei gewandt hatten, nachdem sie im Internet offen von Rechtsextremen mit dem Tod bedroht worden waren. Weiter wurde ihnen durch das Landeskriminalamt Berlin erklärt, dass Rechtsextremisten in der Regel nicht gewalttätig würden. Angesprochen auf die rechtsextremen Mordtaten des NSU und eines weiteren bundesweit bekannten Neonazis, tat der LKA-Beamte dies als »alte Geschichten« ab (*Berliner Morgenpost,* 18.09.2014). Dies zeigt, dass zivilgesellschaftliches Engagement von staatlicher Seite häufig nicht ernst genommen wird und dass weder der Schutz von Geflüchteten, noch der von Unterstützerinnen und Unterstützern hinreichend gewährleistet ist.

Diskussion

Betrachtet man die gegenwärtige Situation vermehrter Zuwanderung in die Bundesrepublik und die Zustände, vor denen sich die Lebensrealität Asylsuchender in Deutschland gestaltet, bleibt festzustellen, dass dringender Handlungsbedarf auf mehreren Ebenen besteht. Das zunehmende Engagement zivilgesellschaftlicher Initiativen für Flüchtlinge ist eine positive und wichtige Reaktion auf die zunehmende Zahl geflüchteter Menschen. Jedoch bedürfen und verdienen ehrenamtlich tätige Bürgerinnen und Bürger, die in ihrer Arbeit immer wieder an die Grenzen ihrer Kapazitäten und Belastbarkeit stoßen, ihrerseits nennenswerte und zuverlässige, das heißt systematische Unterstützung und Anleitung durch fachkundige Personen, Politik und staatliche Institutionen. Außerdem müssen Bedrohungen von rechts und rechtsextreme Einstellungen, wie sie viele Bürgerinnen und Bürger teilen, beachtet werden. Verbreitete rassistische Politiken und Praxen müssen reflektiert und aufgelöst werden.

Eine stärkere Übernahme von Verantwortung durch zuständige Politikerinnen und Politiker auf Bundes-, Landes- und kommunaler Ebene, das Einstehen für eine menschenwürdige Behandlung Geflüchteter und das Ausschöpfen von Handlungsspielräumen ist dringend erforderlich. Nur wenn Fehlleistungen, Versäumnisse und Unterlassungen erkannt, analysiert und Verantwortlichkeiten aufgeklärt werden und wenn den bestehenden Problemlagen offen entgegengetreten wird, kann Deutschland seinen Verpflichtungen nachkommen – nur dann wird es möglich sein, die Gegenwart menschenwürdig und respektvoll zu gestalten, sowohl für diejenigen, die jetzt da sind, als auch für diejenigen, die kommen werden.

Quellen

Amadeu Antonio Stiftung: Todesopfer rechter und rassistischer Gewalt seit 1990. URL: https://www.mut-gegen-rechte-gewalt.de/news/chronik-der-gewalt/todesopfer-rechtsextremer-und-rassistischer-gewalt-seit-1990 (Stand: 06.10.2014).

Amadeu Antonio Stiftung: Rechte Hetze gegen Flüchtlinge – Eine Chronik der Gewalt. URL: https://www.mut-gegen-rechte-gewalt.de/news/meldung/rechte-hetze-gegen-fluechtlinge-eine-chronik-der-gewalt-2014-03 (Stand: 05.10.2014).

Berliner Morgenpost (2014). Von Neonazis bedroht – von der Polizei belächelt. *Berliner Morgenpost*, 18.09.2014.

Bundesamt für Migration und Flüchtlinge (2014). Aktuelle Zahlen zu Asyl. URL: http://www.bamf.de/SharedDocs/Anlagen/DE/Downloads/Infothek/Statistik/statistik-anlage-teil-4-aktuelle-zahlen-zu-asyl.pdf?__blob=publicationFile (Stand: 01.10.2014).

Bundeszentrale für politische Bildung: Rechtsextremismus: 746 Tötungsdelikte werden auf rechtes Tatmotiv untersucht. URL: http://www.bpb.de/gesellschaft/migration/newsletter/176554/rechtsextremismus (Stand: 03.10.2014).

Eurostat (2013). Asylbewerber und erstinstanzliche Entscheidungen über Asylanträge: 2. Quartal 2013. URL: http://mediendienst-integration.de/artikel/wer-nimmt-die-meisten-fluechtlinge-auf-2012.html (Stand: 01.10.2014).

Jansen, F. (2014). Jetzt offiziell 58 Todesopfer rechter Gewalt: Tagesspiegel vom 20.02.2012. URL: http://www.tagesspiegel.de/politik/politisch-motiviert-jetzt-offiziell-58-todesopfer-rechter-gewalt/6232838.html (Stand: 09.10.2014).

UNO Flüchtlingshilfe. Leben retten – Rechte Schützen. Globale Statistiken von UNHCR. URL: http://www.uno-fluechtlingshilfe.de/fluechtlinge/zahlen-fakten.html (Stand: 10.10.2014).

Literatur

Bade, K. J. & Oltmer, J. (2004). *Normalfall Migration.* Bonn: Bundeszentrale für politische Bildung.

Bundesarbeitsgemeinschaft Kirche und Rechtsextremismus, Mobile Beratung gegen Rechtsextremismus (Hrsg.) (2014). *Was tun, damit's nicht brennt – Leitfaden zur Vermeidung von rassistisch aufgeladenen Konflikten im Umfeld von Sammelunterkünften für Flüchtlinge.* Berlin: Bundesarbeitsgemeinschaft Kirche und Rechtsextremismus.

Decker, O., Kiess, J. & Brähler E. (Hrsg.) (2014). *Die stabilisierte Mitte. Rechtsextreme Einstellungen in Deutschland 2014. Die »Mitte«-Studien der Universität Leipzig.* Leipzig: Universität Leipzig.

Roosevelt, T. (2001). *Management of Diversity. Neue Personalstrategien für Unternehmen. Wie passen Giraffe und Elefant in ein Haus?* Wiesbaden: Gabler.

Terkessidis, M. (2010). *Interkultur.* Berlin: Suhrkamp.

Wing Sue, D., Capodilupo C. M., Torino G. C., Bucceri, J. M., Holder A. M. B., Nadal, K. L. et al. (Hrsg.) (2007). Racial Microaggressions in Everyday Life. Implications for clinical practice. *American Psychologist, 4,* 271–286. URL: http://www.consumerstar.org/resources/pdf/Racial Microaggressions.pdf (Stand: 09.09.2014).

Zinflou, S. (2007). Entwurfsmuster des deutschen Rassismus: Ein theoretischer Überblick. In: Ha, K. N., Lauré al-Samarai, N. & Mysorekar, S. (Hrsg.), *Re/visionen. Postkoloniale Perspektiven von People of Color auf Rassismus, Kulturpolitik und Widerstand in Deutschland* (S. 55–65). Münster: Unrast.

Liste aller bisher erschienenen »Mitte«-Studien 2002–2014

Oliver Decker, Oskar Niedermayer & Elmar Brähler (2003). Rechtsextreme Einstellungen in Deutschland. Ergebnisse einer repräsentativen Erhebung. *Zeitschrift für Psychotraumatologie und Psychologische Medizin, 1*, 65–77.

Oliver Decker & Elmar Brähler (2005). Rechtsextreme Einstellungen in Deutschland. *Aus Politik und Zeitgeschehen, 42*, 8–17.

Oliver Decker & Elmar Brähler (2006). *Vom Rand zur Mitte. Rechtsextreme Einstellung und ihre Einflussfaktoren in Deutschland.* Unter Mitarbeit von Norman Geissler. Berlin: FES.

Oliver Decker, Katharina Rothe, Marliese Weißmann, Norman Geissler & Elmar Brähler (2008). *Ein Blick in die Mitte. Zur Entstehung rechtsextremer und demokratischer Einstellungen.* Unter Mitarbeit von Franziska Göpner & Kathleen Pöge. Berlin: FES.

Oliver Decker & Elmar Brähler (2008). *Bewegung in der Mitte. Rechtsextreme Einstellung in Deutschland 2008.* Unter Mitarbeit von Johannes Kiess. Berlin: FES.

Oliver Decker, Johannes Kiess, Marliese Weißmann & Elmar Brähler (2010). *Die Mitte in der Krise.* Springe: zu Klampen (2012).

Oliver Decker, Johannes Kiess & Elmar Brähler (2012). *Die Mitte im Umbruch. Rechtsextreme Einstellung in Deutschland 2012.* Bonn: Dietz.

Oliver Decker, Johannes Kiess & Elmar Brähler (2013). *Rechtsextremismus der Mitte. Eine sozialpsychologische Gegenwartsdiagnose.* Gießen: Psychosozial.

Oliver Decker, Johannes Kiess & Elmar Brähler (2014). *Die stabilisierte Mitte. Rechtsextreme Einstellung in Deutschland 2014.* Universität Leipzig (http://www.uni-leipzig.de/~kredo/Mitte_Leipzig_Internet.pdf).

Autorinnen und Autoren

Johannes Baldauf, M.A., studierte Allgemeine und Vergleichende Literaturwissenschaft, Deutsch als Fremdsprache und Jewish Studies in Berlin, Potsdam und Jena. Seine Fach- und Interessensgebiete sind Dystopien sowie Rechtsextremismus, Antisemitismus und Verschwörungstheorien und deren Ausprägungen im digitalen Raum. Er arbeitet in der Amadeu Antonio Stiftung im Projekt *no-nazi.net* und betrieb das Monitoring verschiedener Phänomene von Hassreden in Sozialen Netzwerken. Seit 2014 ist er Koordinator des Projekts.

Prof. Dr. rer. biol. hum. habil. Elmar Brähler studierte Mathematik und Physik in Gießen, promovierte 1976 zum Dr. rer. biol. hum. in Ulm und habilitierte sich 1980 in Medizinischer Psychologie in Gießen. Von 1969 bis 1994 war er an der Psychosomatischen Klinik in Gießen bei Prof. Dr. Horst-Eberhard Richter tätig. Von 1994 bis 2013 war er an der Universität Leipzig Leiter der Abteilung für Medizinische Psychologie und Medizinische Soziologie und ist seit 2010 Mitglied des Hochschulrates der Universität Leipzig. Seine Tätigkeitsschwerpunkte sind Migrantenforschung, Psychoonkologie, geschlechtsspezifische Aspekte von Gesundheit und Krankheit, Altersforschung und Psychodiagnostik.

PD Dr. phil. Oliver Decker, Studium der Psychologie, Soziologie und Philosophie an der Freien Universität Berlin, seit 1997 ist er als wissenschaftlicher Angestellter an der Medizinischen Fakultät der Universität Leipzig tätig. 2003 erfolgte die Promotion an der Universität Kassel. 2010 habilitierte er sich und wurde zum Privatdozenten am Institut für

Soziologie der Leibniz Universität Hannover ernannt. Seit 2002 leitet er zusammen mit Elmar Brähler die »Mitte«-Studien der Universität Leipzig zum Rechtsextremismus in Deutschland. Von 2010 bis 2013 war er Vertretungsprofessor für Sozial- und Organisationspsychologie an der Universität Siegen. Seit 2012 ist er Honorary Fellow am Birkbeck College der University of London, seit 2013 Vorstandssprecher des Kompetenzzentrums für Rechtsextremismus- und Demokratieforschung an der Universität Leipzig. Auf Einladung der School of Visual Arts, New York, geht er 2015 als Visiting Professor an das dortige Department für Critical Theory.

Johannes Kiess, M.A., studierte Politikwissenschaft, Soziologie und Philosophie an der Universität Leipzig sowie Middle East Studies and der Ben-Gurion Universität des Negev, Beer Sheva, Israel. Derzeit ist er wissenschaftlicher Mitarbeiter and der Universität Siegen und forscht dort im EU-Projekt »LIVEWHAT – Living with Hard Times – Citizens' Resilience in Times of Crisis« zu den politischen und sozialen Folgen der (Euro-)Krise. In seinem daran angebundenen Dissertationsprojekt untersucht er die Veränderungen der deutschen Sozialpartnerschaft in der Krise. Er wirkt darüber hinaus seit 2008 bei den Leipziger »Mitte«-Studien mit. Zu seinen Interessenschwerpunkten zählen neben der Rechtsextremismusforschung die Europasoziologie, industrielle Beziehungen und die politische Theorie.

Nils C. Kumkar, M.A., studierte Soziologie und Volkswirtschaftslehre an der Georg-August-Universität Göttingen sowie an der University of California, Los Angeles. Nach dem Abschluss des Studiums arbeitete er 2011–2012 als wissenschaftlicher Mitarbeiter am Lehrstuhl für Raumsoziologie an der TU Dortmund sowie 2012 am Institut für Demokratieforschung in Göttingen. Seit 2012 ist er Doktorand und wissenschaftlicher Mitarbeiter am DFG-Graduiertenkolleg 1261 »Bruchzonen der Globalisierung« an der Universität Leipzig und untersucht, welche sozialen Konflikte und Kritiken sich in verschiedenen Krisenprotesten in den USA und Deutschland artikulieren. Seine Interessenschwerpunkte sind unter anderem das Verhältnis von Krise und Kritik, die Soziologie der sozialen Ungleichheit sowie struktural-hermeneutische Methoden der Sozialforschung.

NATALIE OFORI, M.A., Jahrgang 1985, studierte Literatur- und Kulturwissenschaften in Siegen, Neu Delhi und Konstanz. Ihre Fach- und Interessengebiete sind Postcolonial Studies und Kritische Rassismusforschung. Zurzeit ist sie als Koordinatorin im Projekt »Aktion Schutzschild« bei der Amadeu Antonio Stiftung tätig. Das Projekt möchte dazu beitragen, rechter Hetze und rassistischer Gewalt gegenüber geflüchteten Menschen eine Willkommenskultur entgegenzusetzen. Dazu werden zivilgesellschaftliche Akteurinnen und Akteure sowie Kommunen mobilisiert, vernetzt und beraten.

BRITTA SCHELLENBERG studierte Germanistik, Anglistik und Jüdische Studien in Heidelberg, London und Berlin. Sie arbeitete ab 2002 als wissenschaftliche Mitarbeiterin am Centrum für angewandte Politikforschung (C·A·P) der Ludwig-Maximilians-Universität München (LMU). Seit 2010 unterrichtet sie Politikwissenschaft am Geschwister-Scholl Institut für Politikwissenschaft der LMU, seit 2013 ist sie Senior Researcher am C·A·P. Sie promovierte mit der interdisziplinären Arbeit »Die Rechtsextremismus-Debatte. Charakteristika, Konflikte und ihre Folgen« (erschienen 2013 bei VS Springer) am Zentrum für Antisemitismusforschung der TU Berlin. Ihre Tätigkeitsschwerpunkte sind Radikalismus-, Vorurteils- und Demokratieforschung. Sie beschäftigt sich mit der radikalen Rechten in Deutschland und Europa und der Entwicklung von Strategien für Pluralismus und Demokratie. Sie ist politikberatend tätig, unter anderem war sie Sachverständige beim »NSU«-Untersuchungsausschuss im Deutschen Bundestag.

MALTE SWITKES VEL WITTELS, M.A., Studium der Geschichtswissenschaft, Soziologie und Religionswissenschaft an der Freien Universität Berlin und der Universität Wien. Seit 2010 Doktorand am Friedrich-Meinecke-Institut der Freien Universität Berlin mit dem Thema »Das gemeinsame Erbe. Erinnerungskultur und Antisemitismus in Österreich und in der Bundesrepublik Deutschland im Vergleich«. Zudem langjährige Tätigkeiten als Wissenschaftler und Projektmanager im Museums- und NGO-Bereich. Seine Fach- und Interessengebiete sind Formen der Gruppenbezogenen Menschenfeindlichkeit in den neuen Medien, dabei insbesondere rechtsextreme Strategien in Sozialen Netzwerken und Hate-Speech-Phänomene im Bereich Gaming. Er ist in der Amadeu Antonio Stiftung als Leiter des

Monitorings im Rahmen des Projekts *no-nazi.net* tätig und beschäftigt sich dort ferner mit Fragen von Policy Change sowie Kooperationen mit Partnerorganisationen und Netzwerken.